本书受国家社会科学青年基金项目资助
项目名称：朱迪斯·巴特勒后结构女性主义文论研究
项目批准号：12CWW005

柳林文丛
主编｜王宁

为人之政治

朱迪斯·巴特勒
思想研究

THE POLITICS OF BEING HUMAN

A Study of Judith Butler's Thoughts

都岚岚　著

南京大学出版社

图书在版编目(CIP)数据

为人之政治：朱迪斯·巴特勒思想研究 / 都岚岚著.
—南京：南京大学出版社，2020.12
（柳林文丛/王宁主编）
ISBN 978-7-305-23580-1

Ⅰ.①为…　Ⅱ.①都…　Ⅲ.①朱迪斯·巴特勒—哲学思想—思想评论　Ⅳ.①B712.6

中国版本图书馆 CIP 数据核字(2020)第 126778 号

出 版 者	南京大学出版社
社　　址	南京市汉口路 22 号　　　　邮　编　210093
出 版 人	金鑫荣

丛 书 名	柳林文丛
丛书主编	王　宁
书　　名	为人之政治：朱迪斯·巴特勒思想研究
著　者	都岚岚
责任编辑	郭艳娟　　　　　　编辑热线　025-83592048
照　　排	南京紫藤制版印务中心
印　　刷	江苏苏中印刷有限公司
开　　本	718×1000　1/16　印张 18.75　字数 273 千
版　　次	2020 年 12 月第 1 版　2020 年 12 月第 1 次印刷
ISBN 978-7-305-23580-1	
定　　价	78.00 元

网　　址	http://www.njupco.com
官方微博	http://weibo.com/njupco
官方微信	njupress
销售热线	(025)83594756

＊ 版权所有，侵权必究
＊ 凡购买南大版图书，如有印装质量问题，请与所购
　图书销售部门联系调换

《柳林文丛》总序

这套题为"柳林文丛"的系列丛书是由一批有着敏锐的先锋思想和积极探索的进取精神的中青年学者发起的,其目的在于评介和研究当代文学理论思潮以及有着世界性影响的前沿理论家。这套丛书的作者不少是我曾经指导的博士研究生或博士后研究人员,也有一些自发地投入我门下的"编外学生"。作为一位教师,我应该感到引以为自豪。我记得,民国时期的中央研究院在创办初期评选首批院士时就曾经有这样一条标准,也即除了自身的学术水平和影响力外,被提名者还要说明在所教授的学生中有哪些出类拔萃者,这也成为我们今天衡量一个教师是否在人才培养方面有所建树的标准之一。正是本着这个原则,当本丛书的策划者和责任编辑郭艳娟博士希望我担任丛书主编时,我就无法推辞了。实际上教育和指导学生又何止限于课堂和校园?我曾经提出一个"跟踪指导"的建议,也即当那些有着较大发展潜力的青年博士走向教学岗位后,作为昔日的导师,我们仍应该及时地跟踪他们,在他们继续前进乃至攀登学术高峰时给予必要的指导和提携。

这套丛书的定位是,致力于当代前沿的有新意的文学理论或理论家研究,并且能够做成给文学理论领域带来一股清新空气的丛书。这应该是很高的要求,它不仅要求著述者对所研究的对象有较为全面的了解和把握,同时在评介这些理论家的学术成就和理论贡献时也要有自己的独特见解。此外,我们既然是中国的人文学者,我们出自中国视角写出的著作自然会打上中国文化的烙印,我们也可以从中国的批评经验与国际学界进行交流和对话。这些想法无疑对后来的研究者以及广大读者有着思想的启迪。同时这也与我自己的学术道路相吻合,并且符合我教育和指导学生的要求。我经常教导我的学生,作为人文学者或人文学科的学生,我们不仅要严谨治学,一丝不苟,以便在自己的学科领域内有所作为;我们还应该有自己的独特思考和思想,也即我们所做的学问应该是有思想的学问。当然,对于那些勤于思考且思维十分活跃的学生,我也时常提醒他们,思维活跃,敢于提出各种理论构想固然是好事,但是提出这些构想必须基于严谨扎实的学识。总之,作为新一代人文学者,我们既要做有思想的学问,又要将自己的创新性思想建立在扎实的学问之基础上。我想这应该是本丛书策划和编辑的初衷。

记得有人在评价当代人文学术泰斗季羡林和王元化这两位先生时,曾用了这个排比:南王北季。也即南方有上海的王元化,北方有北京的季羡林,认为他们都是大师级的学者。但相比之下,王元化更接近于一位思想家,而季羡林则主要是一位学者。其实这两位学术泰斗都有着自己的思想。当然对于王元化先生的学问我了解并不很多,不敢妄加评论,但对季羡林先生我还是比较了解的,并写过一些评论性的文字。

季羡林与国内所有的语言文学研究者都不同的一点在于他的广博东西方文学知识和多学科造诣以及对文学理论批评的浓厚兴趣和敏感性。作为一位文学批评家,他的文学批评特色不仅体现于对具体作家作品的研究和批评,他还不时的就一些方向性的大问题发表自己的见解,从而达到了比较文化批评和研究的高度,对国内的文学批评和文化讨论起着导向性的作用。作为一位擅长东方文化和文学的批评家,季羡林自然不主张全盘西化,但是他在承认中国文化所受到的西方影响并对之有着辩证的认识的同时,也不无洞见地认识到,西方文化现在占据世界文化的主导地位的局面并非永远如此。西方的一些有识之士早就认识到了东方文化——包括中国文化和文学——的价值。"世界文学"概念的提出就得益于包括中国文学在内的东方文学。既然德国作家和思想家歌德在阅读了包括中国文学在内的东方文学作品后大发感慨,预示"世界文学"时代的来临,那么曾在歌德的故乡留学多年的季羡林也就更往前走了一步,他后来率先倡导比较文学和比较文化研究就是朝着这个方向努力的一个步骤。在他看来,中西方文化各有所长和局限,这其中不无一些带有规律性的东西:西方文化重视分析,而中国文化则重视综合。长期以来,西

序

我原本是不带博士后的,担心自己的学识不够,都岚岚是我带的唯一博士后,当属缘分。记得我们第一次见面,商谈她的博士后研究课题时,她拿出了两个,一个是研究朱迪斯·巴特勒,另一个(于她来说)是个全新的研究课题。"你的博士论文与它们有什么关联?"我问。"与研究朱迪斯·巴特勒有更直接的联系",她说。"我的博士论文是《后回潮时代的美国女性主义第三次浪潮》。""那就研究巴特勒吧。她是值得多多研究的。"都岚岚接受了我的建议,而且一研究就是十年,收获也颇多,除发表近二十篇论文外,还出版了专著《朱迪斯·巴特勒的后结构女性主义与伦理思想》,现在即将出版的《为人之政治:朱迪斯·巴特勒思想研究》是第二部。

说起巴特勒,马上就会想起法国的后结构主义之代表福柯、德里达、德勒兹、拉康、列维纳斯,还有法国的女性主义"五杰"克丽斯蒂娃、伊丽嘉蕾、威提格、西苏和莫娃,想起"操演理论",想起"脆弱处境"。巴特勒是位思想家、批评家、理论家、哲学家,但最为根本的,是在所有的"家"前面应加上"女性主义"(feminist)这一修饰语,如果需要表示巴特勒所处的时代,还可加上"后现代"(postmodern)这一编码。

我们不妨把巴特勒目前的全部思想史分成两个阶段:一个是"操演理论"阶段,一个是"危脆理论"阶段,二者的分界线是"9·11"事件。"9·11"之前,巴特勒的思考主要围绕"性别操演"。如果说德·波伏娃在40年代末发出的呐喊是"女人不是天生的而是变成的",那么40年后巴特勒发出的呐喊是"性别是表演性的和规定的",两种呐喊声一样振聋发聩。"9·11"之后,巴特勒将她的聚焦点转向了"危脆"。这恐怕是理所当然的一个转向:"9·11"的冲击波不仅震撼了人们的生活,而且震撼了学者们的研究导向。比如艾里奥特就说,"9·11""突然改变了美国的社会和文化"[1],马尔帕斯也认为,"9·11""最后埋葬"了后现代主义[2]。当然,巴特勒由"操演理论"进入"危脆理论",也并非骤然一蹴而就,而是渐然而行,"9·11"不过是个催化剂而已。巴特勒自己也有所感触:2004年,她将自己在"9·11"后写的数篇论文,收录在《脆弱不安的生命》,并在此著中提出"危脆"这个概念,对当代美国政治领域的伦理缺憾,以及"9·11"后对美国政治的气候,阐述了自己的看法;五年后,巴特勒在《战争的框架》中,将"危脆"定义为"政治诱发的条件,有些人身居这种条件,无法享有社会和经济网络的支持……反倒不同程度地遭受伤害、暴力和死亡"。如此,巴特勒的"危脆"就"更具政治意味"[3]。而且,在她进入"危脆理论"后,她依然继续思考《性别麻烦》中思考过的性别差异问题。比如在《消解性别》(2004)中,她倡导消解性别规范的约束性。在2012年接受魏利希的采访时,她自己就说,《消解性别》和《脆弱不安的生命》,这两本书"重谈了规范性问题"。我们在阅读和思考巴特勒的"性别理论"和"危脆理论"时,应该作"共时"阅读和思考,重在关注二者的联系,切莫将它们断然分开。

巴特勒的著述,无论是《性别麻烦》还是《脆弱不安的生命》,或者其他,都渗透着所谓的"法国中心主义"(Francocentrism),即"法国理论"。巴特勒很有自知之明。她在1999年《性别麻烦》出版十周年纪念版的"前言"中,不但承认她"借鉴了法国后结构主义",也承认"后结构主义理论对美国的性别理论产生了影响",但同时她也指出,"我的观点不是把后结构主义'运用'到女性主义,而是将这些理论置

---

[1] Emory Elliott, "Society and the Novel in Twentieth-Century America," Christopher Bigsby, ed. *The Cambridge Companion to Modern American Culture*, Cambridge: Cambridge University Press, 2006, 446.

[2] Simon Malpas, *The Postmodern*, London and New York: Routledge, 2005, 105.

[3] Judith Butler, *Frames of War: When is Life Grievable?* London, New York: Verso, 2009, 25, 3.

于具体的女性主义重新阐释之下",而且"该文本[指《性别麻烦》]明显的法国中心主义与法国相距甚远,与法国的理论生活相距甚远",更何况,"'法国理论'也不是本文本的唯一语言"。[1] 这就说明,巴特勒不是一味地借鉴法国理论,而是在借鉴中有批评,有建树。例如在《脆弱不安的生命》中,巴特勒从法国理论家列维纳斯的他者伦理中得到启示,梳理了当代美国政治领域的伦理缺憾。可是在2012年出版的《殊途》中,巴特勒一方面通过解读列维纳斯来反对其复国主义的观点,另一方面却又借用列维纳斯提出"伦理学即是第一哲学"[2]的他者伦理,阐释自己的共居伦理观。这里,在列维纳斯的身上,我们看到了巴特勒对法国理论的批判性的运用。巴特勒的这种典型的为学之道,也见于她对待法国的女性主义理论。

二十多年前,我写过一篇文章比较美、法女性主义批评,认为美国女性主义批评是"政治的、经验主义的和现实主义的",而法国的女性主义批评是"理论的、心理分析的和解构的,现代主义和后现代主义的"。法国的女性主义者"很少将女权主义[3]批评与政治直接挂钩";她们往往"自视'清高',不屑于美国女权主义的实用主义、实证主义和经验主义"。法国的女性主义批评家克丽斯蒂娃、伊丽嘉蕾、威提格、西苏和莫娃,她们"虽都承认妇女要有实际政治运动,但其思维却主要停留在心理文学试验领域",所谓的"法国性"(Frenchness)就是用来指称其(拉康式的)新心理分析学说和后解构主义思想。[4] 诚然,巴特勒因她的理论与法国的女性主义批评理论和法国的后结构主义思想渊源很深,所以她的女性主义也表现出理论的、心理分析的、后结构主义的和后现代的,与法国的女性主义理论相近,但是也就在这相近中,巴特勒在推陈出新、饶有别致之余,始终保持一份清醒,意识到女性主义原本就是一种政治行为,是须为女人推翻压迫、争取平等而呐喊、而奋斗的。也正因

---

[1] Judith Butler, "Preface (1999)," *Gender Trouble: Feminism and the Subversion of Identity*, New York and London: Routledge, 1999, viii, x, xi.
[2] Emmanuel Levinas, "Ethics as First Philosophy," Sean Hand, ed. *The Levinas Reader*, Trans. Sean Hand and Michael Temple, Oxford: Blackwell, 1989, 76–87.
[3] 多年前"女权主义"盛行,本文现从俗称"女性主义"。
[4] 胡全生,《"仁"与"智"的撞击——美、法女权主义批评之比较》,《国外文学》,1997年第1期,第20,21,22,22页。

为有了这份清醒,才使巴特勒有别于法国的女性主义理论家。

巴特勒难读,她的文风也不甚讨人喜欢。1998年的《哲学与文学》曾讥讽她的写作为"年度最差文风"。就此,她自己也有所觉察。在1999年的"前言"中,她说道:"《性别麻烦》的批评家和朋友们都注意到该文本的风格有点晦涩。无疑有些人会感到陌生乃至疯狂。"[1] 她两个阶段的理论,分别使用的 performativity 和 precarity 二词,在汉语中出现多种译文。就前者,有人译为"操演"、"展演性"、"述行性"等[2];就后者,有人译为"危脆"、"脆弱处境"、"危险"、"脆弱不安"、"防范"、"不稳定性"等。其实,从巴特勒多次的解释中,performativity 既有戏剧中的表演之义,也有言语中的述行性行为之义;而 precarity,英文词典解释说,它原为社会学用语,意指"没有可预测性或安全感的存在条件,影响了物质福利或心理健康"。而巴特勒本人把它定义为"政治诱发的条件,有些人身居这种条件,无法享有社会和经济网络的支持……反倒不同程度地遭受伤害、暴力和死亡"。如此晦涩的表述,我们阅读巴特勒的著作时,理当谨慎。好在都岚岚的《为人之政治》为我们提供了提纲挈领之妙。

胡全生

2020年3月于广夏公寓

---

[1] Judith Butler, "Preface (1999)," xviii.

[2] 网上有人撰文反对译为"述行性",说如果巴特勒用 performativity 来指"述行性",她1990年在《性别麻烦》中却根本没提奥斯汀,这又如何解释? 的确,巴特勒似乎是在1993年写《至关重要的身体》时才提到奥斯汀的。

目录

导　论 ··· 001

第一章　主体与性别：反实在论的主体观与性别述行理论 ············ 019
　第一节　后结构主义主体论与巴特勒的主体观 ·························· 020
　第二节　巴特勒的性别述行论 ·· 041
　第三节　巴特勒与酷儿理论 ··· 056

第二章　再赋义与联盟政治：性别述行理论的政治展望 ··············· 069
　第一节　再赋义：巴特勒的颠覆政治 ······································· 070
　第二节　性别述行理论的政治维度 ·· 075
　第三节　联盟政治：身份政治的替代方案 ································· 100

第三章　巴特勒性别理论的文学批评实践 ································· 105
　第一节　性别与事件：论弗吉尼亚·伍尔夫《奥兰多》中的性别述行 ····· 106
　第二节　从伊夫林到新夏娃：论安吉拉·卡特《新夏娃受难记》中的性别转变 ··· 121
　第三节　压抑、挑战与再认知：论艾莉森·贝奇黛尔《欢乐之家》中的酷儿认同 ··· 131

第四章　从述行到危脆：巴特勒的生命政治 ······························ 139
　第一节　生命政治简论 ··· 140
　第二节　从生命政治到死亡政治：对边缘群体的治理术 ············· 154
　第三节　承认共同的脆弱：展望积极的生命政治 ······················· 168

第五章　和平的承诺：巴特勒的世俗离散主义 ……………… 173
第一节　反对犹太复国主义是反犹主义吗？ ………………… 174
第二节　犹太资源：与阿伦特、本雅明对话 ………………… 188
第三节　一国两族：巴以冲突的可能出路 …………………… 198

第六章　"你不得杀戮"：与他者共居的非暴力伦理 ……… 203
第一节　列维纳斯的启示 ……………………………………… 204
第二节　如何与他者共同存在？ ……………………………… 209

结　语 …………………………………………………………… 217

参考文献 ………………………………………………………… 221

附录一　述行、危脆与性政治 ………………………………… 237

附录二　脆弱不安的生命，脆弱与共居的伦理 ……………… 247

附录三　脆弱、能动和多元性的新场景：朱迪斯·巴特勒访谈 … 260

附录四　承认与批判：朱迪斯·巴特勒访谈 ………………… 281

后　记 …………………………………………………………… 287

导论

What continues to concern me most is the following kinds of questions: What will and will not constitute an intelligible life, and how do presumptions about normative gender and sexuality determine in advance what will qualify as the "human" and the "livable"?

Gender Trouble, 1999: xxii

让我持续关注的是如下这类问题,即什么可以或不能组成一种可理解的生活,规范的性别和性欲的假设如何事先决定什么是"人",什么是"可活的"?

I would like to start, and to end, with the question of the human, of who counts as human, and the related question of whose lives count as lives, and with a question that has preoccupied many of us for years: what makes for a grievable life?

Undoing Gender, 2004: 17-18

我将从以下问题开始和结束:什么是人?什么构成人?与之相关联的问题是:什么样的生命算是生命?以及一个多年来困扰我们中的许多人的问题,即什么造成了可哀悼的生活?

To find that you are fundamentally unintelligible ... is to find that you have not yet achieved access to the human, to find yourself speaking only and always as if you were human, but with the sense that you are not, to find that your language is hollow, that no recognition is forthcoming because the norms by which recognition takes place are not in your favor.

Undoing Gender, 2004: 30

发现你基本上是不可理解的……就是发现你还未能接近人的领域,你只能发现你自己好像在以人的身份说话,但感觉却不是,你发现你的语言是空洞的,没有唾手可得的承认,因为产生承认的规范并不在你这一边。

The terms by which we are recognized as human are socially articulated and changeable. And sometimes the very terms that confer "humanness" on some individuals are those that deprive certain other individuals of the possibility of achieving that status, producing a differential between the human and the less-than-human.

Undoing Gender, 2004: 2

我们被承认为人的术语是社会性的表达,因而是可以改变的。有时赋予某些个人"人性"的那些术语恰恰也是剥夺其他的某些个人达成那种地位的术语,它们产生了人与不那么像人之间的区分。

朱迪斯·巴特勒(Judith Butler),1956年生,现任美国加州大学伯克利分校修辞与比较文学系马克欣·爱丽亚特(Maxine Elliott)讲座教授、该校批判理论研究领域的学术带头人,是美国当代享有盛名的后结构主义哲学家、女性主义理论家。她的学术兴趣广泛,研究领域涉及文学理论、现代哲学小说、女性主义、性别与性研究、19世纪与20世纪的欧洲文学与哲学、卡夫卡、丧失、哀悼与战争。近年来,巴特勒尤为关注战争的新形式如何催生新的批判理论。身为犹太人,巴特勒一直关注犹太哲学,批判犹太复国主义思想下的国家暴力,强调以色列不能代表所有的犹太人。

巴特勒的学术思想融合了哲学、女性主义理论、同性恋研究、酷儿理论、精神分析等众多领域,对哲学、政治学、法学、社会学、伦理学、心理学、电影研究、文学研究等多种学科产生了深远的影响。其杰出的学术成就使她当之无愧地成为与让·鲍德里亚(Jean Baudrillard)、吉尔·德勒兹(Gill Deleuze)、爱德华·萨义德(Edward

Said)、弗雷德里克·詹姆逊(Frederic Jameson)等理论家齐名的女性思想家。由于她在人文社会科学领域的杰出贡献,巴特勒于2009年获安德鲁·梅伦基金会颁发的杰出成就奖(Andrew W. Mellon Foundation Distinguished Achievement Award,2019—2013年)。基于她对性别理论和道德哲学的杰出贡献,巴特勒还荣获了2012年度西奥多·W·阿多诺奖(the Theodor W. Adorno Prize),被颁奖委员会称作"我们时代的主要思想家之一"。英国杂志《面孔》(*The Face*)还将巴特勒评为20世纪90年代以来对流行文化产生最具影响力的50个风云人物之一。

巴特勒1956年生于美国俄亥俄州克利夫兰(Cleveland)的一个犹太裔家庭,母亲受正统的犹太教教育,后来皈依犹太教改革派,父亲则从小信奉犹太教改革派。青少年时期的巴特勒曾在犹太学校就读,她调皮、叛逆,喜欢思考和辩论,上课时经常提问题打断老师的授课。作为一种惩罚,巴特勒的希伯来语老师让她选择一位哲学家进行研究,以免她经常用问题和评论打扰其课堂教学。这一"惩罚"却最终激发了巴特勒毕生对哲学的兴趣。她广泛阅读犹太教的哲学与伦理学著作,开始接触康德、黑格尔、斯宾诺莎等人的思想。巴特勒本科就读于本宁顿学院(Bennington College),1978年获学士学位。1984年获耶鲁大学哲学博士学位,随后发表其博士论文《欲望的主体:20世纪法国对黑格尔的反思》(*Subjects of Desire: Hegelian Reflections in Twentieth Century France*,1987年,以下简称《欲望的主体》)。1993年任教于加州大学伯克利分校以前,巴特勒曾先后执教于卫斯理大学、乔治·华盛顿大学以及约翰斯·霍普金斯大学,此后在多所大学担任学术兼职。例如,2002年她曾担任阿姆斯特丹大学哲学系斯宾诺莎讲座教授。2006年担任瑞士欧洲研究生学院(EGS)的汉娜·阿伦特哲学教授。2012至2014年,作为讲席客座教授,巴特勒在哥伦比亚大学英语与比较文学系从事讲学与研究工作。2016年她获得了德国科隆讲席教授(the Albertus Magnus Professorship)。巴特勒同时还是多家学术期刊如《身份:政治、性别及文化》(*Journal for Identity: Politics, Gender and Culture*)、《符号:文化与社会中的妇女》(*Signs: Journal of Women in Culture and Society*)、《修辞、文化与政治》(*JAC: A Journal of Rhetoric*,

Culture, and Politics)等的顾问编委。巴特勒的研究也曾得到诸如古根海姆、洛克菲勒、福特、美国学术团体理事会（American Council of Learned Societies）等多个基金会的资助。巴特勒现任美国哲学学会会员，2019年她当选为美国艺术与科学院院士。她还曾是现代语言协会（Modern Languages Association）执行委员会成员，在学术自由方面主持工作，并将于2020年担任该学会主席。在个人生活上，巴特勒为同性恋，目前与伴侣温迪·布朗（Wendy Brown，美国政治哲学家）共同执教于加州大学伯克利分校。

为人之政治：巴特勒的著作概说与思想精粹

作为西方后结构主义女性主义最前沿的代表人物，巴特勒已出版专著十三部，合著与编著十部，其中影响最大的《性别麻烦：女性主义与身份的颠覆》（Gender Trouble: Feminism and the Subversion of Identity，1990年，以下简称《性别麻烦》）已被译成三十多种语言，成为理解西方后女性主义理论的经典文本。提及朱迪斯·巴特勒，学术界马上就会想到她这部声名远扬的《性别麻烦》，因而对巴特勒的首部专著《欲望的主体》关注度并不够。《欲望的主体》在修订博士论文的基础上出版，最初讨论的是20世纪30至40年代黑格尔哲学在法国的接受情况，后来增加了后结构主义理论关于欲望、主体和承认的讨论。全书围绕"欲望与承认是何种关系？主体的构成到底需要与他异性保持何种激进且富有建设性的关系"[1]这一黑格尔式的问题进行讨论，是理解巴特勒哲学思想的关键文本，因为她全部思想的核心就是围绕欲望与承认的关系问题，思考处于规范之外的人如何获得承认。

在哲学论述中，人的主体如何形成是一个永恒的命题。黑格尔的主体理论在西方哲学史中占据重要地位。《欲望的主体》主要阐释黑格尔哲学在两代法国哲学家那里的接受情况。第一代法国哲学家以亚历山大·科耶夫（Alexandre

---

[1] Judith Butler, *Subjects of Desire: Hegelian Reflections in Twentieth Century France*, New York: Columbia University Press, 1987, xiv.

Kojève)、让·依波利特(Jean Hyppolite)和萨特为代表,他们试图重建黑格尔的理论,共同促成了20世纪法国哲学中的黑格尔哲学复兴;第二代法国哲学家以拉康、福柯、德勒兹为代表,他们试图批判和解构黑格尔的理论。巴特勒在此书中力图证明:上述法国哲学家在介绍、接受、批判、摆脱黑格尔的同时,无一例外地受制于黑格尔的影响。巴特勒指出,黑格尔的欲望概念源自斯宾诺莎关于欲望是人的本质的观点,他用辩证法把主体与客体统一起来,因此必须深入探讨欲望主体与欲望对象之间的复杂关系。巴特勒尤其关注的是福柯、德里达、拉康和德勒兹为代表的后结构主义理论家质疑和消解黑格尔的主体观的批判路径,他们的思想对巴特勒本人的学说影响颇大。

如果说巴特勒最初从黑格尔的哲学思考人如何获得主体性,那么20世纪90年代初,巴特勒将哲学探问扩展到了性别领域:人是如何通过性别、性欲等稳定的范畴确立自身的性别身份?这个身份又如何支配主体并认同作为可理解性框架的规范?那些被性别规范排除在外的不一致、不连贯的性别身份如何存在,他们如何获得承认?这些问题促使巴特勒将思考重心转向性别领域,并对重构女性主义理论做出了卓越贡献。

在《性别麻烦》中,巴特勒使用福柯的系谱学方法,追踪了主体身份出现的条件。巴特勒批判性地重读了女性主义、精神分析、人类学等理论家有关性别的观点,从中寻求这些理论家观点中激进的潜能,从而为性别的思考提供新的维度。通过探讨性别本体概念形成的历史和它在文化中运作的方式,巴特勒提出了重要而具有开创性的论点:生理性别的文化建构性,原初同性情欲禁忌与它造成的抑郁异性恋结构,以及基于这些批判分析而提出的性别述行理论(Theory of Gender Performativity)[1]和性别戏仿的政治策略。此外,《性别麻烦》还有一个初衷是质疑

---

[1] 对于 Gender Performativity 的翻译,国内学术界有"性别表演"、"性别施为"、"性别述行"、"性别操演"等不同译法。作者在撰文阐释巴特勒的性别理论时,曾沿用《性别麻烦》一书的译者宋素凤的译法,采用了"性别操演"这一提法,但由于该译法无法体现巴特勒对言语行为理论的吸收,因此本书将统一采用"性别述行"这一译法。

女性主义对"女性"等身份范畴的本质主义倾向。女性主义应该放弃基于统一主体的"女性"范畴,因为这样的"女性"含义总是排除不被包含在内的女性。巴特勒认为,女性主义理论不仅要质疑"女性"如何在政治和语言领域得到代表和再现,更要看女性主义的主体即"女性"这一范畴是如何在它所寻求解放的权力结构中产生并被束缚的。

秉承福柯,《性别麻烦》分析了性别化的身份得以形成的规训权力,提出了著名的性别述行理论。巴特勒述行理论的主要观点是:生理性别、社会性别以及性欲这三个范畴的连贯、统一性是随着时间的推移通过重复风格化的行为而建构起来的。这些风格化的行为在重复中逐渐建立了一种"本质上的、核心的"性别,而这种风格化身体行为的表演并不是表演者自由意志的表达,它们其实是管控性话语发生作用的结果。这也就是说,主体的问题及其形成不是先于伦理与政治问题的本体条件;政治与社会条件、社会规范管制促成了主体的形成。性别身份不是本质的、先验的存在,它的形成是反复征引社会规范的行为的结果。没有这些反复征引的述行性行为,就不会有相应的性别身份。性别身份是一种建构,因而可以改变。

1990 年巴特勒的述行理论自提出以来,随即引起批评界的广泛关注,其中不乏对述行理论的误读,例如有学者将性别述行理解为一种随个人意志改变的自由选择。为了回应这些批评和误读,巴特勒在《性别麻烦》之后陆续出版了《至关重要的身体:论"生理性别"的话语界限》(*Bodies That Matter: On the Discursive Limits of "Sex"*,1993 年,以下简称《至关重要的身体》)、《权力的精神生活:服从的理论》(*The Psychic Life of Power: Theories in Subjection*,1997 年,以下简称《权力的精神生活》)、《失控的语言:述行的政治》(*Excitable Speech: A Politics of the Performative*,1997 年,以下简称《失控的语言》)、《消解性别》(*Undoing Gender*,2004 年)等著作,进一步完善了《性别麻烦》中所提出的性别述行理论。

巴特勒提出生理性别的文化建构性遭到了学者们的质疑,因为人们想当然地认为身体物质性的存在是天生的、毋庸置疑的,无法否认活生生的生理事实,对此巴特勒在《至关重要的身体》中重点思考的问题是:身体的物质性何以成为毋庸置疑之物？波伏娃曾认为，身体不是一个自然的事实，而是一个历史的观点。身体在具体的历史语境中有具体的含义，这样，身体不是一个抽象的客体，而是一个历史建构的产物，这就是波伏娃所说的身体总是"一个情境中的身体"。基于波伏娃的观点，巴特勒认为，身体的物质性总是要在具体的历史语境中加以界定。我们无法体验一个自然的身体，因为我们所了解和体验的身体总是历史化的，对巴特勒而言，生理性别总是社会性别化了的。身体具现文化和历史的可能性，通过历史中的具体文化表达获得意义，因此身体绝不仅仅是自然的物质事实。身体其实是文化可能性持续作用于身体之上的物质化过程。看似自然的身体其实饱受了霸权话语的塑造。

这样，《至关重要的身体》主要讨论身体的物质化过程，认为"身体通过可理解性的框架被带入存在（bodies are brought into being via a grid of intelligibility）"[1]。随着时间的推移，对身体的物质化过程日渐稳定，产生了我们成为物质的界限和表面。巴特勒认为，我们在理解身体的物质性时，必须考虑动态的权力关系的影响。身体的拓扑学有叙事的维度，需要语言的中介。巴特勒进一步使用语言哲学家约翰·奥斯汀（John Austin）的言语行为理论修正和丰富了述行理论。《至关重要的身体》是对《性别麻烦》一书所提出的性别述行理论强有力的论证和补充。

《权力的精神生活》则继续思考规范如何规训身体，为主体的形成提供方向。巴特勒对黑格尔、尼采、弗洛伊德、福柯及阿尔都塞等理论家有关服从理论的论述进行了解读。阿尔都塞认为，主体的屈从始于代表权威的声音询唤个体的那个时刻，是通过语言而产生的。福柯也认为，主体形成于对权力的屈从中，但是巴特勒认为这两位理论家都没有解释为什么个体会顺从和接受权威声音的询唤。由于主体的形成涉及精神上的管制，因此必须结合精神分析学理论来思考主体的形成问题。巴特勒指出，使主体进入屈从状态的权力，具有一种构成主体的自我认同的精神形式。无论是黑格尔的苦恼意识，还是尼采的良心上的内疚，其实都是管控的形

---

[1] Anita Brady & Tony Schirato, *Understanding Judith Butler*, Sage, 2011, 11.

式。她试图将福柯的权力理论与精神分析理论相结合,阐述主体如何既形成于服从,又在服从的过程中产生能动的可能性。在巴特勒看来,这样的矛盾主体与权力关系密不可分:权力既外在于主体,又是主体发生的场所。在权力的管制中,自我谴责、良心、内疚、忧郁等心理形式是社会规范被内在化的结果。恰恰是这些转回自身的驱动力成为主体形成的促进条件,因为在层级社会里,只有屈从才能存在。主体在对规范的顺势征引中产生,但这并不意味着权力可以决定一切。能动性产生于对社会规范的再赋义中。

美国女性主义曾将希望寄托于国家,认为国家权力最终会改善妇女从属的状况,为女性提供平等的社会地位。作为后结构女性主义的代表人物,巴特勒秉承福柯对权力的分析,认为主权权力或司法权力并不以改善公民生活为根本目标,相反,它是维护国家权威的手段。与《权力的精神生活》同年出版的《失控的语言》尝试在性别的范围之外思考述行理论的应用。该书通过反思攻击性语言和审查制度思考了述行性与政治之间的关系,认为国家权力浸染的仇恨话语和审查制度实际上增强了国家权力,因此巴特勒对一些女性主义者在反对色情时完全借助国家权力介入的审查制度的做法提出了质疑。借用福柯的观点,巴特勒认为国家权力在审查色情时增殖和宣传了它所致力于禁止的东西。另外,认为攻击性语言对个体有不可撼动的危害,因而必须由国家出面来保护个体,这种观点无法理解语言本身的不稳定性,也助长了国家暴力对公民生活的管控。攻击性语言并不能一定产生言说了什么也就做了什么的效果,它的有效性依赖于一定的历史语境。《失控的语言》主要思考述行理论的语言和政治维度,对解放政治试图完全求助国家和法律来回应不公正的做法进行了批判。

规范定义了谁在文化上是可见的,谁又是不可见的,谁可以成为人,谁不可以成为人。换句话说,规范让处于规范之内的人享受人的基本权利,而将规范之外的人划分为非人,因而对他们构成了暴力。《消解性别》继续关注《性别麻烦》所提出的异性恋规范对性少数群体所造成的暴力问题。该书集中关注的问题是:消解约束性的性别规范意味着什么?在该书中,巴特勒考察了乱伦禁忌的意义和目的、新型亲缘关系、跨性、双性、性别诊断产生的暴力和变性等问题,继续对处于性别规范之外的人如何获得社会承认寻求可能性。

针对当代国际政治局势中哀悼的差异性分布,巴特勒通过阐释古希腊悲剧中的安提戈涅这一人物,反观当代政治生活中悲伤的不公平分配:为什么有些生命可哀悼？有些生命不值得哀悼？《安提戈涅的声明:生与死之间的亲属关系》(*Antigone's Claim: Kinship Between Life and Death*,2000 年,以下简称《安提戈涅的声明》)通过重读黑格尔和拉康对安提戈涅的阐释,思考了不适宜的主体进行反抗的政治能动性,尤其对哀悼的差异性分布进行了反思。黑格尔对家庭伦理和国家伦理进行了刻板的两分,认为安提戈涅代表神的律法所支持的家庭伦理,而克瑞翁则代表人的律法所支持的国家政治伦理。拉康则认为,安提戈涅拒绝接受现有的象征界的位置,是因为她受死亡的欲望的驱动,她按照自己的死亡欲望行事。在该书中,巴特勒反对黑格尔将安提戈涅置于前政治领域,认为她代表了亲缘关系的观点。她认为,安提戈涅作为不合格、不适宜的主体,其代表性是不纯粹的:安提戈涅是乱伦的后代,无法代表理想的亲缘关系。我们无法清楚地划分前政治领域与政治领域,这两个领域本身就不是彻底地彼此独立的。亲缘关系不能脱离国家的支持,国家也不能脱离家庭的支持。另一方面,作为乱伦的结晶,安提戈涅从出生的那一刻起就被排斥在象征秩序之外,她是被拒斥的社会存在。由于选择了死亡,安提戈涅的反抗行动必定是失败的。巴特勒分析了安提戈涅反抗行动中的无意识维度,认为安提戈涅吸收了她所反叛的国家的语言,因而她的反抗是不纯粹的。处于变形和移位的血缘关系中的安提戈涅无法代表正常的、理想样态的亲缘关系。安提戈涅挑战了传统的亲缘关系结构,她因在公共领域和私人空间、神律与法律之间寻找"偏离"的空间而质疑了社会规范和文化可理解性的合理性。

"9·11"事件以后,巴特勒将思想的触角更为明显地延伸至全球政治与伦理问题。《脆弱不安的生命:哀悼和暴力的力量》(*Precarious Life: the Powers of Mourning and Violence*,2004 年,以下简称《脆弱不安的生命》)从伊曼纽尔·列维纳斯(Emmanuel Levinas)的他者伦理入手,梳理了当代美国政治领域的伦理缺憾，阐述了"9·11"事件后她对美国政治气候的看法。巴特勒认为，美国当局刚愎自用的应对措施是由于没有认识到人类生命相互依存的脆弱本质；美国假借"国家安全"之名以暴制暴，发动战争，只能使国家权力陷入否定脆弱和丧失的忧郁逻辑之中，以暴力回应伤害的方式最终只会让暴力循环不止，因此她呼吁一种非暴力的伦理，打破以自我为中心的自恋的循环，承担源自他者的召唤的责任，达到回应他者，正视他者，回到与他者进行对话的建设性轨道之中。因此，在 2005 年出版的《阐述自我》(*Giving an Account of Oneself*)中，巴特勒在充分认识到只考虑自我的局限性的基础上考量了与他者的伦理关系。通过解读西奥多·阿多诺(Theodor Adorno)、米歇尔·福柯、弗德里希·尼采、让·拉普朗什(Jean Laplanche)、阿德里亚纳·卡瓦莱罗(Adriana Cavarero)以及伊曼纽尔·列维纳斯，巴特勒认为，主体不是自足的，其形成与他者所在的社会关系密不可分。社会是主体赖以形成的条件，也是主体成为可以辨识的人，成为"我"的前提条件。"我"只有在与他者的关系中才能成为自己，因此"我"不能完全拥有自己。主体与社会中他者的关联正是主体得以形成的条件。

  21 世纪初巴特勒持续关注国际政治局势，她已从早期对性别身份的哲学探问转向关注更为宽泛的他者所处的政治困境，她将酷儿、战俘乃至当今世界一些民族国家中受战争折磨的普通百姓称作"脆弱不安的生命"(precarious life)，从伦理学的角度思考他们被认为是邪恶的、不道德的，从而被暴力地剥夺了哀悼等权利的原因。她关注生与死的问题，对脆弱不安(precariousness)和危脆(precarity)作了细致的区分，认为前者指的是包括优势群体在内的所有有生命的人身体的脆弱，而后者专指穷人、被剥夺公民权的人以及遭受战争等苦难的人所经受的脆弱。人们遭受的身体脆弱既有平等的时候，也有不平等的时候。所有的身体都受到苦难、伤害和死亡的威胁，这是人人都可能遭受到的脆弱不安，但是，有些身体在某些政治条件下可能受到更多的保护，而其他身体则暴露于危险之中，因此危脆专指由政治条件引发的某些身体所遭受的不公平的脆弱。从早期的述行理论到最近的危脆理论，巴特勒持续思考的是边缘性的组成、生产和再生产问题。尽管对边缘性的关注并没有改变,但巴特勒已从被规范的性别和性排斥在外的性少数群体转向被西方自由民主观念排斥在外的群体。因此,她的批判从对性别询唤的心理和社会场景转向全球性的地缘政治舞台。

巴特勒2009年的新作《战争的框架:什么时候生命是可哀悼的?》(*Frames of War: When is Life Grievable?*,以下简称《战争的框架》)思考的是导致战争暴力和其他冲突行为的原因。巴特勒使用"框架"(frame)一词形象地说明了导致战争冲突的话语体系。巴特勒认为,战争被国家政府及主流媒体围上框架,让人们只看到框架里面的内容。换句话说,好战、崇尚暴力的话语体系组成各种框架,最终促成武力暴力的发生。在《战争的框架》中,巴特勒所思考的框架包括:照片的框架,做出发动战争之决定的框架,将移民问题看作"国内战争"的框架,以及将女性主义政治服务于战争的框架。思考生命是什么,这是本体论问题;但对这一问题的认识需要认识框架,框架决定人如何认识生命是什么这一本体问题。框架将生命区分为可哀悼的和不可哀悼的,让某些特定的生命形式不可活,因此对话语体系的分析是巴特勒思想的重中之重。

作为犹太后裔,巴特勒一直关注犹太族裔的流散性问题。2012年出版的《殊途:犹太性与犹太复国主义批判》(*Parting Ways: Jewishness and the Critique of Zionism*,以下简称《殊途》)主要思考以色列的政治困境和犹太特性的伦理遗产。通过阐释爱德华·萨义德、普里莫·莱维(Primo Levi)、瓦特·本雅明(Walter Benjamin)、马丁·布伯(Martin Buber)、汉娜·阿伦特(Hannah Arendt)、格尔绍姆·索勒姆(Gershom Sholem)和伊曼纽尔·列维纳斯等思想家,巴特勒使用共居(cohabitation)这一词语勾勒了对以色列和巴勒斯坦的政治展望。通过反驳列维纳斯的犹太复国主义思想,她试图重新审查文化复国主义与政治复国主义之间的差别,并通过重新唤起犹太人的流散记忆来呼吁犹太人与巴勒斯坦人共居的伦理义务。该书最精彩的章节是对普里莫·莱维和爱德华·萨义德的论述,但在哲学上其最具创新之处是通过解读列维纳斯来反对其复国主义的观点,以及通过阐释阿伦特来阐发巴特勒自己对"共居"的理解。

2015年出版的《主体的感觉》(Senses of the Subject)严格意义上不是专著,而是巴特勒1993年到2012年所发表的论文的合集,贯穿该书主线的是巴特勒对情感在主体中角色的思考。通过解读黑格尔、克尔凯郭尔、笛卡尔、斯宾诺莎、梅洛-庞蒂、萨特、伊利格雷、法农等人,巴特勒阐述了欲望、失望、悲伤、愤怒、哀悼、羞耻、爱等情感在特定的权力关系中对主体构成所起到的重要作用,表达了具现在"我"身上的情感指引"我"树立与他者相遇的伦理责任,让作为主体的"我"总是受到他者的影响,并从与他者的关系中认识自我的观点。在该书中,巴特勒重点讨论了作为主体的"我"如何受到他者的影响,在复杂的权力网络中得以具现,形成对自我的塑造。这部著作推动了学术界对情感(如欲望、愤怒、仁爱、失望、悲伤、哀悼、耻辱)和主体之间的关联的思考。

在2011年亲身经历"占领华尔街运动"(Occupy the Wall Street Movement)等集会活动后,2015年巴特勒出版了《集会的述行理论注解》(Notes Toward a Performative Theory of Assembly)。巴特勒认为,集会是争取承认的途径,是述行性的政治行动的多元形式之一;由于危脆摧毁人的可存活的条件,它已成为当今世界抗议活动的诱发性力量。巴特勒将述行性从言语行为理论扩展到政治领域,认为具现的身体参与的集会具有表现(expressive)的维度,因为集会并不总是依靠语言。巴特勒借鉴阿伦特所认为的政治依靠行动而进行积极生活的观点,突显身体在公共空间中的重要作用。

通过对巴特勒主要著作的历时性介绍,可以看到,虽然巴特勒以讨论性别化的主体闻名于学术界,但是如果认为巴特勒的学术成就仅限于性别问题,就难免失之偏颇了。实际上,巴特勒的思考重心一直是更宽泛的人的概念,她对性别问题的探讨为理解主体构成及其政治策略做了铺垫。意识哲学的主体是自足的、先验的,这种主体假设下所采取的政治策略不会考虑他者的处境,只会以帝国主义的风格对待他者,导致类似"9·11"事件之后暴力的循环。因此在早期的著作中,巴特勒通过考察身体与权力、话语的复杂关系,利用述行理论首先指出,并不存在这样一个先在的理性的主体。其次,巴特勒在后续著作中指出,主体与他者的关系是依赖和共生的关系。"我"的产生必须依赖于"他者",因此应当改变自足的主体作为传统伦理学的基础。巴特勒在消解道德哲学的主体的基础上,提出回应他者的"非暴力"的伦理,即在不考虑自身安危的情况下帮助解决他者的生存困境。

承认的图景假定了一种文化规范,它是谁可以成为人的条件。承认是对人进行区隔的过程。当某些生命被拒斥,暴力就发生了。巴特勒的全部著作围绕如下问题:什么是人?什么构成人?什么样的生命算是生命?什么可以或不能组成可理解的生活?什么样的生命是有效的,因而值得悲伤和哀悼?什么样的生命是"无效的"、不可活的,因而不可哀悼?正是基于这些问题,巴特勒思考主体、性别、规范、暴力、政治和伦理等这些与人息息相关的范畴,以便能烦扰既定秩序中的不合理现象,扩大"人"的范畴,为不被视为人的边缘群体寻求"可行性生活"的可能性。简而言之,贯穿巴特勒全部著作的核心是思考人的问题,即如何让处于规范之外的人获得承认的可能性。

本书概要

本书的主体部分共分六章,各章节的安排以"巴特勒反实在论的主体观和性别述行理论、性别述行理论的政治展望、性别述行理论的文学批评实践、生命政治观、世俗离散主义、非暴力伦理"等主题为主线,按照巴特勒的主体哲思、性别述行理论建构、政治哲学领域的现实问题拷问及其伦理转向等方面来讨论她对人的范畴的政治性这一核心问题的思考。

巴特勒对主体的系谱学探讨以"性别化"为切入口,或者说,巴特勒将主体问题放在特定的性别领域进行延续性的阐发,因为主体一直是一个性别化的主体。1990年巴特勒在《性别麻烦》中建构性别述行理论,其根本目的在于批判意识哲学的主体假设,解构性别的本体概念,同时将性别建构为流动性的、过程性的身份。巴特勒谙熟德国古典哲学、现象学、法兰克福学派批判理论以及法国当代理论,黑格尔哲学尤其是巴特勒最根本的理论关切。巴特勒曾坦言,她所有的著述都围绕着黑格尔式的哲学问题展开,即欲望与承认的关系,他者之于主体的作用等。如果说黑格尔式的主体是现代哲学的巅峰产物,那么巴特勒自己的主体之旅就是对黑格尔哲学遗产的继承和超越。基于此,本书第一章"主体与性别:反实在论的主体观与性别述行理论"主要揭示巴特勒构建性别述行理论的深层原因在于反对意识哲学的主体实在论。第一节首先讨论后结构主义的主体论及其对女性主义理论的影响,然后论述巴特勒如何在黑格尔的欲望主体的基础上,结合福柯的权力观与精神分析理论,从心理层面剖析主体构成的过程,揭示主体既共谋于权力,又具有反抗潜能的矛盾特质。第二节主要讨论巴特勒的性别理论,阐述巴特勒如何使用系谱学方法深入剖析异性恋性别话语霸权、她的性别述行理论的内涵及其意义。第三节则讨论巴特勒的酷儿理论,重点阐述酷儿理论与同性恋研究的差异、酷儿理论的内涵及其意义。

巴特勒的后续著作一直在思考她所建构的主体形成理论与政治抵抗的可能性之间的关联。第二章"再赋义与联盟政治:性别述行理论的政治展望"主要讨论巴特勒如何将其述行理论应用到政治文化领域。第一节"再赋义:巴特勒的颠覆政治"指出,巴特勒捍卫意义的不可控制性,认为政治能动性就在再赋义的潜能中。由于权力的无所不在,人们无法完全使用传统的抵抗范式,即推翻统治权力及其体制来理解能动性。再赋义强调的是,经过历史积淀的规范虽然相对稳定,但它可以改变。巴特勒以此突破了结构主义对规范和结构的理解,强调了规范和结构的可修正性。然而,未加妥协的后结构主义给巴特勒造成了不小的困难。由于广泛吸收后结构主义及法国女性主义思想,巴特勒的学术观点在20世纪八九十年代处于女性主义内部论争的焦点是显而易见的。第二节"性别述行理论的政治维度"首先分析她所提出的性别述行理论在身体的物质性、女性主义所采取的政治策略和能动性问题等方面引发的争论以及她本人的回应,认为当代女性主义政治无法忽视巴特勒的著述,因为她质疑了我们对性别、性属、身体、政治、能动等范畴视为理所当然的假设,提出了与后结构主义思想结盟的新理论。其次,该节以巴特勒对古希腊悲剧人物安提戈涅的分析为例,揭示异性恋霸权如何排除他者并否定他者拥有是对"人"这一范畴的政治性的思考,以及规范框架之外的人应如何获得承认的问题。

本书结尾处附上四份附录,两份为巴特勒晚近几年发表的文章,另外两份为对巴特勒的访谈,以期读者能更好地理解巴特勒思想的全貌。第一篇文章"述行、危脆与性政治"是巴特勒 2009 年 6 月 8 日在西班牙马德里康普顿斯大学的演讲,之后发表在 AIBR 杂志上。巴特勒在该文中讲述了她如何从对述行性的关注转向对更广泛的危脆的关注,认为正是基于谁可以算作主体,谁不能算作主体这个问题上,我们可以把述行性与危脆联系起来。第二篇文章"脆弱不安的生命,脆弱与共居的伦理"主要思考如何从伦理的角度回应发生在远处的苦难。通过讨论伊曼纽尔·列维纳斯和汉娜·阿伦特对伦理和远近距离关系的讨论,巴特勒分析了具有全球性特点的伦理责任问题。在第三篇伦敦大学社会学系教授维基·贝尔所做的访谈"脆弱、能动和多元性的新场景"中,巴特勒涉及话题甚广,从福柯、法农、阿伦特到拉普朗什,她既通过这些理论家问道哲学思想,又借此反思巴以问题的可能性、当代信仰与世俗主义等当下问题。在第四篇"承认与批判"这一访谈中,巴特勒认为"承认的差异性分布"决定了谁会被认定为值得承认的主体,这种承认场景是由现有的标准和权力决定的,为此,应将承认模式与批判行为联系起来,因为决定谁可识别谁不可识别的承认模式必须经过批判性思考。根据巴特勒的观点,要与承认场景建立一段反思性的距离,让批判成为一种挑战不公平和不正义的方法。

本书探究巴特勒思想的连续性,勾勒巴特勒思想发展的全貌,以说明巴特勒的理论思想一直都是为了给那些不符合文化规范和没有政治身份地位的人赋予声音和争取权利。这位一直为女性、酷儿、穷人、难民以及无家园之人等边缘群体争取话语权的思想家不应受到误解,而应得到应有的尊重和正确的评价,本书的研究希望能够做到这一点。

第一章　主体与性别：反实在论的主体观与性别述行理论

> In the philosophical tradition that begins with Plato and continue through Descartes, Husserl and Sartre, the ontological distinction between soul (consciousness, mind) and body invariably supports relations of political and psychic subordination and hierarchy. The mind not only subjugates the body, but occasionally entertains the fantasy of fleeing its embodiment altogether. The cultural associations of mind with masculinity and body with femininity should be reconsidered.
>
> *Gender Trouble*, 1999: 17
>
> 从柏拉图开始，到笛卡尔、胡塞尔以及萨特一路延续下来的哲学传统，灵魂（意识、精神）与身体的本体论区分，无一不支持着政治上和精神上的臣服和等级关系。精神不但征服了身体，还不时做着完全脱离肉身具化的幻想。我们应重新思考精神与男性、身体与女性在文化上的联系。

西方传统哲学自柏拉图以来一直将主体性建立在意识和理性之上。柏拉图在《斐多篇》解释苏格拉底面对死亡的态度时认为，苏格拉底之所以面对死亡无所畏惧，乃是因为他相信死亡只是肉体的死亡，而灵魂却能抛弃肉体永恒存在。对柏拉图而言，身体是灵魂通向真理的障碍，因此他轻视身体、贬低身体，建立了灵魂与身体的二元对立：灵魂不朽，身体短暂；灵魂纯洁，身体贪欲；灵魂可以通达真善美，身体的欲望却导致尘世的苦难及罪恶。这种灵魂高高在上而身体低人一等的思想得到中世纪神学思想的大力吹捧，而后又高度浓缩在笛卡尔的名言"我思故我在"之中。文艺复兴虽然让身体短暂地走出了神学的禁锢，但身体对通往真理、知识之路仍然无关紧要。笛卡尔理性的主体延续身体恐惧症,继续将身体视作灵魂、心灵和理性的对立面,认为主体的实质性标志是理性思考的能力。也就是说,存在一个本源的存有(being)利用理性思维认知世界。这种主体的实在认识论与关于意识与身体的二元论造成一系列相关联的概念组合,如男性/女性、理性/感性、文化/自然、自我/他者等。通过父权制话语的建构,男性与心灵、理性、文化、自我产生关联,而女性则与身体、感性、自然、他者等概念联系在一起。这样男性被堂而皇之地赋予了理性的主体地位,而女性则与理性的主体无缘,被贬斥到客体的地位。因此,要想改变女性的客体地位,就必须从根本上拒绝意识哲学的主体假设。

作为女性主义理论家,巴特勒思想的核心是对主体构成问题进行深入的剖析,因为从根本上讲,女性主义理论就是要重新建构女性的主体性。人的主体性由社会的主流话语界定,被主流的意识形态所建构。在父权制文化的统治下,女性从未真正拥有主体性,其地位是按照男性中心主义的思维逻辑进行建构的。为了强化女性的附属地位,加深她们在政治、经济及文化等方面的压迫,女性及其经验被误解和歪曲,因此,女性主义理论若要改变女性受压迫的地位,就必须对男性中心主义的意识形态、话语体制进行解构,批判父权制文化对女性特质的设定和歪曲,从而重建女性的主体性。女性主义的这种尝试势必背离西方传统的意识哲学的主体假设。

第一节　后结构主义主体论与巴特勒的主体观

一、后结构主义的主体论及其对女性主义理论的影响

说起后结构主义,就不得不提及结构主义。在 20 世纪 50 年代的法国,萨特的存在主义遭到质疑,因为存在主义太过强调主体的作用而否定客观性,而发端于人类学和语言学的结构主义反拨萨特的存在主义,尤其反对存在主义将自然科学和社会科学相对立的做法,力图在社会科学领域消除方法论中的主观因素。结构主义将世界看作一个整体的结构,其中包含特定的规则和秩序,结构主义就是要发现

这种整体内部的结构关系，它使用共时性的研究方法挖掘事物表面的深层结构。法国人类学家克劳德·列维-斯特劳斯、奥地利语言哲学家路德维希·维特根斯坦、法国语言学家费迪南·德·索绪尔、俄裔语言学家布拉格学派的代表人物罗曼·雅各布森、俄国民俗学家弗拉基米尔·普罗普、美国语言学家诺姆·乔姆斯基等人堪称结构主义的代表人物。他们或将具体的语言行为即言语和作为符号整体系统的语言相区分（索绪尔），或挖掘社会文化现象背后的深层结构体系，如亲属关系中"妇女交换"的重要作用（列维-斯特劳斯），或从形形色色的民间故事中提炼出常见"行为群"和"功能"（普罗普）等。可以看到，他们更感兴趣的不是事物本身，而是事物背后的深层的、结构性的意义，因而结构主义是一种强调普遍性的理论。

结构主义这种对整体性、共时性和普遍性的强调虽然对人文学科产生了深远影响，但是它发展到极致，则由于排斥历史的发展观而显示出一定的局限性。由于具有否定人作为主体的作用的倾向，过分强调语言中心主义，及其形式主义和反人道主义的倾向，对结构主义进行反拨的后结构主义思潮就此出现。米歇尔·福柯、雅克·德里达、雅克·拉康、吉尔·德勒兹堪称后结构主义思潮的代表人物。结构主义者认为文本中有一个核心结构，因而注重分析统摄该文本的结构和系统，而后结构主义者不同于结构主义前辈的地方在于，他们抛弃了结构主义的简化主义方法论，认为文本深处存在一个统摄一切的中立、客观、封闭的结构是错误的。对文本进行阐释的任务不在于寻找代表终极意义的普遍结构，而在于探寻该普遍结构之所以成为绝对的中心的缘由。结构主义虽引入关系、差异等概念，但仍然抱定一个稳定不变的中心；后结构主义则旨在消解中心，因为在后结构主义者看来，不管中心的概念如何牢固，如何深入人的无意识之中，它"只是一种虚拟的存在，关系的产物，无限结构之网中的一项"[1]。与结构主义强调永恒、普遍的结构不同，后结构主义强调不稳定性、不确定性、多元性和暂时性，它采用否定和批判传统形而上学的哲学立场，拒斥宏大叙事，反对基础主义和本质主义，不相信历史的线性发展观。

1　马海良，《后结构主义》，《外国文学》，2003 年第 6 期，第 60 页。

意识哲学所秉持的主体概念往往假定一个实在的人，承载着各种本质的和非本质的属性。在这种立场之下，人的本质被描述为一个未区分性别的实在或是"核心"，是一个理念的人，具有一种普遍的理性、道德思辨和语言能力。这种实在论认为，人的主体先于话语而存在，因而在解释主体性、社会和政治方面有无可辩驳的地位。后结构主义者质疑启蒙思想中至高无上的、理性的、能做出表达自我意愿的决定的主体。他们认为应将主体性理解为话语的建构，因而是不稳定的、多元的。复杂的权力关系组成多种话语相互竞争的话语场，在话语场中，由文化建构的矛盾主体在权力关系的博弈中产生能动性。因此，对后结构主义者而言，主体性与能动性都不是话语实践之前的自然存在。从根本上讲，后结构主义理论持反本质主义的立场。

20世纪80年代以来，女性主义理论开始探求与后结构主义思潮的结盟，对自由女性主义、马克思主义女性主义、激进女性主义等依赖宏大叙事的女性主义理论进行反思，重新思考女性主义解放政治的基础以及对文学、文化的分析方法。她们对激进女性主义的父权概念、自由女性主义的启蒙与进步概念、马克思女性主义对社会变革的理论进行重构，开始利用后结构主义的分析方法对女性经验、主体性、身份、权力等进行理论建构。

后结构主义的方法主要指的是德里达式的言语行为理论和福柯的系谱学。马克思主义女性主义学者米歇尔·巴瑞特（Michèle Barrett）曾经说："德里达的后结构主义理论、拉康的精神分析、福柯的话语与权力理论对女性主义理论很重要。女性主义者挪用这些理论而不是其他的什么理论，这是有原因的：这些理论探索的是性、主体性、文本性等问题，它们都是女性主义者置于纲领之上的问题。"[1] 法国解构主义思想家雅克·德里达为女性主义提供了丰富的思想资源。德里达用延异的理论来批判以逻各斯中心主义即理性中心主义为基础的整个西方形而上学传统。逻各斯语音中心主义以词、理性或真理为中心，强调语言表现真理的能力。它认

---

[1] Michèle Barrett and Anne Phillips, *Destabilizing Theory: Contemporary Feminist Debates*, Cambridge: Polity Press, 1992, 215.

为,语言符号与实体之间存在明确的对应关系,因而由言语表达的真实成为不受质疑的在场,而文字由于口头交流的缺场而成为低于语言的活动。言语优于写作、男性高于女性、文化优于自然、理性高于感性等这些二元对立结构形成鲜明的等级秩序,构成形而上学思维的基础。德里达从结构主义语言学的奠基人索绪尔那里得到启发,认为每一个语言符号和它所表示的事物之间的关系都是任意的,能指不再与它们自身以外的实体有联系,其含义指涉一连串其他的能指符号。也就是说,决定能指意义的是一系列其他与之相区分的能指符号。语言的含义是差异关系的产物,所指从来没有固有的含义,能指在与其他能指的区别中产生意义,处于永远被延宕的状态。言语也并不一定优于文字,因为文字不仅可以把观念从个人的主体性内表达出来,还可以使之延续存在。德里达反逻各斯中心主义的思想松动了能指与所指的固定关系,对各个领域旧有的层级关系和权威结构提出质疑,这对女性主义者打破男性与女性这两个能指所代表的固化含义起到积极的作用。德里达的理论就是要从根本上消解中心,解构二元对立的层级性的思维方式,这对女性主义者消解以男性为中心的父权制意识形态,阐释女性作为"第二性"背后的文化奥秘,去除人为限定的男性权威,并对菲勒斯中心主义进行深入的批判具有重大意义。

对女性主义理论产生巨大影响的另一位后结构主义理论家是米歇尔·福柯。福柯认为真理和知识是在权力的运用中产生的。知识和真理扩展权力,是权力的社会操纵工具。不同的真理和知识体系由与该社会权力结构的关系决定,谁占有知识,谁取得话语权,至关重要。权力可以自下而上,它不仅具有压迫性,而且具有生产性。话语是维护权力的语言表现的诸系统,是支持权力结构的公认的思维模式。它不仅是语言,而且是文化和社会机构的工具。话语使权力关系具体化,权力在话语中产生,并由话语来传递。没有也不可能有超验的思维,理性和真理只是话语的结果。可见话语、权力、知识之间是紧密联系,相辅相成的。福柯的权力与话语理论使女性主义学者得以将微观的语言研究和宏观的历史文化研究合为一体。福柯有关权力是局部的、自下而上的观点使女性主义者认识到:对现代女性的压制不仅来源于父亲和丈夫的直接控制,而且女性自己也会将男性的控制内在化,用父权社会对女性气质的规范来规训自己的身体及社会身份。根据福柯的理论,女性主义运动若按照启蒙主义的"革命理论"来寻求作为整体的女性解放是行不通的,必须根据当代权力结构和话语的特点,探索妇女在各个散落的权力网络中如何发挥主体意识,从而发展联合其他妇女来改变妇女现状的斗争理论和策略。在具体的权力关系内定位女性经验是后结构女性主义进行批评实践的前提。

朱迪斯·巴特勒秉承德里达、福柯等思想家,对女性主义第二次浪潮以身份政治为基础的行动纲领提出了质疑。启蒙现代性把人看作是支配现实社会的能动的主体,人所生活的自然和社会是作为主体的人生产出来的建构物。这种个人的独立自主性在后结构主义的拥护者看来已成为不可能。主体不再是一个自主的、完整的统一体,而是处于社会轴线交叉处的一个位置,是零碎、多元和不稳定的。

后现代主义和后结构主义这种对统一主体的批判促使女性主义者开始反思第一、第二次浪潮女性主义对单一的"妇女"范畴的接受。巴特勒对某些身份范畴的合法性提出质疑。她提醒女性主义理论应谨慎使用男性、女性、父权、男性特质、女性特质等术语,因为这些词语本身是话语体制和权力场作用的结果。作为卓有建树的后结构主义理论家,巴特勒在1990年的著作《性别麻烦》中更加系统地阐述了质疑"妇女"这一具有本体色彩的范畴的原因。该部著作堪称用后现代主义和后结构主义思想援助女性主义政治理论的典范。

在《性别麻烦》中,巴特勒认为,女性主义理论假设存在"妇女"这样一个集体的身份,目的是为"妇女"这个主体追求政治上的再现。也就是说,必须先预设存在"妇女"这一主体,然后才能得到再现,因为在追求争取妇女作为政治主体的合法性的过程中,再现是一个运作的框架。但是作为语言的规范性功能,再现通常不是揭露就是扭曲那些我们所认定的真实,因此对女性主义理论来说,如何发展一种全面或是足以再现妇女的语言,对促进妇女的政治能见度是十分必要的。问题是:传统的女性主义身份政治在实践上排挤有色人种妇女或性少数群体,其根本原因在于这种身份政治仍然认同一种"实在"的主体认识论,没有脱离性别本体论和二元对立的思维模式。巴特勒认为基础主义式的主体其实是一种虚构,她说:"女性主义的'我们'一直是,也只是一种幻想的建构;它有着自己的目的,却拒绝接受这个词语内在的复杂性与不确定性,而仅是通过排除这个它同时寻求作为其代表的群体的一部分来建构它自身。"[1] 基于这样一种信念,巴特勒对女性主义第一次、第二次浪潮把具有总体特征的"妇女"范畴作为斗争的基础提出质疑。传统女性主义把"受压迫的妇女"作为一个普遍的基础,暗示父权制是一种跨文化的普遍结构,对"妇女"的压迫有某种单一的形式,但巴特勒认为,性别压迫存在于具体的文化语境之中,不同的历史语境对社会性别的建构并不连贯和一致,它与话语在种族、阶级、族群、性和地域等范畴所建构的身份形态交相作用。巴特勒说:"同样,各种不同的路线让我们参与政治,各种不同的故事将我们带到街上,各种不同的推理和信仰让我们走到一起。在我们行动之前,我们不需要把自己放在一个单一的交流模式中,单一的推理模式中,单一的主体概念中。"[2] "性别"不可能从各种政治、文化的交汇中分离出来,而只能在这些交汇中被生产并得以维系。巴特勒指出,"妇女"绝不是一个稳定的能指,即使是在复数的情况下,它也是"一个麻烦的词语,一个焦虑的起因",[3] 因为这个词不能包容一切,包含所有的多重意指。

由于"妇女"这个范畴不能包含所有的含义,当女性主义宣称它代表"妇女"(实际上是某些妇女)并为其争取权益的时候,必然会遭到被排除在外的妇女的反对,这也正是身份政治的局限性。巴特勒认为,任何以其实践的先决条件为由而限制性别意义的女性主义理论都在女性主义内部设立了排除性的性别规范,而且往往带有同性恋厌恶症(homophobia)的后果。女性主义应该小心,不要理想化某些性别表达,因为这将产生新的等级和排除的形式。然而具有悖论意味的是,为了符合再现政治上女性主义必须表达一个稳定的主体的要求,女性主义又必须以某个共同的身份为基础,因此遭到了错误再现的指责。身处这种两难之境,女性主义的政治实践必须从根本上重新思考本体论的身份建构,试图将可变的、流动的身份作为一个方法上的先决条件,从而使女性主义理论从单一的基础中挣脱出来,避免遭到

---

[1] Judith Butler, *Gender Trouble: Feminism and the Subversion of Identity*, New York: Routledge, 1999, 181.
[2] Judith Butler, *Precarious Life: The Powers of Mourning and Violence*, London and New York: Verso, 2004, 48.
[3] Judith Butler, *Gender Trouble: Feminism and the Subversion of Identity*, New York: Routledge, 1999, 6.

被它排除在外的那些身份位置的挑战。这就是巴特勒思考流动的、可变的(性别)身份的根本原因。巴特勒的性别理论挑战了传统女性主义以身份政治为基础进行政治建构的尝试和努力。

我们通常将男女两种性别视为当然,两性的性别差异自然存在,男人欲望女人也是天经地义的,但是否果真如此呢？巴特勒认为,我们之所以这样认为,是因为生理性别、社会性别与性欲的一统关系形成了异性恋的规范,让我们将身体的物质性视为理所当然,也将异性恋的欲望奉为理应遵守的道德律令,因为如果不这样做,"不正常"、"变态"、"有病"之类的标签就会随之飞来,异性恋规范就会对不遵守这一律令的人进行打压,他们因此受到种种歧视,甚至受到暴力的威胁。作为同性恋的巴特勒,正是由于深深体验到被排斥在异性恋规范之外的人的痛苦,因而致力于对形成异性恋规范的种种话语进行批判。这其中,自然也包括对女性主义理论视异性恋为基础的批判。巴特勒重新思考身体,质疑生理性别的物质性,认为我们对身体的理解其实是权力关系作用于我们的结果。性别不是一个天然存在的事实,而是我们不断重复引用性别规范的结果。巴特勒的这些观点,正是吸收后结构主义思想的产物。

二、巴特勒的主体观

> In a sense, all of my works remain within the orbit of a certain set of Hegelian questions.
>
> *Subjects of Desire*,1987：xiv
>
> 在某种意义上,我所有的著作都停留在一系列黑格尔式的问题框架内。

（一）黑格尔的欲望主体

在西方现代哲学中,主体一直是某种基础和保证,它是个体与集体经验的出发点,是哲学命题得以经受考验的基石,也是一切认知得以进行的前提。现代主体的核心特征是理性,这在笛卡尔的名言"我思故我在"中得到充分的体现。笛卡尔式的"我思"主体高度强调理性的重要作用,举扬人类精神向外扩张、改造世界的能力。从笛卡尔到康德,现代主体的基础意义已从认识层面扩展到伦理和审美层面,成为知觉、意志和情感等领域的基础保证。而在黑格尔的哲学中,这种基础主义式的主体观被发挥到了极致:主体不仅是具备自我意识的活动体系,还能协调主客观、内部和外部的一切对立,由辩证发展通达绝对知识。

在《精神现象学》中,黑格尔勾勒了"精神"(Geist)由"感性确定性"发展到"绝对知识"的辩证过程。绝对知识就是世界的终极真相,但这个终极真相必须通过主体的心智活动才能企及。黑格尔语境中的"精神"其实就是一个不断认识自我的主体,它由蒙昧、启蒙到认识自我和世界,是一个动态发展的过程。从这一点上,巴特勒认为黑格尔《精神现象学》中的"精神"就像一部成长小说(Bildungsroman)的主人公,展开认识自身的朝圣之旅。黑格尔语境中的精神其实就是巴特勒语境中的主体,黑格尔关于"精神"动态发展的观点,为巴特勒认为主体不是一个固定的存有而是一个生成的过程奠定了基础。

要由最初的简单意识到达绝对精神,主体要不断否定和超越自身,处于超越自身的绽出(ekstasis)过程。那么,是什么让主体不断去追寻、否定和超越自身呢?这是因为主体有欲望(Begierde),正是这种不断追寻的欲望成为黑格尔的主体持续发展的动力。在黑格尔那里,欲望不是秩序的敌人,不是与理性相对的他者,而是通达人类主体地位的保障。欲望是有效产生意识和主体的工具。

巴特勒认为,对于黑格尔而言,自省的自我意识就是欲望,或者说,欲望就是主体的化身。她将黑格尔式的主体欲望定义为"克服外在差异并使之成为主体内在特质"的东西。为了认识自身,欲望成为不同于自身的事物,它总是驱使主体不断绽出而超越自身。这就是说,只有通过扬弃(Aufhebung)一个不同于自身的异己或他者,主体才能在认识自身的道路上不断前进。只有通过另一个不同的自我意识,得到这个异己或他者的承认,自我意识才能认识自身,超越自身,因而欲望主体同时也是渴求他者承认的欲望。

为了说明这一点,黑格尔使用主奴关系来说明自我意识形成中的辩证关系。黑格尔认为同一自我意识有相互对立的两个部分,即独立的自我意识和依存的自我意识。黑格尔将独立的自我意识比作主人,而将依存的自我意识形容为奴隶。独立的主人自我意识必须靠依存的奴隶自我意识才能证明自身的独立。不仅如此,依靠奴隶得到承认的主人逐渐安于现状,不思进取,而奴隶则通过辛勤劳作改造自然而发现自我价值,这样,除非主人杀死奴隶,否则主奴关系将发生逆转。这种不断可能会发生变化的主奴关系说明,独立的自我意识和依存的自我意识实则互相确证自身,甚至互为彼此。黑格尔关于主奴关系的论述说明主体只能经由他者的承认才能获得主体的身份。

在重述黑格尔的精神现象学的过程中,巴特勒重点讨论了黑格尔对欲望和主奴关系的论述,认为前者是黑格尔主体之旅的原动力,后者是黑格尔主体发展过程中的生成法则。它们同时也是20世纪法国哲学家重建和批判黑格尔的切入点。巴特勒的首部专著《欲望的主体》主要阐释黑格尔哲学在两代法国哲学家那里的接受情况。她在书中申明,该著作的主要任务是"反思黑格尔精神现象学中对欲望和满足的构想;20世纪法国哲学家对黑格尔思想在哲学上成就的肯定和重新建构,以及刚刚出现的、通过使用欲望来反驳和消解受形而上学支持的黑格尔式的主体"[1]。第一代法国哲学家以亚历山大·科耶夫、让·依波利特和萨特为代表,他们试图重建黑格尔的理论,共同促成了20世纪法国哲学中的黑格尔哲学复兴;第二代法国哲学家以拉康、福柯、德勒兹为代表,他们试图批判和解构黑格尔的理论。巴特勒在此书中力图证明:上述法国哲学家在介绍、接受、批判、摆脱黑格尔的同时,无一例外地受制于黑格尔的影响。

科耶夫的《黑格尔哲学导读》认为黑格尔的《精神现象学》说明了人类的种种欲求,是欲望驱动了主奴辩证关系。他认为主奴辩证关系的动态发展并不意味着精神已达极致,即主体达致"绝对知识";相反,它意味着历史的终结。在阐述黑格尔

---

[1] Judith Butler, *Subjects of Desire: Hegelian Reflections in Twentieth Century France*, New York: Columbia University Press, 7.

的哲学中,科耶夫强调的是黑格尔哲学中的时间和历史的维度。科耶夫对黑格尔的欲望概念更多地扩展,而不是批判。他对黑格尔思想的解读所做的重要贡献是区分了一般的动物性欲望和人类欲望的差别。对科耶夫而言,人类欲望"是对生理性欲望的克服与超越,因为人类欲望展现的是一种自省性的结构……科耶夫的主体在本质上是一种意向性的结构"[1]。依波利特则将黑格尔的主体之旅描述为永无休止的生成过程。在依波利特看来,欲望不再是主体自身的动力和保证,而是自我与他者之间的共谋,即自我与他者之间相互生成。如果说科耶夫和依波利特关注的仍是抽象的欲望主体,萨特的对象则变成了具体语境中的自我。萨特认为主体并非先于欲望,是欲望的活动创造出了想象的主体,主体不过是"投射在词语中的虚构的统一体"[2];只有通过想象,欲望才能得到满足。总体而言,他们三人的理论仍存在重建和修复黑格尔欲望主体的倾向。

尽管法国第一代哲学家仍试图修补黑格尔的欲望主体,但这一主体的自主、自足的地位已经岌岌可危。在第二代法国哲学家那里,自足的主体只是一种虚构。拉康使用精神分析学和结构主义改造了黑格尔的欲望主体。他虽保留了黑格尔的欲望概念在形成主体时的结构性作用,但是他认为,欲望并不与意识直接产生联系,欲望其实是无意识的晦涩场域,主体从个体渴望与母体结合的力比多原动力分裂而来;由于进入文化的律法以与母体分离为前提,欲望是对这种失去和分离的回应,是对缺乏的回应。欲望遁入无意识,成为缺乏的能指;由于乱伦禁忌压抑了欲望,分裂主体只能形成于律法的桎梏之中。通过引入黑暗的无意识维度,拉康消解了黑格尔式的自主、连贯和自足的自我意识。黑格尔的自省的主体不过是一种神话。

福柯也对黑格尔的欲望主体进行了重构,但他反对精神分析学的压抑假说,认

---

[1] Judith Butler, *Subjects of Desire: Hegelian Reflections in Twentieth Century France*, New York: Columbia University Press, 1987, 67.

[2] Judith Butler, *Subjects of Desire: Hegelian Reflections in Twentieth Century France*, New York: Columbia University Press, 1987, 185.

为压抑与受压抑的两分法严重误解了权力的多重弥散性特征。权力生成、流动、变化于日常生活的各个角落,它生成知识,产生话语,同时也生成主体。这样,欲望不是缺乏,而是生成与创造。法律无法压抑欲望;相反,欲望主体正是法律的创造性产物,而且欲望的生成与具体的历史语境密切相关。权力与话语是同存共延的,各类管控性话语生成主体,主体难逃文化律法的规训。既然主体形成于规范话语中,福柯反对一切解放论调,认为反抗无法超脱于权力话语之外。

德勒兹同福柯一样也反对欲望是缺乏的论调。他认为犹太-基督教意识形态将欲望定义为缺乏与否定,其目的是为了服务于统治阶级,说明其统治的合理性。德勒兹将拉康的父权律法与乱伦禁忌斥为奴隶道德,认为正是资本主义社会创造了欲望的缺乏观。由于奴隶道德,主体无法自主行动,处处受限于自我否定。欲望的缺乏与否定是压抑的症候与表征,只有打破否定性才能解放原初充盈的欲望。黑格尔式的主体由于过度依赖自身的同一身份而缺乏自我肯定的超人特质,因此在德勒兹看来,黑格尔式的主体不仅是奴隶道德产物,而且是拉康意义上文化禁锢的产物,是反生命的。黑格尔式的主体成了排斥差异和反生命的代名词。只有唤起尼采式的强力意志,以对抗奴隶道德,才能肯定欲望,使生命再度充盈,得到解放。

巴特勒认为,拉康与德勒兹在批判黑格尔的欲望主体时都预设了某种本体论的欲望,试图借此攻击黑格尔自足、同一的主体观。拉康的理论代表了决定论的观点,即语言与律法决定了一切。父权律法压抑了一切异质与乱伦欲望,虚构出完全受制于象征秩序的囚徒式主体,语言成为禁锢主体的牢笼。德勒兹的观点则代表了唯意志论的倾向,因为德勒兹认为,只要摆脱奴隶道德,以生产性欲望抗拒缺乏性欲望,就能达成酒神式狂欢的解放。这两种倾向是巴特勒后来的著述中反对的政治倾向。拉康与德勒兹所代表的两种观点体现了黑格尔式的欲望主体在当代法国哲学中所陷入的困境:主体如果仍然可能,他究竟是囚徒还是主人?对于这个问题,巴特勒在福柯那里找到了答案:福柯强调话语对主体的建构作用,却反对拉康式的压抑性权力;福柯认同生产性的欲望,却反对德勒兹所描绘的解放图景。在巴特勒看来,由于在德勒兹的著作中"找不到对否定的关注,而且我也担心他对否定性问题疯狂抵御"[1]，因此尽管她认同德勒兹的生成概念，却对他唯意志论的倾向敬而远之。

对于巴特勒而言，黑格尔式的主体从未真正死亡，主体固有的矛盾像幽灵一样，始终困扰着哲学家的理论探讨。在《欲望的主体》一书中，巴特勒对黑格尔式的主体作了辩解。她强调，黑格尔式的欲望主体既然不断地绽出，他就必然处于不断迷失、无法自主的状态。在该书结尾处，巴特勒复述福柯与克里斯蒂娃的观点，认为探讨主体需要结合具体的历史语境，以系谱学的方法[2]分析主体的构成条件。这一看法预示了巴特勒此后著述的发展方向。巴特勒日后关注的诸多问题，如权力主体和性别主体问题，在首部著作的最后一章中已见端倪。在后续的著作中，巴特勒秉承福柯的思想，论述了主体既意味着屈从，又意味着能动的观点。

（二）巴特勒的矛盾主体

> Whether power is conceived as prior to the subject or as its instrumental effect, the vacillation between the two temporal modalities of power ("before" and "after" the subject) has marked most of the debates on the subject and the problem of the agency. Indeed, both quandaries have led many to consider the issue of the subject as an inevitable stumbling block in social theory. Part of this difficulty, I suggest, is that the subject is itself a site of this ambivalence in which the subject emerges both as the effect of a prior power and as the condition of possibility for a radically conditioned form of agency. A theory of the subject should take into account the full ambivalence of the conditions of its operation. There is, as it were, no conceptual transition to be made between power as external to the subject, "acting on", and power as constitutive of the subject, "acted by".
>
> *The Psychic Life of Power*, 1997: 14-15

1　Judith Butler, *Undoing Gender*, New York: Routledge, 2004, 198.
2　系谱学是福柯追溯和定位权力产生意义并将其自然化的时刻的方法，详见本书第二章第二节。

很多关于主体和能动性问题的争论摇摆于权力的两种形态之间：权力是在主体之前，还是工具性的效果（权力在主体"之前"还是"之后"）。确实，这两种困境让很多人认为主体问题是社会理论无法避免的绊脚石。我认为，这一难题的部分原因在于，主体自身就是矛盾的场所，在这一矛盾的场所中，主体既作为一种先于权力的结果的形式出现，又是能动性的可能性条件。主体理论应该考虑其运作条件的矛盾性。在作为外在于主体的权力和作为主体的构成之间，也即"作用于"主体的权力和主体"发生作用"的权力之间，没有概念的过渡。

自尼采开始，身体在主体构成中被赋予了前所未有的重视。作为秉承后结构主义思想的理论家，朱迪斯·巴特勒沿袭尼采、福柯等人对意识哲学主体假设的拒绝，考察身体与权力、话语的复杂关系，并诘问是否存在这样一个先在的理性的主体。可以说，巴特勒的主体观沿袭尼采对"实在形而上学"的批判，认为实体的"我"是一种幻灭，它不是语言再现的一个统一、稳定的存有，而是语言语法结构的产物，即主体是一个语言范畴和一个形成中的结构。[1] 也即，身份范畴是语言和意指的述行效果，它不是基于身体物质性的个人特性。为了论证这一点，巴特勒认为有必要对主体的形成做深入分析，因此在《权力的精神生活》中，巴特勒尝试将福柯的权力生产理论与精神分析学结合起来，进一步说明社会主体如何通过语言的手段生产出来。

福柯认为，权力的司法系统生产它们所代表的主体。权力不仅压迫主体，它也构成主体；权力不单单是我们所对抗的东西，还是我们的存在所依靠、隐匿和保有的东西。主体的形成以对权力的屈服（submission）为开端，这一观点已经体现在阿尔都塞的询唤理论之中。阿尔都塞在《意识形态和意识形态国家机器》一文中认为，主体的屈从是通过语言，作为召唤个体的权威的声音的结果而发生的。当一名

---

[1] Gill Jagger, *Judith Butler: Sexual Politics, Social Change and the Power of the Performative*, London & New York: Routledge, 2008, 18.

警察召唤街道上的一个行人,而这个行人转身并认识到自己就是那个被询唤的人时,行人这个社会主体就在询唤的话语下诞生了,但巴特勒认为,阿尔都塞并没有解释那个人为什么会转过身来,认同并接受警察的召唤。同样,巴特勒认为福柯的话语生产理论也没有详细阐述是什么样的心理形式让个体得以屈从。巴特勒认为在福柯的理论中,"不仅没有对心理的整个领域进行评论,而且权力在臣服和生产的双重作用中也未得到深入探讨。如果屈从是臣服的一个条件,那么权力的心理形式是什么?"[1] 权力如何让个体屈从,服从的动机是什么?这个问题驱使巴特勒将权力理论与精神分析理论结合起来,讨论规范话语如何在心理层面上实现对个体的管制。

主体是囚徒

对于主体构成问题,巴特勒首先阐明的一个观点是:主体的形成强烈地依附于服从,这首先体现在黑格尔对主奴关系的讨论。笛卡尔将人界定为思维的存在,黑格尔对此不甚满意,因为笛卡尔式的沉思只能突显对象,而不能强调自我。黑格尔认为,自我意识的起点是欲望。人只有通过欲望才能返回自身,认识自身。巴特勒在《欲望的主体》中重申了黑格尔的观点:"自我意识,宽泛地讲,就是欲望,因为欲望意指意识的反身性。"[2] 当一个人与另一个人相遇,他们最初的欲望就是维护自己的身份,但很快他们就会发现,自我意识的出现或自我认同以否定他者为构成条件。否定和扬弃他者的欲望是自我实现的必要条件。或者说,他者是自我的构成性他者。通过认识到"我"不是"他人","我"才能认识自我。在思考欲望与自我意识的关系时,巴特勒讨论了黑格尔绽出的主体性(ek-static subjectivity)的概念[3]。

---

[1] Judith Butler, *The Psychic Life of Power: Theories in Subjection*, Stanford University Press, 1997, 2-3.

[2] Elena Loizidou, *Judith Butler: Ethics, Law, Politics*, Taylor & Francis Group: Routledge-Cavendish, 2007, 61.

[3] 《脆弱不安的生命》中讨论的绽出(ek-stasis)指的是处于自我之外的状态。这种外在于自我的状态具有改变自我的潜力。

一个绽出的主体必须一再遭受身份的丧失,以便能实现完全的自我。所以任何主体总是一个伤痕累累的主体,他不可避免地要经历丧失和损毁。

在社会中,人的欲望就表现为要求他人的承认。人的欲望要求他人承认自己,而他人也同样要求得到承认。然而承认并不是白白获得的,必须通过斗争才能得到。在讨论自我意识的辩证发展时,黑格尔创立了主奴关系说。在主人和奴隶的辩证关系中,斗争的结果产生了对立的主人和奴隶:在"流血斗争"中取得胜利的是主人,他赢得了奴隶的承认;屈服于死亡威胁的一方失败而成为奴隶。主人之所以成为主人,是因为他克服了对死亡的畏惧战胜了敌人,此时主人具有自为的意识,成为真正的人。但是随着主人放弃劳动,脱离对自然的征服,主奴关系便发生深刻的逆转:主人无偿占有奴隶的劳动,不再追求变化,只是直接消费奴隶所创造的物品,已不再是真正意义上的人了。奴隶虽然作为工具化的身体出现,但是他的劳动为主人的存在提供了物质条件。奴隶虽然沦为附庸,却在暗地里仿效主人,通过劳动发现自我,重新肯定自身作为人的存在,因此奴隶的依赖意识逐渐发生变化,直至有朝一日通过新的斗争取代主人。这便是黑格尔式的主体自我意识中独立的自我意识和依存的自我意识之间的辩证发展关系。

为了说明一个人摆脱外在的权威并不一定会走向真正的自由,巴特勒在《权力的精神生活》中首先阐述了黑格尔讨论主奴关系时提到的"苦恼的意识"。黑格尔的《精神现象学》在论述奴隶获得自由的途径和他陷入的"苦恼的意识"时早已谈到主体如何在屈从中形成的问题。黑格尔认为,摆脱外在权威获得解脱的奴隶并不足以将自己引入自由,因为当他摆脱明显外在的"主人"时,却发现自己身处一个必须服从各种规范的伦理世界,陷入了受道德律令困扰的"苦恼的意识"中。奴隶的主体以一种苦恼的意识出现,这种苦恼意识是自我意识的内在矛盾状态,说明奴隶仍处于一种自我奴役的状态。奴隶在摆脱外在的主人后之所以仍然存有苦恼意识,这主要是因为奴隶的自我意识是通过对所生产的物品的短暂的自主权而得以建立的。他所创造的物品表明他是谁;当这些物品被剥夺时,他也意识到自己生命的短暂性。对死亡的恐惧使他再一次退却,让他采用顽固的姿态抓住那些对他而言很坚固的东西,抓住它们也就坚定地抓住了自己。因此,苦恼意识就出现在利用顽固性减轻恐惧的活动中。为了让身体活下去,奴隶必须在意识上保持自我服从的状态,这就是奴隶对自己身体的依恋。当奴隶摆脱外在的主人却仍然无法摆脱各种道德律令时,他不断审视自己,并进行自我申斥,从而开启了痛苦的苦恼意识。一句话,黑格尔认为,奴隶的自我意识在屈从中产生。

巴特勒认为,福柯改造了黑格尔的主奴辩证法。黑格尔认为自我意识以欲望为起点,欲望赋予人类以改造外部世界的能动性,福柯对这一点表示赞同。但是对福柯而言,欲望绝不是自然的,它在历史中形成,由话语所建构。对福柯而言,欲望是历史的产物,主体则是权力的后果。这样,欲望和主体都变得不稳定,一切都要交付历史与权力。黑格尔将苦恼意识看作是对服从的一种顽固的依附。巴特勒认为,福柯的理论框架重申了黑格尔在"苦恼的意识"里关于服从中对身体的依附是不可避免的观点。[1] 在福柯的理论中,对服从的依恋,形成服从自身的自反性结构。没有对服从的强烈依恋,就不会有主体的形成。身份与身份认同的所有形式都基于主体性形成的过程,即臣服的过程。一个人要获得身份,就必须在文化可理解的范围内得到承认。若想为社会所接受,我们必须进入拉康所谓的象征领域。只有这样,我们才能得到承认,成为主体。也就是说,要想成为在文化上可以被辨识的主体,我们必须首先依附于律法,这就是臣服,而后我们才能成为主体,获得能动性。因此福柯认为,现代政治的要点不是解放主体本身,而是拷问生产和维护主体的管制的机制。至于能动性从何而来的问题,福柯的回答是:哪里有权力关系,哪里就有可能会有抵抗。

---

[1] 朱迪斯·巴特勒,《权力的精神生活:服从的理论》,张生译,江苏人民出版社,2009年,第34页。此外,巴特勒认为,黑格尔对苦恼意识的探讨影响了尼采对道德规范,尤其是禁欲理想的批判。尼采认为道德是一种疾病。在道德名义下发生的服从,是对恐惧的逃避。他对道德和伦理做了区分,质疑了道德的价值。巴特勒认为尼采为我们提供了一种对精神形成和服从问题的政治洞察。(参见《权力的精神生活》,张生译,第63页)

主体的形成如何涉及精神管制

巴特勒试图考虑"社会权力和心理现实的双重作用"[1]。她从三个方面将精神分析理论与权力理论结合起来。[2] 首先,巴特勒思考的是人和人之间的相互依赖性。她的推理很简单:婴儿时期,孩童为了生存和成为自己,必须有所依附。依附的目的就是要避免死亡,生存下去。由于原初的无助,婴儿在被抚育期对父母及周围成年人的依赖久而久之形成一种屈从心态。没有这种在依赖中形成的依附,主体就不可能出现。这也说明主体与他者之间的依赖关系:最初的"我"总是在他者那里,他者拥有我的存在。

其次,巴特勒强调主体的形成过程中拒斥(foreclosure)的作用。拒斥是各种社会禁制发挥作用的方式,它们限制可能要出现的欲望或情感。主体通过拒斥而产生,拒斥意味着丧失。被拒斥的欲望被严格禁止,它通过某种先发制人的丧失构成主体。异性恋主体的形成以丧失同性欲望为必要前提。一个以生殖为目的的社会必然要将同性爱排斥在外,这样才能让异性恋社会得以正常运转。《性别麻烦》让我们了解,规范的性别通过排斥同性欲望而得以建立。巴特勒指出,可行性的生活通过排除规范范围外的人而得以建立。一个社会的象征秩序如果要得到维持和强化,必然要有所拒斥。

国家必须在人民中生产恐惧,以便让人民产生必须由统治者维持秩序的意愿,从而产生安全感。为了让民众感到恐惧,统治者必须对种族、肤色、文化等差异进行优劣的等级划分,甚至让他们彼此排斥,相互憎恨,从而利用这些恐惧和憎恨,实现自己统治的正当性。巴特勒同样指出,为了建立"适宜"的主体性,社会要求驱逐不适宜、不清洁和无秩序的成分。例如,为了建立异性恋规范,非规范的性实践被

---

[1] Judith Butler, Ernesto Laclau and Slovoj Žižek, *Contingency, Hegemony, Universality: Contemporary Dialogues on the Left*, London and New York: Verso, 2000, 151.

[2] Terrell Carver and Samuel A. Chambers, eds., *Judith Butler's Precarious Politics: Critical Encounters*, New York and London: Routledge, 2008, 97.

视为社会禁忌和污染源,成为克里斯蒂娃所说的贱斥物,被直截了当地打入"他者"之列。纵观历史,文化规范在社会主体的认同中不断地设定犹太人、同性恋、艾滋病等边缘性社会的存在,幻想出可怕的社会死亡对象,并将其赶入道德和律法合围而成的领地进行压制。正是由于统治者不断将差异构建为优劣贵贱之分,处于"劣等的"、"卑贱的"群体才会以身份政治为策略,对抗这种仇恨情绪。但巴特勒认为,由于主体与权力之间存在复杂的依赖和共生关系,以先在主体为中心的身份政治已经难以为继。巴特勒从规范权力主宰的社会空间和心理空间的运作过程敏锐地指出了后革命时代身份政治的艰难困境。

最后,巴特勒利用弗洛伊德抑郁(Melancholia)的概念来说明性别化身份的形成。弗洛伊德1917年的论文《哀悼与抑郁》("Mourning and Melancholia")曾指出,在哀悼的活动中,我们承认失去的亲人,但抑郁由于无法承认丧失了某一物体、地方或理想,而将失去的痛苦转向自我。早期弗洛伊德把被强化的良心[1]和自我申斥看成是忧郁症的信号,由于它们的存在而无法完成忧伤,因此他将抑郁看作是哀悼的病态形式。但后来弗洛伊德认为无法严格区分哀悼与抑郁,因为拒绝承认丧失,将其结合进自我的结构中,实际上是与丧失的物体相认同,这本身是形成自我的条件。可以说在抑郁之前,没有自我的存在。正是由于抑郁向内在转向,才产生了自我,因此无法认为抑郁是一种病态。

巴特勒注意到,对弗洛伊德的男童而言,主要的丧失物是父亲[2]。保证异性恋的乱伦禁忌以压抑同性欲望为前提。男童必须放弃对父亲的同性欲望去欲望母亲,否认丧失父亲的男童将父亲结合进自我,从而与父亲相认同,逐渐形成欲望女人的男性自我。男童通过模仿行为将失去的对象保存在自己身上。这样男童的性

---

[1] 弗洛伊德将良心解释为一种内在化的禁律作用的结果。对某种行动的禁律转回自身,制造出一个内在领域,形成自我申斥的精神习惯,久而久之固结为良心。良心使主体成为它自己的对象,不断反省自己,形成自反性的欲望。由于良心是禁律作用的结果,因此对自反性的欲望,从终极上说,就是对服从的欲望。参见朱迪斯·巴特勒,《权力的精神生活:服从的理论》,张生译,江苏人民出版社,2009年,第20页。

[2] David L. Eng, "Melancholia in the Late Twentieth Century," *Signs*, 25.4, (2000), 1277.

别就是一种抑郁的性别。对男童来说,他从未欲望过父亲,因此从未失去父亲,这就是巴特勒所说的"从未——从未"模式。男童主体性的形成是强制性异性恋的结果,因此巴特勒认为,抑郁的功能之一是管制和界定性别规范的领域。

弗洛伊德的精神分析说明,规范的效力不仅依赖于压抑性权力,而且产生于我们的心理对它的投资。社会规范让我们产生认同,内化臣服。例如,很多承受家庭暴力的妇女在被解救以后又回到虐待的丈夫身边。这可能不仅仅是因为受虐待妇女无法得到法律或经济等方面的援助,更因为她们内化了"打是亲,骂是爱"这样的话语。她们不仅是受害者,同时也是性别歧视话语的认同者和参与者。对家庭暴力的屈服体现了她们对臣服的依恋。

弗洛伊德和尼采都认为,良心是禁律内在化于自己的结果。尼采认为,良心是残忍的本能无法外泄,转回自身而形成的。转回自身的行为是产生主体的可能条件。压抑和管制形成良心和内疚,它们对主体的形成十分必要。良心与自我反思的意志是认知善的源泉,是道德能动的来源,但它们与坏的良知(bad conscience)和罪的心理交织在一起。坏的良知是一种反向内在化的自我谴责心理。人的欠债心理很容易产生罪恶感:由于欠了他者的债务,认为自己有罪而产生谴责的心理,于是产生自我反思的内在空间。因此,良心是坏的良知的产物;良心的获得是内化罪恶感的结果。道德因而是压抑性的社会体制,是社会管制的机制。巴特勒用尼采对良心的分析有力地说明了主体的形成如何涉及精神管制。

权力的矛盾性

巴特勒借用福柯的术语服从(assujettissement)来说明主体依赖对权力的屈从而得以存在。但是,福柯的术语"服从"强调对主体的形成和管制同时发生。权力既外在于主体,又是主体发生的场所。权力永远不仅仅是一种外在的或先于主体的条件,它不仅支配或压抑存在的主体,它还形成主体。规范的权力同时限制并生产欲望。主体的形成依赖于规范的生产性。这就是说,权力不仅作为条件先于主体,它还使主体进入存在。权力的矛盾性在于,它既压抑又生成主体。权力既征服又生产的双重价值意味着权力既可产生消极的东西,又可以产生积极的东西。

权力的这种矛盾性集中体现在身体上。福柯把权力的生产性特征与管制和规训的政治制度联系在一起。在《规训与惩罚》中,福柯认为,犯罪行为生产罪犯的类别,他们的身体被塑造为囚禁的姿势和样式。在此著作中,福柯对主体如何被生成、分类、排斥、规训和约束做了深刻描述和分析。福柯对惩罚机制和医疗机构塑造身体的深刻分析说明,身体乃至主体构成于这些话语中,但是对于主体如何走出困境,走向自由,福柯并没有建构出完备的政治学。

主体是主人

服从是我们获得身份的过程,是个人取得社会化的过程。但是,主体化的过程并不能完全等同于屈从,这是巴特勒的一个重要洞见。主体既非完全由权力所决定,也不能完全决定权力。那么规训中的主体的反抗产生于何处?其反抗的能动性在哪里?在《服从、反抗、再赋义:弗洛伊德与福柯之间》一文中,巴特勒认为,弗洛伊德的精神分析学阐释了我们与社会规范及实践关系的矛盾之处:一方面,社会规范让我们产生依恋和认同。臣服并不仅仅是由于外在权力强加于我们之上,我们的内心同时内化了臣服。另一方面,我们的无意识总是蠢蠢欲动,总是在内心深处反对各种规则和规范。这让我们从内部消解对规范的言听计从。拒斥和压抑的机制排除与规范不符的欲望,但它们并没有从根本上消灭这些欲望;相反,这些被压抑的欲望埋藏在无意识深处,成为巴特勒所说的"剩余物"。这些剩余物不断抵抗规范化。在巴特勒看来,无意识深处的这种抵抗充满了政治能动性的可能。事实上,我们无法将产生行动的自由意志与无意识深处的欲望完全分离开来。对巴特勒而言,无意识空间内在的骚动正是产生激进的能动性的可能条件。[1]

借鉴福柯的权力生产理论,在《权力的精神生活》中,巴特勒将主体化看作是一个充满矛盾和张力的过程:一方面,外在的权力对我们的心理施加影响,促使主体

1　Vicki Kirby, *Judith Butler: Live Theory*, Continuum, 2006, 116.

在屈从中诞生。"我宁愿在屈从中存在,也不愿不存在"的困境说明主体为了延续自己的存在,必须接受权力的管制、禁止和抑制。在服从的范围内,存在的代价就是屈从,正是在不可能做出选择的时候,主体把屈从当作存在的承诺加以追求。[1] 主体成为权力的代言人和自我心灵的监视者,在心理空间中对自我进行监控和管制。由于所有的主体都在规范、权力和他们无法选择的社会关系中形成,主体对权力的脆弱是不可避免的。[2] 而另一方面,巴特勒同时指出,权力既限制主体的能动性,又使能动性成为可能。规范经常形成某种暴力。在并不情愿的情况下,我们被赋予了性别或其他社会范畴,这些范畴构成可理解性和可承认性,对规范外的人构成暴力。正是由于规范的暴力,主体得以形成。然而,巴特勒指出,我们虽然在权力网格中得以形成,但这并不意味着我们的一生都要遵循这些生成和束缚我们的规范。这就是说,规范虽然促成主体的形成,但主体并不被规范所决定。对规范的重述既有顺势引用,也有能动性的偏离。这正是巴特勒理论的意义所在。

利用福柯的权力生产理论和精神分析学理论,巴特勒提出能动的潜力所在:再赋义。巴特勒虽然强调对规范的重复使主体成为可能,但由于意义的不确定性,对规范的引用并不总是一成不变的。引用过程中产生的偏离和缝隙便是产生变化之处。福柯的权力生产理论说明,人不是由规范决定的傀儡,当规范使人窒息,人们便产生逆反的愿望,生成权力所压抑的东西。权力通过社会管制和规范化生成主体。疯子、性变态、罪犯并不先行存在,他们产生于社会管制和规范化的过程中。规范化的过程产生这些非规范的、不正常的类别。巴特勒利用精神分析学说则说明,主体赖以形成的强烈依恋与无意识并不总是与社会规范保持连续性,相反,不可言说的无意识持续扰乱意识主体和相对固定的社会规范。

---

[1] 朱迪斯·巴特勒,《权力的精神生活:服从的理论》,张生译,江苏人民出版社,2009年,第18页。
[2] Judith Butler, *The Psychic Life of Power: Theories in Subjection*, Stanford University Press, 1997,20.

第二节　巴特勒的性别述行论

> As a shifting and contextual phenomenon, gender does not denote a substantive being, but a relative point of convergence among culturally and historically specific set of relations.
>
> *Gender Trouble*，1999：15
>
> 社会性别是一种不断改变、受语境限定的现象，它不是一个实体的存有，而是一些具有文化和历史特殊性的关系体系中的某个交汇点。

> There is no gender identity behind the expressions of gender; that identity is performatively constituted by the very "expressions" that are said to be its results.
>
> *Gender Trouble*，1999：33
>
> 在性别表达的背后没有性别身份；身份是由被认为是它的结果的那些"表达"，通过述行所建构。

> Gender is the repeated stylization of the body, a set of repeated acts within a highly rigid regulatory frame that congeal over time to produce the appearance of substance, of a natural sort of being.
>
> *Gender Trouble*，1999：43
>
> 性别是对身体不断予以风格化，是在一个高度刻板的管控框架里不断重复的一套行为，它们随着时间的流逝而固化，产生了实在以及某种自然的存有的表象。

一、抑郁的异性恋：性别话语的系谱学研究

> A genealogical critique refuses to search for the origins of gender, the inner truth of female desire, a genuine or

> authentic sexual identity that repression has kept from view; rather, genealogy investigates the political stakes in designating as an *origin* and *cause* those identity categories that are in fact the *effects* of institutions, practices, discourses with multiple and diffuse points of origin. The task of this inquiry is to center on and decenter such defining institutions: phallogocentrism and compulsory heterosexuality.
>
> Butler 1990: viii – ix
>
> 系谱学的批判方法拒绝探索那些受到压抑而深埋的性别的源头、女性欲望的内在真实,以及纯正或真正的性别身份;相反,系谱学探究的是,把那些本具有多元、分散起源的身份范畴设定为一种起源或原因,而实际上它们是制度、实践、话语的结果,这样做的政治着眼点是什么。我探寻的任务围绕逻各斯中心主义与强制性异性恋展开,并试图消解它们的中心地位。

福柯认为,历史不是具有因果关系的线性的连续事件。在过去的时间里,毫无联系的、不连续的事实并置在一起,没有什么源头可言。因此研究历史的方法不应以寻找事件的源头为根本目的,而是要寻找事件产生的条件。系谱学是福柯研究历史的方法,它不以获取"真理"或知识为目的,而是要探究"真理"产生的条件。也就是说,通过话语分析,福柯要研究的是权力借话语的相互作用而运作的方式。在《性别麻烦》中,巴特勒使用福柯的系谱学方法,她没有去追问那些受到压抑而深埋的性别的源头、女性欲望的真实或纯正的性别身份是什么,而是通过重读列维-斯特劳斯、弗洛伊德、拉康等人的观点,对性别本体概念形成的历史条件做了深入剖析。巴特勒认为,性别本体认识论的形成依赖于异性恋霸权话语的生产。她用"异性恋矩阵"(Heterosexual Matrix)[1]这一术语指称人类社会生活中各个领域关于异性恋霸权的话语实践。由于异性恋矩阵是性别可以被理解的认知模式,它构

---

[1] 参见巴特勒对性别矩阵所做的注解。Judith Butler, *Gender Trouble: Feminism and the Subversion of Identity*, New York: Routledge, 1999, 194.

成文化理解的网格图,巴特勒首先试图阐释人类学、精神分析学、哲学等领域关于异性恋规范的话语生产,从而揭示父权制的主导社会如何通过异性恋矩阵统合生理性别、社会性别及欲望彼此之间的一致关系而建构一个完整、本质的主体。

为了说明乱伦禁忌和先在的同性情欲禁忌是产生社会性别身份的关键,在《性别麻烦》第二章,巴特勒首先阐释并质疑了结构主义人类学家列维-斯特劳斯的观点。列维-斯特劳斯认为,生物的女性通过亲缘关系的交换原则逐渐转化为臣服于父权制的社会女性。人类为了保证子嗣的繁衍,必须实行异性恋机制,而乱伦禁忌(incest taboo)是禁止同族婚配的亲缘关系的核心,它使异族通婚的异性恋机制成为可能。通过婚姻制度,女人被当作礼物从一个父系宗族交付给另一个父系宗族。可以说,通过对女人仪式性的引进,男人之间同性社群的结盟得以巩固,而女人却没有自己的身份,她只是一个关系条件,用以区分不同的宗族。男人之间的互惠关系以男人和女人之间极度的非互惠为代价,完成了父系宗族的繁衍。列维-斯特劳斯较为圆满地阐释了男性的文化身份如何通过父系宗族之间公开的分衍而得以建立,但巴特勒认为,列维-斯特劳斯的阐释假定了欲望是异性恋男性的权利,这最终导致了异族婚姻是乱伦禁忌和产生亲缘关系这种文化结构的一个必要的例示。与列维-斯特劳斯的观点相反,巴特勒认为,和同性恋一样,异性恋实际上是禁制律法的结果,因为要使文化得以延续,就要保存特定的亲缘关系,因而必须以律法的形式将异族通婚体制化。在巴特勒看来,正是律法创造了异性恋的欲望,而对异性恋欲望的稳固和维持需要将同性欲望设定为异己加以压制。因而巴特勒认为,在权力关系产生话语之前,不存在性征。权力与性的关系是同存共延的。巴特勒对列维-斯特劳斯理论的分析使我们了解到异族通婚是异性恋机制产生的根本原因。此外,列维-斯特劳斯的阐释中认为生理性别是素材,等待文化意义的铭刻这样的概念本身就是一种话语建构,是男性霸权统治策略的一个自然化的基础。巴特勒认为,并不事先存在一个"自然的生理性别"逐渐转化为社会性别,相反,我们所认为的生理性别实际上是社会性别话语的结果。在我们进入语言、文化和社会之前,并没有先验的、天生的"男人"或"女人",所谓的"男人"和"女人"是不断重复文化规范的结果。

其次,巴特勒从精神分析学的角度探讨了同性情欲禁忌的先在性。法国心理学家拉康在讨论假面(mask)的功能时,谈到对男人的失望是女人产生同性情欲的原因。对此,巴特勒反问道:"如果拉康假定女同性恋是从受挫的异性恋情欲而来,那么是否可以说异性恋情欲是从受挫的同性情欲而来呢?"[1] 为了证明这一点,巴特勒以弗洛伊德的精神分析学说为依据,认为对同性欲望的禁忌先于乱伦禁忌。弗洛伊德1917年的论文《哀悼与抑郁》通过仔细比较哀悼与抑郁的差别而得出他对抑郁症特点的总结,即抑郁症患者将丧失的愤怒转向自我。弗洛伊德认为,哀悼表现了对丧失的认可,因而可以以悼念的方式缅怀死去的爱人,而抑郁症患者则无法克服或接受丧失,只能将这种丧失带入自我中,与之相认同。对客体的欲望和愤怒通过内射(introjection)转向自我,因而自罪自责是抑郁症患者最典型的特点。弗洛伊德早期将抑郁看作是一种病态,但是后来他认为所有自我的形成都是一种抑郁结构,因为婴儿在自我的形成过程中,对母亲的欲望由于乱伦的禁忌而不得不被放弃。就像抑郁症患者不得不把得不到的客体转向他/她自己,婴儿也必须认同对母亲欲望的放弃。男童在阉割的威胁下放弃了对母亲的欲望;而女童则通过立志成为像母亲那样的人而解决了她对父亲的性渴望。巴特勒认为,弗洛伊德的这种阐释本身就预设了对同性恋的禁忌,因为在弗洛伊德那里,只有异性的吸引。巴特勒从弗洛伊德的解释中得出对同性欲望的禁忌先于对乱伦禁忌的结论。而且对巴特勒而言,异性恋也是一种抑郁性的结构,因为它建立在对同性欲望缺失的认同之上,即它必须认同对同性欲望的放弃。如果一个小女孩将她的母亲作为欲望的客体,那么同性和乱伦的禁忌就会同时发生作用,小女孩不得不压抑她对客体的欲望而进入抑郁的结构之中,她不得不通过结合母亲的女性特质而与之认同。也就是说,得不到母亲,于是她想成为像母亲那样的人。她开始放弃同性的欲望而认同

---

[1] Judith Butler, *Gender Trouble: Feminism and the Subversion of Identity*, New York: Routledge, 1999, 63.

女性特质，逐渐形成异性恋的性取向。在巴特勒看来，由于压抑了对同性的欲望，异性恋是一种抑郁性的结构，这与人性本来多元的性倾向构成了冲突。

巴特勒说："如果女性或男性特质的倾向是有效内化同性欲望禁忌的结果，如果对失去同性客体的抑郁回答就是通过自我理想的建构而成为那个客体，那么性别身份主要就是对一种禁止的内化，这种禁止证明对身份有重大影响，而且对这一禁忌持续不断的应用建构和维持着这个身份，对这种身份的建构不仅体现在对身体的风格化要与分开的性别范畴相一致，而且体现在对性别欲望的生产和取向上。……婴儿到底渴望同性还是异性的父母，这一倾向不仅是主要的心理事实，它还是由文化强加的法律实施的结果。"[1]巴特勒的这个观点说明性别身份的形成与文化构建有非常重要的联系，父权制社会为了维持男权中心的地位，一定要持续不断地用同性恋禁忌来巩固异性恋的霸权。

如果性别分化是从乱伦禁忌以及更早的同性情欲禁忌而来，那么"成为"某个性别就是一个"被自然化"的艰辛的过程。巴特勒通过阐释法国女心理学家琼·里维埃尔的观点进一步说明了性别认同是如何运作的。里维埃尔在1929年的文章《作为乔装的女人性》("Womanliness as Masquerade")中提出了女性特质是一种伪装的观点。一位知识女性在男权社会中要想成功就必须在内心上与男性认同；她的内心是男性的和高度智慧的，而在表面上她必须伪装成一位传统女性以便能够取得成功，因此这种女人性是乔装起来的。伪装是一种表象，是对一个性别本体的述行生产，但它却让人相信它是一种真实的存有。在乔装时，一个女人似乎是在模仿真正的女性，但是所谓真正的女性实际上不过是模仿和化装而已，二者是一回事。这说明社会性别角色仅仅是社会制造出来的面具而已，并不是真实的内在的区别。女性特质是渴望拥有男性特质又害怕公然展现男性特质会给她们带来惩罚的女人所戴上的假面。换句话说，女人有意识地戴上假面，是为了隐藏她的男性特质，从而参与到公共话语中。里维埃尔拒绝假设先于假面存在的女性特质，认为女

---

[1] Judith Butler, *Gender Trouble: Feminism and the Subversion of Identity*, New York: Routledge, 1999, 81.

性特质和伪装之间不存在任何差异,真正的女人特质其实就是伪装。巴特勒认为,按照里维埃尔的观点,作为规范的女性特质是社会建构出来的产物,先验的本体的女性特质并不存在。

巴特勒对主体的系谱学探讨以"性别化"为切入口。由于性别化通过统合生理性别、社会性别、欲望彼此之间的一致关系而建构一个完整、本质的主体,巴特勒论述的一个重点即在拆解性别化的三个支点之间的因果关系。社会性别的层级结构为了建立性别的统一性,首先需要在生理性别、社会性别和欲望之间建立直接的关联。一个人如果在生理上是女性,那么她就应该展现她的"女性特质",并在异性恋为规范的模式下渴望男人的爱。也就是说,以异性恋模式为主导的父权制社会只允许男性与女性两种生理性别和社会性别存在,一个人的生理性别决定其社会性别和欲望取向。这种性别的"统一性"和"一致性"其实是社会管制的结果。生理性别的单义性、社会性别内在的一致性以及生理性别与社会性别的二元框架,都是管制性实践虚构出来的,它们起到巩固和自然化异性恋主义权力体制的作用。稳定的社会性别因而服务于异性恋规范,排斥任何非规范的性实践。巴特勒作为性少数群体成员之一,正是由于深刻认识到性别生活的多样性从一开始就被异性恋假设给扼杀了,她才在《性别麻烦》中思考非规范的性实践如何冲击异性恋预设这种暴力的假定。可以说,通过建构性别的述行理论,巴特勒希望能够根除一般以及学术话语所充斥的理当如是的异性恋假设,对某些形式的性别理想在日常生活中所行使的暴力给予批判。

对性实践一致性的建构掩盖了性欲的多元性与不连贯性,从而将其控制在以生殖为中心的异性恋的强制性框架内。换句话说,以生殖为目的的异性恋其实是一种规范的理想,其虚幻的稳定感以排除像同性恋、双性恋、易性等异己为代价,从而建立稳定的"内在真实"。巴特勒认为这样的一致性和稳定性是被理想化的,除了构成它的"真实"的各种不同的行为以外,性别化的身体没有本体论的身份。正如巴特勒所说:"在社会性别表达方式的背后没有性别身份;正是这些表达方式被称作社会性别的结果,述行性地组成身份。"[1] 正是关于社会性别的话语创造了一个内在的、真实的社会性别的假象。

二、巴特勒的性别述行理论

巴特勒对主体的系谱学探讨,始于对性别身份的思考,这不仅因为我们通常用性别来区分身体,还因为巴特勒认为,在性别化过程以前或之后并没有一个本源的主体,主体恰恰产生于这个性别化的过程之中。为了说明这一观点,巴特勒提出了性别的述行理论。从1990年巴特勒在早期著作《性别麻烦》中提出性别述行理论以来,她的性别理论已引起学术界各个领域相关学者的广泛讨论,其中不乏尖锐的批评,这使巴特勒在回应这些批评中不断修正和发展自己的理论,并在后续著作中继续对性、性别和主体构成等问题进行思考,形成她自己独特的思想体系。那么,什么是性别述行理论呢?

在1999年《性别麻烦》的再版序言中,巴特勒谈到她的述行理论首先是从德里达对弗兰茨·卡夫卡《在法的门前》这一寓言的解读中获取了灵感。《在法的门前》是卡夫卡未完成的小说《审判》中的一部分,主要讲述了一个乡下人想求见法而不得的故事。作为法律守护者的看门人,只是特权阶层中最卑微的一员,但就是这样一位最低等级的执法者,却可以无限期地延宕像乡下人这样的弱势群体晋见法律的机会,因为一旦让被统治阶级知道法的真实面目,即法律为特权阶层服务,那么统治阶级就会遭到毁灭性的打击。坐在法律大门之前等待的乡下人到死也没能见到法的真面目,而法律的权威正是通过乡下人对揭示法律意义的惧怕和渴望而得以建立的。巴特勒从中获得启示认为,期待某种权威性意义的揭示,正是那个权威得以建立的方法。同样我们对性别也怀有这样的期待:认为性别以一种内在的本质运作,等待我们去揭示其意义,结果这种期待生产了它所期待的现象本身。我们

---

[1] Judith Butler, *Gender Trouble: Feminism and the Subversion of Identity*, New York: Routledge, 1999, xxiii.

所以为是性别自身的某种"内在"本质,其实是我们期待并通过某些身体行为生产出来的。也就是说,并不存在一个先在的性别本体,我们所以为的性别的"内在"本质,其实是社会规范不断作用于我们的身体而形成的,它是社会规范在我们身体上不断重复、操练和表演的结果。这样,在巴特勒看来,生理性别并不是先于社会话语存在的事实,它和社会性别一样,都是话语建构的结果。我们再也无法对生理性别和社会性别做出区分,而只能说性别形成于某些持续的行为生产中,这些行为的产生受制于话语规则和实践,正是这些持续的话语规范对身体进行性别的风格化而使性别得到暂时的稳固。性别的"内在本质"其实是服从于性别规范的一系列行为的重复,在性别表达的背后没有性别的本体身份,性别身份形成于持续的表演行为中,先有表演行为,后有性别身份,这就是巴特勒提出的性别述行理论。巴特勒强调持续的表演行为(doing)造就了稳定的存有(being),这就从根本上否定了意识哲学认为存在一个先在的理性主体的假设,摧毁了性别本体论的基础即本质的身份和实在的主体认识论。

巴特勒在早期的几部著作中提出和不断完善的性别述行理论具有三个维度,它们体现了述行理论的主要含义和特点。

性别述行的戏剧维度

不可否认,巴特勒的性别述行具有戏剧性的维度。事实上,自我们降生之日起,我们的一生都在参照性别规范这一剧本演绎着我们性别化的人生。但巴特勒并不认为,我们每一个人都像是一名先行存在的演员,可以随意让我们的身体受到文化事件的铭刻。在1993年的著作《至关重要的身体》中,巴特勒谈道:"述行性不是一种单一的'行为',因为它总是重复一种或一套规范,从它目前得到的一种类似于行为的地位来看,它隐藏或掩盖了它实际上是一种重复的惯例。而且,这种行为并不主要是戏剧性的;实际上,它的戏剧性是否明显,要看其历史性被掩盖的程度(反过来说,其历史性越不能被完整地揭露,它就越具有戏剧性)。"[1] 当我们不断地

---

[1] Judith Butler, *Bodies That Matter: On the Discursive Limits of "Sex"*, New York & London: Routledge, 1993, 12.

重复关于性别的社会规范时，我们正以持续的表演行为逐渐形成稳定的性别身份。这说明性别的述行不是一种单一的行为，也不是人们可以自由控制、任意为之的行为，而是在强制性地重复性别规范的过程中逐渐形成的。两者都不可任意为之，都必须依照规范而行。性别的形成一定要经历时间的演进，这也就是巴特勒所说的历史性。

这样，如果认为性别操演只是一种戏剧舞台意义上的表演，可以根据自己的意志随意改变，那将是对述行理论的误解。在一次访谈中巴特勒谈到了这种误读："有一种对《性别麻烦》的糟糕阅读，即：我早上起来以后打开衣柜，开始决定今天我将扮演哪一种性别。很不幸的是，这种糟糕的阅读却成了流行的解读。"[1] 这种解读恰恰是因为忽视了述行行为的历史性而只看重当时的表演行为，因而给人的感觉是：述行只具有戏剧性的维度。针对这种误读，在《批判性的怪异》("Critically Queer")一文中，她说："我们不能得出结论说所表演的性别的一部分就是关于性别的全部真相。表演（performance）作为有界限的行动应与述行性（performativity）相区分。述行性重述人们赖以形成的规范：它不是社会性别化的自我的一个激进组装，它是规范的强制性重复，我们无法自由地摆脱这些先于我们的规范，它们建构、激活和控制性别化的主体……而表演则意味着先行存在一个表演者。"[2] 表演以一个事先存在的主体为前提，总是预设一个行动者的主体，而述行性则没有预设主体。在述行性的概念里，表演先于表演者，表演者只是表演产生的效果。巴特勒对这种唯意志论的看法做出了更正，指出并不存在先于述行行为的本体论的身份，正是一系列的述行行为形成了我们所以为的性别的本质和身份。对性别述行的唯意志论解读，从根本上误读了巴特勒的观点，应予以纠正。

性别述行的戏剧性维度还体现在《性别麻烦》对扮装的讨论。扮装是一种古老的文化现象，世界各国的戏剧大多有男女互换服装、反串角色的历史。在巴特勒的

---

[1] Peter Digeser, "Performativity Trouble: Postmodern Feminism and Essential Subjects," *Political Research Quarterly*, 47.3 (1994), 659.

[2] Judith Butler, "Critically Queer," *GLQ*, 1.1 (1993), 21.

语境中，扮装主要指同性恋以不同性别的服装风格来区分主动及被动角色。例如，在同性恋的扮装中，一个内心与女性角色认同的生理男性用唇膏、丝袜、裹裙等将自己装扮成女性，从而体现其身体与内心的差异。巴特勒认为，虽然扮装者挪用了异性恋实践中女性角色的刻板化形象，但是生理男性在模仿社会性别的时候，其扮装表演暴露了社会性别本身的模仿性结构。社会性别本身就是一种模仿，它所模仿的恰恰是"真品"这一概念，没有所谓的"本真"的性别和"虚假的"性别之分。而解剖学上的身体与被表演的性别之间的差别，则说明生理性别与社会性别的一致性关系是建构的。巴特勒使用扮装这个例子来对抗性别规范所施行的暴力。她认为扮装是对社会性别的戏仿，它揭示了异性恋规范的不稳定性，同时打开了重新意指的空间，它所产生的增衍效应使霸权文化无法再主张自然化或本质主义的性别身份，因为在扮装这样的戏仿实践中，身体不是一种存有，而是一个可变的疆界。

性别述行的语言维度

作为后结构主义理论家，巴特勒更感兴趣的是语言和话语对主体身份的建构。巴特勒受米歇尔·福柯影响至深。福柯认为知识、话语、权力三者密不可分。话语作为语言实践是权力关系汇聚的中心，它有自身的社会和历史语境，是具体生存条件的产物。权力结构不仅是压抑性和遏制性的，而且是弥散性、生成性的，它分散在无数的话语实践中，而正是各种话语实践产生知识，表达秩序。由于涉及权力，知识不再具有所谓"客观性"和"中立"的价值。话语也并不试图表达真理，而只是为了维护主导社会的秩序。我们关于性别的知识，也正是主导社会为维护其权力地位通过哲学、宗教、心理学、医学、文学等学科以及学校、家庭等场所的各种话语实践而产生的。巴特勒显然深刻意识到了权力、话语和知识之间密不可分的关系。她认为，身体的物质性不是纯粹的，它受到话语的控制。作为主体性基础的身体也可具有文化性，因为"身体总是和语言有关"[1]。当我们认为物质先于话语，将其作

---

1 Judith Butler, *Bodies That Matter: On the Discursive Limits of "Sex"*, New York & London: Routledge, 1993, 68.

为我们讨论性别差异的基础时,我们却发现,实际上物质性充满了关于性别话语的积淀。这种"不可简约的"物质性,正是通过问题重重的性别话语网络得以建构的。这也是为什么巴特勒在《性别麻烦》中要对性别话语做系谱学探讨的原因。

为了说明身份是话语的产物,在《至关重要的身体》中,巴特勒借鉴英国著名语言分析哲学家约翰·奥斯汀的言语行为理论进一步丰富了性别的述行理论。奥斯汀 1961 年在其著作《如何以言行事》(How to Do Things with Words)中认为证实性言语(constative utterance)和述行性言语(performative utterance)是两类最基本的言语行为。证实性语言可以对既成事实做出正误判断,如《皇帝的新装》中小男孩儿诚实地叫喊"皇帝其实什么也没穿"是正确的;撒谎的少年说"狼来了"这句话是错误的。述行性言语则不涉及对错之分,但它"言出什么也就做了什么",具有"以言施事"的力量(illocutionary force)。这种施事话语要有以言取效的结果(perlocutionary effect),发话人必须有适当的身份、地位和权力,而且他的话语要符合一定的惯例。例如,当牧师在教堂主持新人婚礼时,当说到"我宣布你们为夫妻!"的那一刻起,这对新人就成了夫妻。牧师的话导致新人成为夫妻这一事实。再比如,当上帝说"要有光",于是便产生了光。由于主体的力量或其意志,一种现象得以产生。当然,只有拥有绝对权力的上帝才能达到这种以言取效的结果。因此在言语行为理论中,述行性是产生它所命名的东西的语言实践。巴特勒正是借鉴了奥斯汀关于述行性言语的生成力量而宣布性别的述行行为生成性别身份,并不存在独立于这些述行行为之外的"本体论的"身份;人的性别身份不是既定的、先在的,而是流动性的、过程性的。[1]

就像巴特勒自己在《性别麻烦》再版序言中所说的那样,她有时把述行理解为语言性的,有时又把它设定为戏剧性的。在提出述行理论九年后,巴特勒认为,这两者互相关联,而且彼此错落出现。如果将言语行为看作是权力的例示,我们就会

---

[1] Katherine Lowery Cooklin, *Poststructural Subjects and Feminist Concerns: An Examination of Identity*, *Agency and Politics in the Works of Foucault*, *Butler and Kristeva*, PhD dissertation, The University of Texas at Austin, 2004, 138.

注意到述行的戏剧性和语言性的维度。

性别述行的仪式维度

巴特勒认为性别述行具有仪式的维度。她说:"关键是,建构不是一种单一的行为,或由主体发起的一个因果过程。建构是一种重复规范的时间过程;在这种重复过程中,性别得以产生。作为重复或仪式性实践日积月累的结果,生理性别得到了自然化的效果,然而也正是在这种重复的过程中有偏离规范的可能性,从而产生不稳定性和能动性。"[1]

首先,巴特勒试图论证性别是一种行为(doing)、一种过程。社会性别在霸权语言里是一种始终如一的存有,这种表象通过对语言或话语的操纵而达成。"你是什么性别"这个问句本身说明性别是人的一个本质属性。正是性别、阶级、族裔等稳定化概念的确立,使得人的身份随着时间的推移保持其内在的统一性。为了说明主体的社会性别身份不是既定的和固定不变的,而是不稳定的、表演性的,巴特勒将关注点放在对社会性别的去自然化上。巴特勒指出,"作为一种不断改变、受语境限定的现象,社会性别不指向一个实体的存有,而是指向一些具有文化与历史特定关系整体中的某个相关的交集点"[2]。社会性别是"非自然的",一个人的身体和其社会性别之间也没有必然的联系。一个被指定为"女性"的身体不展现具有女性特质的气质是有可能的。一个人可以是具有男性特质的女性或具有女性特质的男性。对此,巴特勒首先从阐释波伏娃入手来论证社会性别的流动性和过程性。在《性别麻烦》的第一章,巴特勒写道:"如果波伏娃是对的,她声称女人不是天生的,而是成为女人的,那么我们可以这样理解:女性自身是一个过程中的术语,一种生成,一个无法正确说出起源和结局的构成。作为一个进展中的话语实践,它对介

---

1. Judith Butler, *Bodies That Matter: On the Discursive Limits of "Sex"*, New York & London: Routledge, 1993, 10.
2. Judith Butler, *Gender Trouble: Feminism and the Subversion of Identity*, New York: Routledge, 1999, 15.

入和重新意指是开放的。即使是当社会性别看上去浓缩成最具体化的形式,这种'浓缩'本身是一种持续不断的、潜伏的实践,它由各种社会手段支持和规约。对波伏娃来说,永远不可能最终生成一个女人,就好像有一种目的掌控着文化灌输和建构的过程一样。"[1] 如果性别身份是一种没有起源、没有终结的过程,那么它就是我们所做、所表演的东西,而不是我们所是的东西。这就意味着性别是一个复杂的联合体,它最终的整体形式被无限地延宕,任何一个时间点上的它都不是它的真实全貌。

如果社会性别是一种过程、一种生成,那么是什么决定我们生成什么,是什么决定我们生成的方式呢?巴特勒认为我们在选择时,并不意味着我们是可以自由选择的能动主体,因为我们不可能站在社会规范之外进行选择。一个人所选择的"社会性别风格"从一开始就受到了限制。巴特勒说:"选择一种社会性别就是用重新组织的方式解释所接受的规范。不能算作是一种激进的创造行为,社会性别是以自己的方式更新一个人的文化历史的一个心照不宣的工程。它不是一个我们必须做的规范性的任务,而是我们已经而且一直在做的任务。"[2] 巴特勒否认在性别身份背后有一个自由选择的意志主体,决定着性别是什么。在她看来,并不存在先于性别述行的"我",因为那个"我"是不断重复的产物。换句话说,与人道主义的主体概念不同,巴特勒认为主体不是一个事先预设的、本质化的实体,而是流动的、过程中的范畴。社会性别是"一个自由漂浮的诡计"(free floating artifice)[3],它的实在效果是通过述行而生产出来的。在这个意义上,性别一直是一种行动。尼采在《论道德的系谱学》中说:"在行动、实行、变成的背后没有存有,行为者只是付诸行为之上的一个虚构——行为是一切。"巴特勒将尼采的观点推而论之,认为:在性别表达的背后没有性别身份;身份是由被认为是它的结果的那些"表达",通过述行

---

[1] Judith Butler, *Gender Trouble: Feminism and the Subversion of Identity*, New York: Routledge, 1999, 43.
[2] 转引自 Sara Salih, *Judith Butler*, London & New York: Routledge, 2002, 47.
[3] Judith Butler, *Gender Trouble: Feminism and the Subversion of Identity*, New York: Routledge, 1999, 10.

所建构。

其次,为了进一步说明性别的述行不是一个单一的行为,而是一种重复、一种仪式,它通过身体这个语境的自然化来获得它的结果,在《至关重要的身体》一书中,巴特勒借用阿尔都塞和德里达的理论提出社会性别不仅是表演性的,而且是引用性的。巴特勒认为,性别身份是对性进行界定的话语产物,我们根据已经被书写为我们社会文化传统的那个剧本底稿来表演男性气质与女性气质、同性恋与异性恋。按照这一观点,身份是文化的建构,而不是先在和预设性的。社会性别是一种总在发生而且是不可避免地发生的行为。它的产生是由于异性恋模式中对男性特质和女性特质的习惯性的、日积月累的不断重复。在阿尔都塞的"询唤"(interpellation)[1]理论的影响下,巴特勒提出了引用理论(citationality)。通过引用阿尔都塞的"询唤"概念,巴特勒提出话语对性别的建构是通过"询唤"达成的。她写道:"考虑一下医学询唤的情况,这种询唤把一个婴儿从'它'转变为'她'或'他'。在此命名中,通过对性别的询唤,女孩被'女孩化'(girled),被带入语言和亲缘关系的领域。但这种对女孩的'女孩化'却不会就此完结;相反,这一基本的询唤被不同的权威反复重复,并不时地强化或质疑这种自然化的结果。命名既是设立界限,也是对规范的反复灌输。"[2] 巴特勒认为,就像牧师主持婚礼时宣布"我现在宣布你们为合法夫妻"时一样,当医生宣布刚出生的婴儿为男孩儿或女孩儿的那一刻起,对性的询唤就发生了。婴儿成了一个性别化的主体。他/她就处于该文化对男性特质和女性特质的界定之中。女孩儿被抚养成女孩的样子:穿粉红色的衣服,玩洋娃娃,长大后化妆、刮腋毛,学做家务,为进入成年妇女侍候丈夫和孩子的角色做准备。男性和女性在日常生活中都在不断地"引用"社会性别规范。文化对社会性别的建构是在不断地被个人引用的过程中维持和进行的,但值得注意的是,巴特勒的

---

[1] 询唤是阿尔都塞的重要概念,它是意识形态起作用的方式,即通过某个权威人物,把个体"召唤进"其社会或意识形态的位置。

[2] Judith Butler, *Bodies That Matter: On the Discursive Limits of "Sex"*, New York & London: Routledge, 1993, 232.

引用概念不是机械、被动、原封不动地重复文化习俗和规范,而是借用德里达"引用性"的概念[1],扩展了述行性的语意张力,因为在德里达那里,引用性瓦解一切权威的起源;引用性总是处于一条引用链中,没有起源,没有终结。它既重复引用既有的规范,又不断延缓、阻碍和消解形成既有规范的权力话语。引用性蕴含了对规范的顺势引用和对规范的不断修正这样的双向过程。[2] 通过引用性这一概念,巴特勒有力地说明了动态的述行行为裂变性别身份的可能性。简而言之,述行性就是一种引用性实践,通过这种实践,话语产生它所命名的效果。对规范的重复以仪式性的方式进行,随着时间的推移构成主体。

在《至关重要的身体》一书的介绍部分,巴特勒对述行性理论进行了总结。她说:以下是对述行性的再表述:1) 对性别述行的理论化不能脱离管控性性别体制的强制性及重述性实践;2) 受话语/权力机制影响的能动性表述不能与唯意志论或个人主义相混淆,更不能与消费主义相混淆,绝不能事先假定一个可以随意选择的主体;3) 异性恋体制限制并概括性别的"物质性",这种"物质性"是通过对作为异性恋霸权组成部分的管控规范进行物质化而得以形成和维护的;4) 规范的物质化依赖于那些规范得以使用的认同过程,这些认同过程先于并促成主体的形成,因此严格来讲,这些认同并不由主体所表演;5) 建构主义的界限暴露卑贱身体生活的界限,这些卑贱的身体无法被称为"身体"。如果性别的物质性在话语中被划分了界限,那么这种界限会产生一个被排除的非法的"生理性别"领域。[3] 对巴特勒而

---

1 德里达不同于奥斯汀的地方是,他对述行性语言的思考主要关注不贴切的述行性语言(infelicitous performative)。德里达认为,不成功的或不贴切的述行性语言具有引用的效果,它以延异的方式引用编码或规范。通过引用,言语行为的效果被延迟。在对述行性的重新思考中,德里达清晰地说明,这种力量不是一种起源的意志的功能,而是一种模仿他人的、派生性的功能。我们认为主体是一切行动的起源和发动者,但这恰恰是因为被掩饰的引用不断作用的结果。并没有一个开始就存在的主体,主体通过对性别规范的屈从而得以形成。这种屈从要求对性别做规范性的假设,而这一假设恰恰是引用的一种形态。奥斯汀和德里达都在语言哲学的语境中思考述行性,巴特勒则将述行性扩展到主体形成的理论中。这是巴特勒超越前人之处。
2 陶家俊,《后解放时代的"欲望"景观——论朱迪丝·巴特勒的思想发展》,《文景》2008年第4期。
3 Judith Butler, *Bodies That Matter: On the Discursive Limits of "Sex"*, New York & London: Routledge, 1993, 15.

言,身份范畴不是基于身体物质性的个人特性,而是语言和意指的述行效果。语言不再只具有传统意义上的媒介功能,它对形成主体和身份起到不容忽视的重要作用。巴特勒认为,由语言形成的规范同时具有政治意义,它决定着什么样的人可以过可接受的生活。

巴特勒秉承后结构主义思想,通过对众多理论家进行重读,从哲学层面追问主体、语言、性别、身份等关键性概念,深刻阐述了异性恋框架下性别身份和欲望关系形成的过程,从而颠覆了霸权话语对性、性别、性欲的强制性规定。她对语言和话语的关注使女性主义反对男性霸权主义的阵地从实施物质压迫的社会体制转向意识形态批判和话语实践领域,而她质疑女性主义普遍存在的异性恋假设,为当代社会对性别身份的理解开启了一个具有多种文化可能性的未来。

第三节 巴特勒与酷儿理论

If queer theory is understood, by definition, to oppose all identity claims, including stable sex assignment, then the tension seems strong indeed. But I would suggest that more important than any presupposition about the plasticity of identity or indeed its retrograde status is queer theory's claim to be opposed to the unwanted legislation of identity.

Undoing Gender,2004:7

如果我们从定义上把酷儿理论理解为反对所有的身份主张,包括稳定的性别分配,那么这个矛盾的确很尖锐。但是,我要指出,酷儿理论更多关注的是对人所不欲的身份法规的反对,而不仅仅是身份的可变性或是其倒退地位。

一、酷儿理论简介

酷儿（queer）又译"怪异"[1]，原来是指称同性恋的贬义词，后来被酷儿理论家挪用，用来指同性恋、双性恋、易装者、虐恋者等在性取向上与主流的异性恋规范不一致的生命个体。酷儿理论（Queer Theory）将后结构主义理论与对性少数群体的压迫这一社会问题相结合，是20世纪90年代兴起于美国的社会批判理论。从1969年6月27日"石墙"同性恋酒吧引发抗议性的暴动以来，美国学术界开始冷静思考同性恋遭到非人待遇这一社会问题，对性政治进行研究的理论兴趣越来越浓厚。1989年，加州大学桑塔克鲁斯分校教授特里萨·德·劳丽蒂斯（Teresa de Lauretis）在同性恋性欲研究的会议发言中首次使用"酷儿"一词。1991年，劳丽蒂斯为《差异》杂志编辑了专辑"酷儿理论：女同性恋与男同性恋的性"。酷儿理论因此正式得名。由此可以看到，酷儿理论的确与同性恋研究有密不可分的联系。从国内学者对酷儿理论的阐述来看，存在将两者等同起来的现象。例如，华中师范大学文艺学系列教材《女性主义文学批评导论》第六章将酷儿理论等同于LGBT研究，即女同性恋、男同性恋、双性及跨性研究。[2]《简析作为文学批评方法的酷儿理论》一文的作者认为，"进入90年代，男女同性恋研究逐渐合流，成为一个相对独立的理论体系，这就是酷儿理论"[3]。问题是：酷儿理论果真就是同性恋研究吗？可以将两者完全等同起来吗？下面将通过阐述同性恋研究与酷儿理论的主要关注点来回答上述问题，厘清两者的关系，从而让国内学术界更为准确地把握酷儿理论这一新兴的理论模式。

---

[1] 关于queer theory的翻译，王宁、王逢振采取意译的方法，将其译为"怪异理论"，强调其"怪"和"异"的特点，李银河采取音译的方法，将其译为"酷儿理论"，强调酷儿自信、自我认可的含义，与该理论的含义更加契合，因而本书采用李银河的译法。
[2] 魏天真、梅兰，《女性主义文学批评导论》，华中师范大学出版社，2011年，第116页。
[3] 傅淑琴、李洪，《简析作为文学批评方法的酷儿理论》，《时代文学》，2009年第5期，第212页。

同性恋研究的理论旨趣

在日常生活中,一提起某某是同性恋,人们往往会对他/她表示鄙视、厌恶,认为同性恋是变态。在异性恋为规范的社会里,同性恋一般处于非公开的秘密状态之中[1],不敢公开其另类的性取向,因为他们处于社会的边缘,是受排斥和打压的群体。作为一个描述性的类别,同性恋给人的印象是病态、有罪、违反社会道德的,是异性恋社会中魔鬼般的幽灵,因而受到政府、教堂、医院等社会机构的管制和压迫。普遍存在的恐同情绪使得同性恋群体在社会的方方面面遭受极不公正的待遇,甚至遭到暴力的威胁。根据美国第11届国际艾滋病大会的报告:1984年美国感染HIV者为40万—45万人,其中62%是因同性恋行为而感染的男性,20%为吸毒者。[2] 里根政府因此对性问题采取保守的政治策略,在政治、经济、社会保障等方面对同性恋进行了前所未有的压制。另类的性取向导致许多性少数群体丧失了社会权利,在各方面受到不公正的待遇,甚至人身安全遭到憎恨同性恋的极端分子的威胁。这种状况逐渐引起性少数群体的抗争。早期的同性恋群体正是基于同性恋这一共同的身份,采取行动主义的态度,谋求更为公正的待遇。

早期的同性恋研究主要的理论关注点是:同性恋这一性倾向是先天的,还是后天形成的?这一问题构成同性恋研究中关于本质主义和建构论的论争。持本质主义观点的一方认为,同性恋的性倾向是先天、固定、无法改变的,它独立于文化,是一个人内在的特点。持建构论观点的一方则认为,同性恋这一性倾向的形成与社会、家庭等文化背景密切相关,不同的社会环境所赋予同性恋的文化内涵不尽相同。这一派别的支持者强调同性恋以特殊的历史和文化为载体,认为是文化影响了同性恋的形成。争取同性恋权益的行动主义者采纳本质主义的观点来获取社会的认可,而具有恐同情绪的一方则认同建构论的观点,认为如果同性恋这一性倾向

---

1 同性恋研究形象地称之为"橱柜"状态。同性恋正是通过保持沉默和不可见来获取暂时的安全感。
2 许新东,《美国艾滋病的现状及防治策略》,《性学》,1997年第1期,第8页。

是后天形成的,就意味着它是可以得到纠正和改变的。无论哪一种观点占上风,早期的同性恋研究并没有从根本上质疑"男人"、"女人"这样的普遍性概念以及"异性恋"和"同性恋"这样的两分结构,而是在异性恋霸权的预设下,为作为性少数群体的同性恋争取权益。同性恋者基于同性恋这一共同的身份,抵抗主流社会观念对他们的妖魔化,在政治、经济、职场、法律等领域争取平等的权益。

男同性恋研究的理论家如艾伦·博雷(Alan Bray)、D·A·米勒(D. A. Miller)、艾德·科恩(Ed Cohen)、理查德·德拉莫若(Richard Dellamora)等人注重研究男同性恋在历史和文化中如何通过"丑闻的知识型"[1]得以表述,对他们的猎奇与厌恶心理如何在现代社会的严密监管和诊断之下得到宣泄,从而说明恐同情绪如何系统性地压制男同性恋的性欲主体。相比较于男同性恋研究而言,女同性恋研究产生的背景较为复杂:它产生于妇女解放运动、20世纪60年代的新左派运动、男同性恋的解放运动等多种社会运动。从事女同性恋研究的一般都是激进的女性主义者,如阿德里那·里奇(Adrienne Rich)、奥德瑞·罗德(Audre Lorde)、莫妮卡·威提格(Monique Wittig),等等。她们不满异性恋的女权主义者,也不满争取同性恋权益运动中男同性恋的性别歧视现象,主张采取分离主义的立场,认为与其说女同性恋是一种性欲身份,不如说它是一种政治身份;只有放弃异性恋性欲才能从根本上改变男人至上的性别主义观念。不管怎样,在酷儿理论产生以前,男、女同性恋研究都是在宏大叙事的框架之下思索同性恋受压迫的原因,都基于同性恋这一稳定的身份进行政治诉求,寻求改变现状的办法。

酷儿理论的理论渊源

早期的西方女性主义理论一直是在异性恋模式的预设之下,思考女性所受压迫的解决办法。20世纪70年代以来,西方思想界的后学思潮不断质疑启蒙主义宏大叙述的普遍性和一统性,冲击着以现代性为基础的西方女性主义第一、第二次

---

[1] Michael Groden, et al., *Contemporary Literary and Cultural Theory: The Johns Hopkins Guide*, Baltimore: the Johns Hopkins University Press, 2012, 413.

浪潮。受后学思潮影响的女性主义理论质疑启蒙现代性的宏大叙述和稳定的"人"的主体性概念,强调以多元化来颠覆现代性概念的稳定性。部分女性主义者开始反对女性主义内部长期以来以白人女性和异性恋为中心的状况,主张尽量包容处于边缘地位的多种声音。同时,西方尤其是美国争取同性恋权益的社会运动日渐高涨。在此背景下,主张用性的多元话语来扰乱异性恋霸权的酷儿理论应运而生。酷儿理论推崇多样性,反对传统女性主义理论对异性恋的预设,否定男性和女性、同性恋和异性恋的严格划分,认为性别认同与性倾向具有表演性、流动性和开放性。对于酷儿理论而言,身份不是稳定的范畴,而是局部的、流动的、多重的、开放的。这种有别于非此即彼的二分法的新型理论正是后学思潮的产物。此外,酷儿理论家拥护"酷儿"一词所代表的不确定性[1],他们无意对其做出清楚的界定,这也与他们对后现代思潮的接受有很大关系。

　　酷儿理论的主要分析范畴是性欲(sexuality),它对性欲的理解主要源于法国后结构主义理论家米歇尔·福柯的观点。福柯使用"知识型"这一术语替代"结构",认为那些帮助我们理解世界的各种话语规则并不是普遍和不变的,它们都将随历史的变迁而变化,并且只对特定时期的话语实践有效。例如,在不同的历史时期里,同性恋的命运并不是一成不变的。古希腊社会男子间的同性欲望是在政治秩序中代表自己的一种方式,因而并未受到压制;英国维多利亚时期的同性恋则被视作疾病,遭到强制性的治疗。不同时期和国家对同性恋的态度与该时期那个国家的话语建构有密切的关系。酷儿理论吸收福柯的观点,认为性欲是社会关系的产物,性欲的历史就是关于主体的历史,其意义和内容随着历史时期发生

---

[1] "酷儿"原是对同性恋的贬义称呼。在今天的美国,经过长期的斗争,人们对同性恋越来越宽容,某些地方允许同性婚姻的存在。尽管如此,当今世界对同性恋等性少数群体的偏见依然存在,由偏见和歧视产生的恐同情绪所造成的侵犯同性恋合法权益、对其进行人身攻击的暴力事件时有发生。所有这些都使得越来越多的性少数群体积极投入争取合法权益的运动之中。在运动中他们自称"酷儿",使其从对同性恋的贬义指称逐渐转化为自我认可和赞许的含义。可见"酷儿"一词经历了历史的演变,具有多义性;它既可泛指某人的性格、行为奇怪、古怪、不同寻常;又可以特指同性恋,是指称其病态、变态的贬义称呼,还可以指同性恋的自我肯定。"酷儿"一词不稳定的含义增加了酷儿理论的不确定性。

变化。

福柯认为，权力控制语言符号，使其在恰当的时刻创造出所谓的真理和价值，并将它们表达为普遍的、永恒的超验存在。知识主要通过排除手段占据文化支配地位：它们将符合规范的话语类型说成符合自然规律的存在，把规范之外的一切差异贬为十恶不赦的异端，通过学校、教会、监狱等机构进行压制和剿灭。现代社会中启蒙的理性神话一直试图用"求同"的虚妄来掩饰和压制多元性和差异性。从这个角度看，现代性实质上是一种控制和统治的形式，主体和知识等都是被它构造出来的产物。我们所居住的世界其实是建构出来的，在当中有许多不同权力关系的博弈，胜出的一方控制着知识和话语的生产。福柯关注的是某些被言说而成为知识，某些被排斥而成为异端的条件。他采用"知识考古学"的方法，从各个方面对现代的控制形式做了深入研究，包括病理学、医学、监狱和性学等。得益于福柯的思想，酷儿理论并不要讨论谁是同性恋，而是要探寻他们如何以及为什么成为主流社会所不容的异端。可以说，酷儿理论既是后结构主义思想与同性恋这一社会问题相结合的产物，也是西方女性主义理论修正其理论盲点的结果。酷儿理论属于后结构女性主义理论。

酷儿理论的理论景观

与其说酷儿理论主要阐释同性恋等性少数群体所受到的压制，不如说它旨在揭示异性恋霸权如何作为真理体制塑造人们的欲望。谁在宣称或决定什么是规范，什么是不符合规范的酷儿，这是酷儿理论家们所关注的问题。下面将讨论两位具有代表性的酷儿理论家朱迪斯·巴特勒和伊芙·塞吉维克（Eve Sedgwick）如何吸收后学思潮，建构酷儿理论的图景。

巴特勒试图从边缘人的角度探寻规范之所以成为规范，支配什么是可理解的生活、什么是不可理解的生活的条件。她的具体做法是质询诸如身份、性、性别、妇女、物质等基础性的、看似无争议的概念，通过追溯这些概念的历史发展，揭示本质化的概念所造成的认知暴力。

秉承后学思想，巴特勒质疑了稳定的身份的概念，这与她持有不同于传统意识哲学的主体观有着直接的关联。意识哲学的主体观认为，存在一个先在、自足的主体。这个主体具有理性思维的能力，可以进行道德深思，发挥自由意志，并做出自我决定。这种主体观认为本源具有优先性、决定性和控制性，而表象则只能派生和从属于本源。在这种主体观念下，起源、理念、意识、本真等概念成为霸权性词语，为臣属和层级关系设立了哲学基础。巴特勒追随福柯，深信笛卡尔式的自足、先在的主体并不存在，相反，主体在历史中形成，是建构的产物。

人类的性取向本是多元的，为了繁衍的需要，异性恋模式被自然化、优等化。巴特勒继承福柯的理论，试图消解异性恋霸权这一中心。社会性别的层级结构以统合生理性别、社会性别和性欲之间的一致性为基础而得以建立。为了建立性别的统一性，首先需要在生理性别、社会性别和性欲之间建立直接的关联。一个人如果在生理上是女性，那么她就应该展现她的"女性特质"，并在异性恋为规范的模式下渴望男人的爱。也就是说，以异性恋模式为主导的父权制社会只允许男性与女性两种生理性别和社会性别存在，一个人的生理性别决定其社会性别和欲望取向。为了揭示生理性别、社会性别和性欲之间不匹配和非稳定的状态，巴特勒援引福柯《性史》第一卷中阴阳人赫酷林·巴宾的故事，来说明有关性别身份的单义性结构是为了服务于社会对性欲的管理和控制而生产的。

巴宾的身体同时具备解剖学上男性和女性的元素，无法归类于任何一种可理解的性别身份中。巴宾刚出生时性别被判断为"女性"，她/他二十岁出头时由于爱上一位叫萨拉的女性，在对医生和神父的一系列告白后，有关当局让她/他在法律上改为"男性"，穿着男装，行使男人在社会中各种不同的权利。巴宾的日记记载了最后给她/他带来自杀结局的一种永恒的危机感。对此巴特勒说："在赫酷林身上，生产可理解的性别化的自我的语言成规发现了自己的局限性，因为支配生理性别/社会性别/欲望的规则，在她/他身上汇聚又瓦解。赫酷林调用并重新分配了二元体系的组项，而这样的重新分配扰乱了那些组项，造成它们的增衍而超出了那个二元体系。"[1] 巴宾的身体特征并不在性别范畴之外,而是搅乱并重新分配组合了这些范畴的构成因素。她/他的身体在解剖学意义上的不连贯性,为展示汇聚于她/他身上的令人不安的异性情欲与同性情欲提供了一个场域,揭露了性别的不同属性依附于一个持久的实在基础的虚幻性质。用巴特勒的话说,她/他的身体"是一种符号,代表了单义性别的司法话语所产生的一种无法解决的矛盾"[2]。而巴宾的性欲也逾越了社会性别规范的实践,因为她/他曾试图篡夺男人的"名号",爱上温柔顺从的萨拉。她/他所引起的性别烦扰说明一个持久不变的实在或是性别化的自我的表象是文化对性别进行管制而生产出来的。无法将巴宾归入任何一个性别范畴,这正说明了性别范畴的不稳定性,也说明以异性恋规范为主导的社会必定会将巴宾打入贱斥者的领域。

性别的单义性建构掩盖了各种不同的性功能,将它们人为地统一起来。生理性别以原因的姿态出现在以异性恋规范为主的话语里,告诉人们生理性别是性欲望和性经验的基础,目的在于方便异性恋规范对性经验进行管制。巴特勒早期的几部著作从哲学层面说明:为了建立"适宜"的主体性,社会要求驱逐不适宜、不清洁和无秩序的成分。为了建立异性恋规范,非规范的性实践被视为社会禁忌和污染源,成为克里斯蒂娃所说的贱斥物,被直截了当地打入"他者"之列。纵观历史,文化规范在社会主体的认同中不断地设定同性恋等边缘性社会的存在,将其视为可怕的社会死亡对象,赶入道德和律法合围而成的领地进行压制。异性恋文化霸权的各种话语不断向我们灌输规范之外的性少数群体为我们带来的种种危害,使我们心生恐惧,逐渐排斥、歧视甚至伤害他们。酷儿理论就是要挑战这种以异性恋为基础的性别等级秩序,认为人的社会性别身份是多重的、游移不定的,个人的性行为和情感选择有可能出现流动性或非连续性,也就是说性别身份是不稳定的、多

---

1 Judith Butler, *Gender Trouble: Feminism and the Subversion of Identity*, New York: Routledge, 1999, 31.
2 Judith Butler, *Gender Trouble: Feminism and the Subversion of Identity*, New York: Routledge, 1999, 127.

元的,并且在社会与政治冲突中不断演变。在《消解性别》中巴特勒指出,不应该仅将酷儿理论理解为"反对所有的身份主张,包括稳定的性别分配,酷儿理论更应反对对身份进行多余的规定,而不仅仅只是假设身份的可塑性"[1]。

巴特勒在深刻指出权力话语对欲望的压制和生成的同时,认为性别和欲望灵活多变,性别是欲望的化妆表演。性不是固定不变的身体属性,而是文化规范对我们身体的物质化过程中的表征。为了对抗性别的单义建构,扬弃性别是身体快感的原初原因,巴特勒视"性别"为权力关系的结果而不是原因。她对单义性"性别"的解构为释放多元性欲打开了可能性的领域。巴特勒的酷儿理论拒绝本质主义,相信性别没有对错和真假,也没有原初和衍生之分。关键是去行动,去重复,不断越界,从而质疑和颠覆原有的自然化的性别机制。

巴特勒提出性别述行理论是为了使生理性别、社会性别、性欲、身份等范畴去自然化,重新对这些范畴进行意指。如果主体的构成性特征意味着它永远是一种非固定的过程,那么就可能有重新意指和改变的可能性,抵抗就不是不可能之事。能动性就在于主体的非稳定之中,因此述行性的主体性具有一种解放力量。性别述行理论揭露传统价值观中某些关于性别身份的霸权话语,为建立更加多元和谐的人类社会做出理论构想。

伊芙·塞吉维克是与巴特勒齐名的酷儿理论家。她的代表作《男人之间:英国文学与男性同性社会性欲望》(*Between Men: English Literature and Male Homosocial Desire*)(以下简称《男人之间》,1985 年)和《衣柜认识论》(*Epistemology of the Closet*,1990 年)被公认为性/别研究领域具原创性和突破性的作品,也是人文学科领域极其重要的基础性读本。在《男人之间》的引言中,塞吉维克指出该书旨在"探寻塑造性的方式,探寻哪些东西可以算作性,而这两方面都依赖于并影响了历史上的权力关系"[2]。在该书中,塞吉维克提出一个区别于"男同性恋"的重

---

[1] Judith Butler, *Undoing Gender*, New York: Routledge, 2004, 7.
[2] Eve Kosofsky Sedgwick, *Between Men: English Literature and Male Homosocial Desire*, New York: Columbia University Press, 1985, 7.

要概念,即"男性同性社会欲望",认为在男权社会中"男性同性社会欲望"指男性个体之间的社会纽带,它与"男同性恋"这一概念相分离,两者之间存在明显的断裂,而"女性同性社会欲望"与"女同性恋"之间存在连续性,两者经常被认为是同一回事。塞吉维克从社会、经济及权力关系的角度,通过对一些英国文学作品进行解读,分析形成上述不对称现象的原因,认为男女同性社会欲望的历史差异是持续的男女权力关系不平等的表现。塞吉维克指出,异性恋这一传统结构与同性恋之间存在博弈关系,传统异性恋的结构是以女性作为交易媒介的男子之间互惠的关系,恐同是以异性恋霸权为规范的父权制度的必然结果,或者说,父权从结构上要求恐同情绪存在。因此不应将恐同情绪仅仅视为对同性恋的压迫,而要意识到恐同情绪是控制整个性别系统的工具。她认为,针对男性和女性的恐同都不是任意的或无缘无故的,而是紧密交织于家庭、性别、年龄、阶级以及种族构成的轴线中。如果不改变经济结构和政治结构,我们社会中的恐同情绪就不会停止。塞吉维克的《男人之间》以性为主要议题,弥补了诸如马克思主义女性主义等传统女性主义理论中欠缺关于性的讨论的现象。她将性这一分析范畴放到了一个显著的、质询的位置,试图对女性主义研究做出反恐同的贡献。

在《衣柜认识论》中,塞吉维克讨论了同性恋研究中本质主义和社会建构论的论争问题。以往的同性恋研究认为同性恋的性倾向是天生的、无法改变的,因而也是本质主义的。这种理解成为同性恋争取政治诉求的灵丹妙药,因为如此一来,同性恋天生的性倾向就会成为博得同情和斗争的砝码,可以免受社会伦理和道德规范的谴责。但塞吉维克指出,生物决定论无法成为政治斗争的庇护地,因为"那些掌握我们文化的政治和认识论高度的人首先试图改变的是生物上已知的一些事实"[1]。由于本质主义和社会建构论都从病原学的角度讨论同性恋产生的根源,这只会导致社会对同性恋"操控性的幻想",因此,塞吉维克用少数化/普遍

---

1 William B. Turner, *A Genealogy of Queer Theory*, Philadelphia: Temple University Press, 2000, 130.

化（minoritizing/universalizing）替换了本质主义/社会建构这一对术语。少数化的观点认为对同性恋的界定仅对非常态性身份的群体产生效用；持普遍化观点的人认为对同性恋的压制关乎整个异性恋文化的形成。塞吉维克支持后一阵营的观点，注重揭示同性恋身份在异性恋权力/知识体制中的构成性作用。少数化/普遍化这一对新的术语避免了本质主义/社会建构论的僵局，使其从对同性恋从何而来这一问题的纠结中转向分析同性恋如何成为异性恋霸权结构的构成性他者。

此外如书名所示，塞吉维克认为，"衣柜"这一意象代表了同性恋对其身份认同艰难的抉择：是选择待在黑暗的衣柜里缄默不语，还是选择出柜，勇敢承受异性恋社会异样的目光，挑战其道德规范，这是每一个非常态性身份的人所面临的心灵上的困扰。沉默也是一种言语行为，这种言语行为的述行性效果便是逐渐接受和内化主流社会的性别观，视自己的性倾向为一种无法言说的罪过。这种压在他们身上的重负产生的根源是社会上普遍存在的恐同情绪，而这种情绪的形成是长期以来异性恋霸权的各种体制、话语共同作用的结果。在塞吉维克看来，反恐同的工程必须将政治、范畴、再现和阅读联系起来，因为单一的政治、文化和智性的行动无法达到预期的结果。由于性别话语存在于哲学、文学、影视等各种文本中，批判性的阅读便成为实现激进的政治理想的必要条件。

虽然酷儿理论无法保证一个更美好的世界，但不管怎样，以巴特勒和塞吉维克为代表的酷儿理论欢迎和赞赏一幅更宽广的性与社会多样性的图景中的差异，对性别的自然化建构予以批判，是一种具有很强颠覆性的理论。

二、超越性欲范畴：酷儿理论的激进性

从以上分析可以看出，酷儿理论虽起源于同性恋研究，但却不能将两者完全等同起来。酷儿理论的兴起说明对同性恋、双性恋、跨性人等性少数群体的研究发生研究方法上的转变。早期的同性恋研究仍然认同异性恋与同性恋的两分结构，强

调以稳定的身份政治为基础,为受压迫的性少数群体争取话语权。酷儿理论则否认中心与边缘的两分法,认为"干净明了"的划分有压迫性。身份不是整齐划一、干净明了的;身份的连贯性及稳定性不过是文化上的一种幻象。酷儿理论试图突破身份政治的禁锢,强调酷儿身份的开放性和不确定性。准确地讲,"酷儿"涵盖所有被权力边缘化的人们。如果说劳丽蒂斯在《差异》专辑用"酷儿"指代所有在性倾向方面与主流文化和占统治地位的性规范不符的人,酷儿理论学者大卫·哈尔柏林(David Halperin)则认为酷儿可以定义为"一切与规范、合法、主导相悖的东西。它没有一个固定的指涉物,它是一种没有本质的身份。因此'酷儿'相对于规范划分出的不是一个实在的事物,而是一种立场"[1]。他认为,由于"酷儿"没有固定的指涉物,任何试图对"酷儿"进行定义的尝试都是在限制酷儿理论的潜力。酷儿理论是开放的,展现无限"可能性的区域"。[2]

因此值得注意的是,酷儿理论虽起源于对同性恋等性少数群体的研究,但它并不只局限于此,目前它已发展成为挑战一切压制性规范的理论的总称。也就是说,我们不能将"酷儿"完全等同于同性恋等性少数群体。酷儿理论的研究对象虽然一开始是处于文化边缘的性少数群体,但随着酷儿理论对后结构主义理论的吸收,酷儿理论已成为有别于同性恋研究的一种新兴的理论模式。

酷儿理论起源于对女同性恋、男同性恋、双性恋、跨性(LGBT)的文化研究,从20世纪60年代以来的后现代主义、后结构主义等思潮中汲取营养,在性别、性、身体、权力、身份等层面思考多元化与社会多样性,在挑战异性恋文化霸权、改变人们的传统思维模式方面做出了重要贡献,是当代性别理论不可缺少的一个分支。而且,"酷儿"已成为一个伞状词语,可以涵盖所有在文化上处于边缘的个体,使他们形成政治上的联盟,因此酷儿理论已经不再局限于研究同性恋等性少数群体的问

---

[1] David Halperin, *Saint Foucault: Towards a Gay Hagiography*, Oxford University Press, 1995, 62.

[2] Lee Edelman, *Homographesis: Essays in Gay Literary and Cultural Theory*, New York: Routledge, 1994, 114.

题，它与种族、阶级等轴线相交叉，试图在尊重差异和文化多样性的前提下创造更为公正和平等的社会。酷儿理论对主体性等概念持非本质的、灵活的立场，使人文社会科学的研究更具包容性，因此笔者认为，酷儿理论值得受到更为广泛的关注和准确的研究。

第二章　再赋义与联盟政治：性别述行理论的政治展望

> Thus, the gap that separates the speech act from its future effects has its auspicious implications: it begins a theory of linguistic agency that provides an alternative to the relentless search for legal remedy. The interval between instances of utterance not only makes the repetition and resignification of the utterance possible, but shows how words might, through time, become disjoined from their power to injure and recontextualized in more affirmative modes.
>
> *Excitable Speech*, 1997, 15
>
> 将言语行为从其未来的效果中分离，它所产生的间隙蕴涵有利的一面：它产生语言的能动性理论，为从法律途径苦寻良方的做法提供变通的办法。言语实例中言与效之间的间隔不仅使言语的重复与再赋义成为可能，而且它显示词语经历时间的推移，可以从伤害的力量分离，从而以更积极的模式重新设想含义。

巴特勒的性别述行理论认为规范和话语生成性别化的主体，生产关于性别的现实。性别不是一种稳定的存有（being），而是一种持续的行为（doing）。性别身份的形成不是人们可以自由控制、有意为之的行为，而是在不断重复性别规范的过程中逐渐形成，因而一定需要时间的演进。可以说，性别的再生产是对权力的协商；没有规范的再生产，就没有性别。但问题是，我们是否时刻对性别规范进行顺势引用呢？巴特勒强调，性别述行理论是一种关于能动性的考量，因为虽然我们按照既定的社会规范塑造自我,但是在身份的形成过程中我们是有可能以意想不到的方式冒险消解和重造规范,从而沿着新的路线开创重塑性别现实的可能性。在巴特勒看来,再赋义体现性别述行的能动性,而联盟政治则体现述行理论的身体维度和政治维度。

第一节　再赋义:巴特勒的颠覆政治

性别身份和主体构成于意指实践中。巴特勒说:"如果身份是通过一个意指的过程而确立的,如果身份一直已经就是有了意指的了,而它在流转于各种不同、环环相扣的话语间的同时仍持续进行意指,那么要回答能动性的问题,就不能回归一个先于意指过程存在的'我'。换句话说,能够主张一个'我'的条件,是由意指的结构——管控那个代名词的合法与不合法使用的一些规则;确立那个代名词所以能够通行的理解框架的一些实践——所提供的。"[1]

如果依巴特勒所言,能动性产生于再赋义的过程,那么,导致再赋义的因素到底是什么?巴特勒在《性别麻烦》中并没有详细论证。她仅指出,能动性的源泉在于"能动的束缚"(enabling constraints),这些束缚就像工具,"在放工具的地方拿起工具,拿起工具的动作只是由于有工具放在那里"。[2] 这种解释对传统的女性主义者而言,并不具备说服力。笔者认为,这也正是巴特勒所思考的能动性问题引发争议之处。正因为如此,为回应种种争议,巴特勒在后续著作,尤其是《权力的精神生活》和同年出版的《失控的语言》中,对其主体理论中的能动性问题进行了更为深入的思考。鉴于前文已经讨论了《权力的精神生活》中的主要观点,本节将重点讨论《失控的语言》中述行理论的语言维度和政治维度。

---

[1] Judith Butler, *Gender Trouble: Feminism and the Subversion of Identity*, New York: Routledge, 1999, 145.
[2] Judith Butler, *Gender Trouble: Feminism and the Subversion of Identity*, New York: Routledge, 1999, 145.

主体既受权力关系的规约和社会规范的裹胁,又可能不完全听命于此。为了说明能动性产生于不完全征引社会规范的过程中,巴特勒借鉴了英国著名语言分析哲学家约翰·奥斯汀(John L. Austin)的言语行为理论和解构主义理论家德里达的引用性理论。述行性原本是奥斯汀语言学中的一个术语,指用于表达某种行动的言语。述行性语言并不描述事情的真伪,而是表达"言说了什么也就做了什么"。像婚礼仪式上新婚夫妇表达愿意结为夫妇的言语"我愿意",或"我将这艘船命名为伊丽莎白号","我将我的手表馈赠给我的弟弟","我跟你打6便士的赌,明天会下雨"等言语,一经说出,就分别表达了同意、命名、承诺、打赌等行为。这类言语并不表达陈述的真伪,而只有有效和无效之分。也就是说,并不是在任何时候都能产生"言说了什么也就做了什么"的效力。针对述行性语言的效力问题,即言是否能达成行,奥斯汀使用了两个术语:言内取效的言语(illocutionary speech)指言同时产生效,即言与行之间同时发生;而言后取效的言语(perlocutionary speech)指言并不同时产生效,言达成行的效果是滞后的。奥斯汀认为,述行性言语成功与否,要依赖一定的条件。贴切恰当的述行性言语必须依赖已接受的习俗、约定俗成的严肃场合、在此场合中特定的执行人以及所有参加人正确、完整地参与等。若不遵守这些条件,述行性语言就无法成为贴切的语言。但奥斯汀后来自己坦然承认,即便遵守这些条件,言语行为也未必能达到预期效果。事实上,不贴切的述行性语言更为常见。正是由于这个原因,德里达遵循奥斯汀的思路,更多地思考不贴切的述行性语言。

在《签名、事件和语境》一文中,德里达致力于重新评估奥斯汀的言语行为理论。在该文中,德里达的一个基本观点是:如果述行性语言的目的在于通过言说实践取得某种效果,那么其实所有的语言都是述行性的,因为"述行是一种交流,它不严格限制在某一语义内容的传输上"[1]。在奥斯汀看来,失败、不贴切并不是语言的构成性特征,而德里达却认为,我们一经说出某一言语,它就超出了我们所预期

---

[1] 转引自 Elena Loizidou, *Judith Butler: Ethics, Law, Politics*, Taylor & Francis Group: Routledge-Cavendish, 2007, 32.

的范围,正如写作也是如此。作品一经问世,就会独立于作者的意图。德里达使用重述(iteration)来说明语言超出原初言说者的意图。某一词语可以脱离言说者而被其他人重复使用,但这种重述并不是机械的复制,而是创造性的引用。引用消灭了试图回归到原初使用者的可能性,这就好比在网络空间里"同学"被重述为"童鞋"一样。这种语言风格取决于言说主体的意图。正是引用创造了作为引用效果的事件。德里达指出,失败或不贴切并不一定要依赖于语境。只要有引用,就会有偏离,也就会有能动的可能性,因而失败或不贴切其实是语言的特征。

受奥斯汀和德里达启发,巴特勒将语言学中的述行概念应用到思考性别化主体的形成中。她利用德里达引用的概念,说明我们有时可以不同地征引社会文化规范。主体及能动性不可能独立于产生它们的社会条件,不可能外在于权力、管制和规范化的过程。而且,消解自足的主体并不意味着完全抹除能动性的概念,能动性产生于改变规范的再赋义过程。引用规范时产生的空白、失败、偏离和拒绝便是能动性的源泉。例如,我们知道同性恋是异性恋规范极力排斥的对象。"酷儿"一词曾经是同性恋的贬义称呼。当厌恶同性恋的人以鄙视的态度称呼同性恋为"酷儿"时,具有反抗意识的同性恋的反应可能是:不,我不是你们所认为的那样。这种对某一符号的不自在、不认同和不承认是政治化的关键步骤。后来同性恋行动主义者逐渐有意识地占有这一符号,让这一符号指称的原有贬义发生流动性的改变,这便是再赋义的过程。这说明,当一个符号的原有意指含义在不同的语境中被挪用时,它的含义便会改变。

在《失控的语言》中,巴特勒就对语言等符号性实践中的种族主义进行了批判。她进一步将言语行为理论与阿尔都塞的询唤理论相结合,关注攻击性语言、反淫秽语言和同性恋论争等文化事件中的言语行为,指出言语行为是表演出来的(因此是戏剧的),同时也是语言的,通过它与语言的惯例隐含的关系,促成一套结果。也就是说,巴特勒在这部著作中更多关注的是语言给人们带来的伤害,并质疑通过求助国家立法来解决这些问题的办法。

我们的主体性在语言中形成,但是语言并不总是善意的。巴特勒在该书介绍中提醒我们在面对语言时的脆弱。我们进入语言和这个世界时依赖于被命名的言语行为。我们一经被命名，就开始了接受社会规约的过程，这体现了我们的脆弱和无能为力。而种族主义言论和攻击性语言更具有伤害我们的力量。巴特勒说："遭受伤害性话语的攻击不仅让我们开放于一个未知的未来，而且我们也不知道伤害的时间和地点。"[1]《失控的语言》让我们知道，种族主义者、同性恋憎恨者以及性别主义者所使用的伤害性语言是一种命名实践，这种使用命名的权力生成了规范话语中的少数族裔、同性恋及女性等身份。命名（如"黑鬼"、"酷儿"、"婊子"）可以伤害被命名者，其原因在于这些名称的历史含义。虽然语言和权力产生主体，但巴特勒认为，主体的能动性恰恰产生于如何改变意指结构。只有从语言上颠覆主导权力的命名实践，才能从根本上改变被命名的地位。

虽然色情、种族主义言论和攻击性语言给人们造成了巨大伤害，但是巴特勒却不同意审查言论或寻求国家立法的做法。主张审查言论或寻求国家立法的拥护者认为，必须制止伤害性言论，因为在他们看来，言也就意味着行，伤害性语言和产生伤害的效果是一回事。但巴特勒利用奥斯汀对言内取效的言语和言后取效言语的区分，说明种族主义言论和攻击性语言其实并不能达成"言说了什么也就做了什么的效果"。也就是说，她并不认为种族主义言论和攻击性语言一经说出，就能具有言内取效的结果，因为正如德里达所主张的那样，言语说出以后就脱离了言说者的意图。有时所谓言者有心，听者却无意。而审查言论或寻求国家立法一方面排除了创造性引用的可能性，同时又无形中增加了国家的管控权力，这是巴特勒所极力反对的，因为在她看来"能动性始于国家主权权力衰退之处"[2]。如果从法律层面禁止伤害性言论，那么它同时也禁止了创造新生活的可能性，也禁止了对询唤的语言实践的抵抗。在巴特勒看来，这正是诉诸国家立法的局限性。

---

[1] Judith Butler, *Excitable Speech: A Politics of the Performative*, New York: Routledge, 1997, 4.

[2] Judith Butler, *Excitable Speech: A Politics of the Performative*, New York: Routledge, 1997, 16.

巴特勒坚持认为，种族主义言论和攻击性语言的言与效是有差距的，而且这些伤害性言论能够产生效力，其根本原因在于重复引用。巴特勒说："如果某种述行性行为暂时成功（我要暗示这种'成功'总是也只能是暂时的），那么这并不是因为某种意图成功地控制了言语行为，而仅仅是因为这一行为呼应先前的行为，通过重复或征引先前的权威性实践而累积了权威的力量。并不能简单地认为这一言语行为发生在某一实践之内，而这种行为本身就是一种仪式性的实践。这意味着，述行行为能否'起作用'，要看它利用和覆盖构成性习俗的程度。从这个意义上，没有累积和掩饰的历史性，任何术语或言论都不会发生作用。当伤害性词语伤人时（请允许我清楚说明有时它的确伤人），其伤人的效力发生作用，恰恰是通过该力量的累积和掩饰效果。这样，说出种族侮辱性言语的人在征引这种侮辱，与过去曾使用这些侮辱性言语的人形成语言群体。那么，这就意味着，正是述行行为所重述的伤害建立了一种永久的难度，让它难于让某一单一的主体为其行为所造成的伤害担负最终的责任。"[1]引用伤害性话语的人之所以这样做，主要是依赖于在此之前不断有人重复引用而产生的伤害力量。如果截断这一引用链，打断其循环的力量，也即进行创造性的重述，那么就会因再赋义而打破伤害性语言原有的含义。再赋义其实就是一种抵抗策略。

同德里达一样，巴特勒捍卫所指的不可控制性，认为政治能动性就在再赋义的潜能中，因此再赋义才是抵抗语言伤害的根本途径。由于权力的无所不在，人们无法完全用传统的抵抗范式，即推翻统治权力及其体制来理解能动性。我们必须认识到，再赋义的过程同样具有政治含义，它同样体现我们的能动性。这也是为什么巴特勒认为同性恋的扮装具有政治意义，因为它削弱了性别规范，改变了意指实践。巴特勒的再赋义强调的是，经过历史积淀的规范虽然相对稳定，但它可以改变。规范既可维持，也可改变。巴特勒突破了结构主义对规范的理解，强调了规范的可修正性。巴特勒遵循自己的思路，将改变社会规范的结构性暴力看作其社会

---

[1] Judith Butler, *Excitable Speech: A Politics of the Performative*, New York: Routledge, 1997, 51-52.

伦理的目标，这也是她后来转向伦理学的重要原因。

巴特勒对后结构主义思想的吸收使她非常重视重新意指的变革力量，她所提出的再赋义政治是替代传统女性主义的身份政治的出路，因为在她看来，只有改变话语的意指实践中的歧视性含义，才有可能从根本上改变社会中的各种不平等现象。但问题是，如果意指实践的述行力量不都是有效的，有时甚至是不可控制的，那么，重新意指总具有积极意义吗？如何分辨哪些重新意指是有利于女性主义政治的，而哪些重新意指是不利于女性主义政治的呢？对于这些问题，笔者认为巴特勒并没有给出令人信服的回应。

第二节　性别述行理论的政治维度

一、巴特勒的性别述行理论与女性主义政治

由于20世纪八九十年代女性主义的认识论和方法论正面临着后现代主义和后结构主义的冲击，对广泛吸收后结构主义及法国女性主义思想的巴特勒而言，其学术观点处于女性主义内部论争的焦点是可想而知的。她所提出的性别述行理论在身体的物质性、女性主义所采取的政治策略和能动性问题等方面引发了争论。

物质性问题之争论

巴特勒强调规范、习俗、制度先于"我们"而存在，这可能会让一些人感到困惑：难道不是"我们"创造了习俗和规范吗？怎么会是习俗或规范先于"我们"而存在呢？只要稍加思考，我们就会发现，各种制度、规范与习俗的形成与语言有着密不可分的关系。人类社会的种种制度、习俗和规范必定要通过语言这个中介来完成，并以语言的形式来实现。说到底，制度、习俗和规范其实就是提供和管理可理解性的一套套话语结构，它们通过重复不断再生。因此谁掌握了话语权，谁就能制定规范我们行为的制度，谁就会创造"我们"。语言的意指实践具有构成力量，在语言的范围之

外我们永远接触不到现实,因为事实的真相总是由语言来表述的,这一点与德里达"文本之外别无他物"的思想吻合。这样看来,一切似乎都是话语实践的产物。这让很多巴特勒思想的回应者感到困惑:身体肯定是要经历生老病死的呀,身体吃喝拉撒、享受快乐、经历痛苦、忍受病痛、遭受暴力,这些都是活生生的事实啊,怎么能说身体的物质性是被建构的呢?如果一切都是话语,那么如何看待身体的物质性呢?如果一切都是文本,那么如何看待女性实际上所遭受的暴力和身体伤害呢?

针对有学者认为巴特勒在《性别麻烦》中忽略身体的物质性这一点[1],巴特勒在《至关重要的身体》中说:"是的,我们不能辩驳这些事实,但这种不可辩驳性决不能说明我们是通过什么样的话语方式肯定了这些事实。"[2] 关键是:是什么让我们觉得关于生理性别的事实即身体的物质性肯定不是建构的?是什么让我们觉得身体的物质性是基础主义者所说的不可简约的基础,等待着文化的铭刻与建构?对此巴特勒明确回答道:"备受女性主义实践珍视的物质性恰恰是通过排除和贬低女性特质而形成的,这对女性主义而言是很成问题的。"[3] 那么,西方思想中物质性这一基础是如何通过排除和贬低女性特质而得以建立的呢?

在《至关重要的身体》第一部分,巴特勒首先从词源学的角度讨论了女性特质与物质性之间的联系。古希腊词源将物质与起源联系在一起:物质是一切起源,总是被时间化,预先设定并指向未来。同样,母体是策源地,与起源密不可分。这种联系深刻地体现在古希腊哲学家亚里士多德的思想中。亚里士多德认为,形式与质料不同:形式是每一事物的本质特征;质料是事物组成的材料。制造的工作就是

---

[1] 例如,芝加哥大学法学系教授玛莎·纽斯堡(Martha Nussbaum)认为巴特勒对身体现实的最小化无法满足女性主义之所需,即为提高"真实的"妇女地位而奋斗。参见 Martha Nussbaum, "The Professor of Parody: the Hip Defeatism of Judith Butler," *The New Republic*, vol. 220, 22 February, 1999, 37–45. 此外,美国女性主义理论家苏珊·波尔多(Susan Bordo)也认为巴特勒过于强调话语对社会性别的影响,忽视了人的活生生的身体。波尔多认为身体的物质性不容忽视。

[2] Judith Butler, *Bodies That Matter: On the Discursive Limits of "Sex"*, New York & London: Routledge, 1993, xi.

[3] Judith Butler, *Bodies That Matter: On the Discursive Limits of "Sex"*, New York & London: Routledge, 1993, 30.

把形式加在质料上,制品因而是形式与质料的和谐产物。女人的子宫犹如材料,等待作为首要实体的男人的精子的进入,因而在人类的再生产活动中,女人贡献的是质料,男人贡献的是形式,而孩子则是完美的制品。质料具有构成事物的潜力,提供具有可理解性的原则,但质料要想成为事物,必须借助具有本质特征的形式,也即灵魂所在。这样,在形式/质料这一二元对立结构中,两相对立的概念并非价值等同,形式占据支配地位,它通过否定质料而获得肯定意义。同样,与形式等同的男性通过否定女性这一他者而获得支配地位。

亚里士多德认为灵魂是身体的首要实体,因此灵魂与身体是否为一这一问题毫无必要,这好比问蜡与印章所给予的蜡块形状即图式(schema)是否为一一样无趣。没有蜡块的形状也就无法理解蜡这一物质;同样,没有灵魂或形式,也就无法理解身体这一物质。也就是说,必须先进行物质化然后才能理解物质。巴特勒认为,我们可以根据在文化上并不相同的各种可理解性的原则对亚里士多德"图式"的概念进行历史化。将身体的图式理解为历史偶然的权力/话语网,与福柯在《规训与惩罚》中所描述的囚犯身体的"物质化"十分相似。对福柯而言,权力关系将身体作为投资场,心灵是权力的工具,通过心灵这一工具,身体得以培养和形成。在某种意义上,心灵就是一种充满权力关系的图式,它产生和实现身体本身。福柯关于心灵的观点重新发展了亚里士多德的灵魂说,认为心灵是一种规范理想,据此规训的身体得以形成。心灵是政治的效果和工具,也是身体的囚牢。就像在对监狱的物质化之前没有监狱,在对物质进行物质化以前也没有物质。而物质化的过程恰恰是权力和话语实践的场所,因此物质性是权力的注入产生的效果。

巴特勒借鉴福柯的观点即管控力量同时也是生成力量,认为"生理性别"的范畴从一开始就是规范性的,是福柯所说的"管控性理想";"生理性别"不仅是一种规范,而且是管控性实践的一部分,它同时生成它所控制的身体。随着时间的推移,身体通过规范的理想被强行物质化。这一物质化的过程就是不断重复管控性规范的过程。只要这种重复是必要的,物质化就永远不会完成。当然,身体也可以偏离管控性的规范,重新进行物质化。这种可能性标志着一个领域,在此领域可以反对管控性法律的力量,重新生成质疑霸权力量并与之相对的新的重复。

但是,性别的述行与物质化的观点如何相关联呢?首先,述行性不是单一或故意的"行为",而是一种重复性或引用性的实践,据此,话语产生它所命名的效果。"生理性别"的管控性规范正是以这样一种述行的方式运作,来组成身体的物质性,更具体地说,来组成对身体生理性别的物质化。这就是说,身体的物质性是权力的生成效果。关于身体的事实,或者说组成我们身体的质料是物质化过程的结果。随着时间的推移,物质化过程产生了我们叫作质料的表面结果。这样,身体的自主权是一个"真切的悖论"[1]:虽说身体是"自己的",但它从一开始就被交给了他人的世界,打上他们的印记,在社会生活的熔炉里得到历练,因此,我们无法理直气壮地说,身体就是我们自己的。我们总是在文化表达中知晓身体的物质性。

如果物质化过程体现着权力和话语实践,那么受可理解性原则控制的物质化一定要排除什么才能发挥功能呢?巴特勒认为,这正是法国女性主义思想家露西·伊利格雷剖析柏拉图思想的过程中所针对的问题。女人是缺失、空洞、黑暗大陆、有缺陷的次等男人,这种思想始终贯穿着传统的西方哲学思想,伊利格雷将其追溯到柏拉图,认为西方形而上学对女性的排斥在柏拉图肯定灵魂对秩序的追求时就已经开始了。伊利格雷认为,柏拉图哲学最根本的追求是普世万象按照唯一理念创造出有序的差异体系,使之走出本源的洞穴,抵达秩序的彼岸。在伊利格雷论文集《非"一"之性》的《市场上的妇女》一文中,伊利格雷写道:"我们所熟悉的社会、我们自己的文化,建立在交换妇女的基础之上。如果不交换妇女,我们被告知,我们就会倒退到自然界的无政府状态,重蹈动物界的胡作非为。进入社会秩序、进入象征秩序、进入任何秩序本身,是以下述事实作为保障的,即男人或男人群体按照所谓乱伦禁忌的规则,在彼此之间流通妇女。"[2]柏拉图使用穹若(Chora)一词指代万物得以命名之前混沌无形、黑暗神秘的本源空间。作为本源空间,穹若是母体

---

1 Judith Butler, *Undoing Gender*, New York & London: Routledge, 2004, 21.
2 Luce Irigaray, "Women on the Market," in *This Sex Which is Not One*, trans. Catherine Porter with Carolyn Burke, Ithaca: Cornell University Press, 1985, 170.

的隐喻概念，它是错误与非分异之地，而人们对混乱和错误的恐惧导致了对秩序的渴望，从而必然开始压制本源。秩序的建立恰恰以压制和贬低作为本源之隐喻的妇女为肇始，开始了父权制文化机制的传播。

伊利格雷在其著作《他者女人的反射镜》(*Speculum of the Other Woman*, 1985年)中对起源于柏拉图的西方形而上学进行了清理, 揭示了西方形而上学的基础是对女性的否定和排斥。形式/物质、灵魂/身体等一系列的二元对立原则是菲勒斯-逻各斯中心主义经济[1]的重要组成部分，在西方哲学将形式、灵魂与男性相等同时，西方文化以男性为尊，用同一性原则去诠释女人和世界。也就是说，男人只以自身为标准与作为他的镜像的他者发生关系。这个男性欲望的力比多结构没有为女人留下空间，女人只能通过把自身和其差异纳入男性的同一性之中，才能被再现。从这一角度讲，只要按照同一性原则再现妇女，真实的妇女就会被擦除。伊利格雷从哲学的高度深刻批判了异性恋霸权赖以形成的同一经济，说明同一与他者是巩固形而上学的菲勒斯-逻各斯中心主义的基础。她认为，他者和同一都是男性的标记。他者不过是从反面来阐发男性主体，其结果是女性这一性在同一经济中无法得到再现。也就是说，在菲勒斯-逻各斯中心主义的意指经济中，女人不可理解，因为在柏拉图的思想体系中，女人是混沌的穹若空间，而这个穹若空间没有本体，因为本体由形式构成。女性因此是一个不算数的性别。因此伊利格雷认为，为了参与男人的欲望，女人不得不放弃她自己的欲望而将自己伪装起来。伪装是对女性欲望的否定，先验存在的本体的女性特质无法被菲勒斯中心主义所再现。

以上对伊利格雷思想的总结说明，伊利格雷介入形式/物质的区分历史强调的是女性被排除出二元对立关系的特点：女人对二元对立体系必不可少，但同时又遭到这一体系的排斥，女人因此是构成性的局外人。在《至关重要的身体》中巴特勒通过阐释伊利格雷认为，基础正是通过排除而得以建立。我们想当然地认为，任何

---

[1] 菲勒斯-逻各斯中心主义是德里达的术语。他将菲勒斯中心主义与逻各斯中心主义糅合在一起，指精神分析话语将菲勒斯（阳具、父权制）等同于逻各斯（神言、理性），将其作为一个先验的能指。

政治理论都需要从一开始假定某种普遍性的基础,因为没有这种基础作为前提,政治简直不可想象。巴特勒指出,这些基础其实并不具有普遍性,而只是一种暂时的基础。通过区别、排除和抑制与其对立的形态,这种特殊的形态被看作具有普遍性,成为政治所需的不可简约的基础。

我们通常认为,建构的东西是人为的、可有可无的,但由于我们身体的物质性是活生生的事实,建构和物质性常被认为是相对的概念。巴特勒建议我们必须重新思考建构本身的含义,因为对身体的建构是构成性的,没有这种建构,就没有"我们"。建构是一种构成性的约束,而且这些约束不但产生可理解的身体,也产生不可理解的、卑贱的、不可活的身体,后者被完全排除在可理解的范围之外,如幽灵般困扰着前者。在《性别麻烦》中为了说明"生理性别化的身体"本身是由各种政治力量所形塑的,巴特勒曾引用玛丽·道格拉斯（Mary Douglas）在《纯粹与危险》中的观点,认为"'身体'的疆界是由一些标记实践建立的,这些标记实践试图建立明确的文化一致性的符码。任何建立身体疆界的话语都以服务于自然化某些禁忌为目的,这些禁忌定义什么是构成身体的适当界限与交换的模式"[1]。她以道格拉斯的分析为出发点,试图说明社会禁忌建制和维系身体疆界之间是有关联的。身体的界限永远不只是物质的,它的表面系统地由禁忌所意指,并期待逾越。事实上,身体的疆界是社会霸权体系的界限。为了建立异性恋规范,非规范的性实践被视为社会禁忌和污染源,是克里斯蒂娃所说的贱斥物,被直截了当地打入"他者"之列。一旦弄清主体通过排除而形成,那么对那种排除的行动进行追究在政治上就显得十分必要了。

由于必须通过改变描述现象的话语来谋求重组现象背后复杂的权力关系,巴特勒在系列著作中详尽阐述了为什么语言问题具有如此重大的政治性,为什么只能从语言实践中理解身体的物质性。尤其在《至关重要的身体》中,巴特勒对意识哲学的主体假设进行批判,并将身体推到主体构成的前台。她认为身体不只是生

---

[1] Judith Butler, *Gender Trouble: Feminism and the Subversion of Identity*, New York: Routledge, 1999, 166.

物学意义上的物质单位,更是权力、知识和话语的汇聚点。身体因而不可能具有纯粹的物质性,它与主导社会的话语实践密不可分。我们不能将"社会性别"理解为对物质表面的文化建构,因为无法在管控规范的物质化之外思考身体的物质性。

如果生理性别一开始就是社会性别,那么"生理性别"是否完全消失了呢?巴特勒认为,"生理性别"只是一种虚构和幻想,我们在这种必要的虚构中生活;没有它,我们的生活不可想象。这是一个文化可理解性的幻想之地。作为性别建构论最激进的辩护者之一,巴特勒深受福柯的影响,认为我们与世界的关系是话语关系,我们的身体的物质性、性别及身份都是话语的产物。

巴特勒的性别理论促使女性主义者重新思考对生理性别和社会性别的区分。传统女性主义区分生理性别和社会性别,是为了驳斥性别歧视者所持的"生理即命运"的观点。为了反对女性的命运是命中注定的说法,传统女性主义者认为,无论女性的生理性别是多么不可撼动,她的社会角色是文化建构的,因而对社会性别的塑造是可以改变的。这种生理性别和社会性别的两分使女性能够暂时从"天定"的命运中解脱出来,但是巴特勒诘问的是:关于"生理性别"的阐述是一种事实,还是服务于某种利益的科学话语?"生理性别"被认为是自然的、前话语的,好像它是先于文化的,在那里等待文化在身体上有所作为,这种"生理性别"在本质上被建构为非建构的特点在巴特勒看来,却正是为了稳固生理性别内在的稳定性与二元的框架,从而服务于异性恋的规范。通过述行理论,巴特勒揭示了生理性别的文化建构性,将生理性别从自然化的表象中解放出来,为寻求颠覆和置换那些支持男性霸权的自然化的性别概念提供了可能性。

政治策略之争论

巴特勒的性别述行理论自问世以来,学术界反应褒贬不一:有狂热的推崇,恶意的攻击,同时也有犀利的批评和中肯的评价。例如,巴特勒的学术观点在她的学生中间大受欢迎,学生们甚至在网络上成立名为"朱迪"(Judy)的电子杂志,宣扬巴特勒的思想。与此相对照的是,由于巴特勒文风艰涩,1998年《哲学与文学》杂志评选"最糟糕文风奖",巴特勒高居榜首。一些学者随之对其进行攻击,其中以1999年芝加哥大学法学教授玛莎·纽斯堡(Martha Nussbaum)的批评为最甚。她在《新共和国》杂志中称巴特勒是"戏仿教授",因为她认为巴特勒低估了女性主义赖以争取权利的身份政治,将其贬为戏仿。那么,巴特勒为什么质疑身份政治并让人们觉得她是在提倡一种戏仿的政治策略呢?

巴特勒批判身份政治是因为"妇女"这个词无法涵盖所有的身份。巴特勒说,"不成熟地主张女性主义有一个稳定的主体,将其理解为一个严丝合缝的范畴,必将招致对这个范畴的多重排拒"[1]。坚持妇女范畴具有一致性和一体性,实际上是拒绝承认存在各种各样具体的"女人"。"妇女"绝不是一个稳定的能指,即便是在复数的形式下,"妇女"也是一个麻烦的词语、一个争论的场域、一个焦虑的起因。身份政治往往认定必先有身份上的正名,才能够对政治利益作阐发,然后采取政治行动。它支持基础主义式的主体概念,而实际上这种主体概念只是一种虚构。巴特勒的观点是:并不一定要有一个"行为背后的行为者","行为者"反而是以各种方式在行为里、通过行为而被建构。为了说明这一点,她使用述行性这一概念来说明并不存在一个预设的主体,主体是一系列述行行为产生的结果。这一观点质疑了一些女性主义理论家在谈论"妇女"这一范畴时预设一个固定的女性主体的假想。

如果身份政治是有问题的,那么应采取什么样的政治策略呢?巴特勒在《性别麻烦》结论部分以"从戏仿到政治"为题讨论了同性恋扮装的政治意义。巴特勒认为,如果社会性别的内在真实是一种假象,是文化在身体表面铭刻的一种幻想,那么就没有所谓真的或假的社会性别。所谓"真品"和"仿品"的区别并不存在。社会性别本身是一种模仿性结构,它所模仿的就是"真品"这个概念本身,因为性别本身就是一个没有原件的仿品。巴特勒认为扮装的意义在于它有力地嘲弄了"真实"的性别身份。巴特勒以扮装为例,揭露性别"真实"的脆弱本质,说明越界的颠覆性。由此,很多人认为巴特勒似乎在暗示:女性主义政治应从以性别本体为基础的身份

---

[1] Judith Butler, *Gender Trouble: Feminism and the Subversion of Identity*, New York: Routledge, 1990, 4.

政治转向一种戏仿的政治策略,因而他们将扮装表演看作是抵抗或政治参与的榜样。是否果真如此呢?

1999年巴特勒在《性别麻烦》的再版序言中明确指出:"扮装并非颠覆的一个范例。把它当作颠覆行动的范式,甚至是政治能动性的一个模范,将会是一个错误。"[1]巴特勒并不认为戏仿的颠覆性可以作为女性主义反对父权制的政治策略,因为并不是所有的戏仿都具有颠覆性。巴特勒的目的在于使用扮装的例子揭示性别的内在真实是一种假象,而不是将其看作具有颠覆性的范式。巴特勒讨论扮装,并不是要颂扬扮装,把它当作一种模范的性别表达,而在于说明自然化的性别认识对真实构成一种先发制人的、暴力的限制。巴特勒使用扮装的例子恰恰是要说明性别的"真实"并不像我们所认定的那样一成不变。在后续著作《消解性别》里,巴特勒又进一步解释了扮装表演和政治之间的联系:扮装说明身体处于过程(becoming)的模式中,身体在遵循规范时也在抵抗规范。"遵循和抵抗与规范形成一种复杂的悖论关系,这是一种苦难形式,也是政治化的一个潜在场所。"[2]通过扮装这个例子,巴特勒让我们看到:扮装不仅制造了一种颠覆性场景,同时揭示了现实被复制以及在复制过程中被改变所依据的机制。

可见,巴特勒质疑"妇女"这一范畴并不是要否定和抛弃这个概念,她也并不是要女性主义政治完全放弃身份政治,因为女性主义政治仍须代表妇女,为妇女代言,这是代表政治运作的方式。示威、司法努力以及激进的运动仍须以妇女的名义提出主张,因此女性主义无法完全脱离身份政治的帮助。巴特勒的性别述行理论对我们重新审视性别的范畴具有重要意义,也对传统女性主义以身份政治为基础进行政治建构的尝试和努力进行了有力的挑战。巴特勒对女性主义的政治实践如何必须冲破性别的本体认识论而将可变、流动的身份作为政治策略的先决条件,从而为女性主义理论从单一的基础中挣脱出来,避免遭到被它排除在外的那些身份

---

[1] Judith Butler, *Gender Trouble: Feminism and the Subversion of Identity*, New York: Routledge, 1999, 33.
[2] Judith Butler, *Undoing Gender*, New York & London: Routledge, 2004, 217.

位置的挑战,提供了激进的可能性。

能动性之争论

为了保证主体的能动作用,必须事先假定先在的主体。传统的政治理论将这种先在的主体看作能与外部政治领域对抗的行为者。巴特勒批判了这种自然化的能动性概念,认为权力或政治并不是外部的,它促成主体的产生,因此主体的构成性特征正是其产生能动作用的先决条件。巴特勒的这一思想遭到持传统主体及能动性观念的学者的质疑,引发了争论。有学者认为,巴特勒的反对者可能走向两个极端:他们或者认为巴特勒完全抛弃了能动性的概念,使能动性成为不可能,或者认为巴特勒的述行理论让能动性变得太容易,将改变社会的艰苦斗争变成语言的嬉戏。[1] 第一种是本哈比博的观点,第二种则是纽斯堡的批评。

巴特勒与本哈比博的争论

巴特勒在《性别麻烦》中一直强调社会性别是述行性的,不存在一个先在的身份作为属性的衡量依据。它不是固定的、稳定的身份,而是依赖于时间、地点的流动性的、暂时的表演。这种将性别和身份理解为话语的建构在女性主义批评家中间引起了质疑,因为如果身份是话语建构的,我们就只能在语言中理解身份和人的主体性。这在一些女性主义活动家看来是行不通的。巴特勒的思想在女性主义学术界也引发了争论,其中比较具有代表性的是 1995 年收录在论文集《女性主义的论争:哲学交换》(*Feminist Contentions: A Philosophical Exchange*)中女性主义学者希拉·本哈比博(Seyla Benhabib)对巴特勒的批评。[2]

---

[1] Annika Thiem, *Unbecoming Subjects: Judith Butler, Moral Philosophy, and Critical Responsibility*, New York: Fordham University Press, 2008, 76.

[2] 1990 年 9 月费城哲学大联盟召开"女性主义与后现代主义"的研讨会。希拉·本哈比博与朱迪斯·巴特勒展开辩论,辩论的评议人为南希·弗雷泽(Nancy Fraser)。她们的文章 1991 年 7 月发表在期刊《国际实践》(*Praxis International*)之上。后来杜希拉·康奈尔(Drucilla Cornell)也加入其中,她们四人的观点被结集成册,收录在 1995 年的《女性主义的论争:哲学交换》(*Feminist Contentions: A Philosophical Exchange*)之中。

在《女性主义与后现代主义：不自在的联盟》一文中，本哈比博认为，女性主义与后现代主义因为都反对西方现代性的宏大叙事[1]而走到了一起，但两者的联盟很成问题。女性主义理论家简·弗莱克斯（Jane Flax）曾使用"人之死"、"历史之死"和"玄学之死"三个主题对后现代主义的立场做出总结。本哈比博在弗莱克斯所做总结的基础上，认为随着后学理论的冲击，"人之死"、"历史之死"和"玄学之死"的宣告具有两种版本：较强版本和较弱版本（strong and weak versions）。较强版本等同于抛弃一切的后现代主义。它过分强调"人之死"，完全抹除主体性、自主、反身性和责任等概念，而这些概念对历史变革十分重要；它过分强调"历史之死"，否定解放的概念，抛弃价值观念，走向立场虚无；它过分强调"玄学之死"，导致哲学的毁灭。本哈比博认为，较强版本将削弱批判理论（即用乌托邦的视角考察现状）的可能性。它不利于女性主义政治，因此女性主义应基于较弱版本。乌托邦想象需要一些哲学前提，因此女性主义政治不应抛弃先验主体的概念。

本哈比博认为，巴特勒的理论正属于较强版本。巴特勒认为人是社会、历史和语言中的制品，她将主体贬为语言的效果，完全抛弃了能动性，从而化解了意愿、责任、自我反思和自主等多个概念，而在女性主义争取法律、道德和政治领域中的权利时，自我、选择、自我决定等概念是至关重要的，女性主义政治需要将主体理解为能够自我反思和自我决定的能动者。[2] 对本哈比博来说，巴特勒的理论排除了这种理解，因而将削弱女性主义政治。

针对本哈比博的质疑，巴特勒首先诘问的是女性主义政治是否一定要明确表达一个"稳定的"主体。她认为，"当主体具有稳定性或统一性的前提受到质疑时，政治的特定形式就会以暂时的形式出现"[3]。一旦像"妇女"这样的身份范畴不再

---

1 关于历史变化，我们可以抛弃单一原因和本质主义的"宏大叙述"，因为宏大叙述压制受压迫群体对历史的参与。
2 Seyla Benhabib, "Feminism and Postmodernism: An Uneasy Alliance," In *Feminist Contentions: A Philosophical Exchange*, eds., S. Benhabib, J. Butler, D. Cornell and N. Fraser, New York: Routledge, 1995, 20.
3 Fiona Webster, "The Politics of Sex and Gender: Benhabib and Butler Debate Subjectivity," *Hypatia*, 15.1 (2000), 7.

被理解为代表统一稳定的身份,那么以身份为基础的政治形式的合法性就会受到质疑。因此巴特勒质疑的是政治领域将稳定的主体设为必需的根本目的。巴特勒认为,"事件之后一定有一个行为者"这样的设想是为了让人对自己的行为负责任,是为了道德的需要而设立的一个虚构。对她而言,"行为者"构成于"行为"之中,而"主体的这种构成性特征恰恰是能动性的先决条件"。[1] 如果主体的构成性特征意味着它永远是一种非固定的过程,那么就可能有重新意指和改变的可能性,抵抗就不是不可能之事。能动性就在于主体的非稳定之中,因此操演性的主体性具有一种解放力量。

人的身份是话语建构的产物,受社会权力所左右。社会性别、社会身份作为话语的结果和文化的产物不是天生、固定的,这一观点为女性主义理论颠覆传统的二元对立思维中男性中心主义的思想提供了理论依据。如果主体是话语建构的产物,那么主体性就是一个语言的范畴。变革的可能性也必须从语言和意指的变革中进行。由于不存在一个先在的主体,能动性成为特定历史时期权力和话语关系的产物,因此女性主义政治不应该仅仅局限于身份政治,还应调查使能动性成为可能的具体条件,积极寻求重新意指的可能性。

从上述观点可以看出,巴特勒关注的不是为了推行解放政治我们在哲学上需要什么,她关注的是,解放政治需要某些哲学前提,这样的观点会产生什么样的政治后果。巴特勒认为,"后现代主义"这一术语的含义模糊,功能不同。它可以指历史时期、理论立场、美学实践、社会理论。基于这种不确定的含义,我们应诘问使用这一术语的政治后果是什么。很多学者认为,"人之死"、"历史之死"、"玄学之死"的观点意味着"政治之死",因为这些论断否定了政治得以形成的基础。但巴特勒认为,这种担忧或警告恰恰隐藏的一个问题是:主体性、自主、反身性和责任等概念作为政治的基础为什么从来都不会受到质疑。巴特勒并不是要否定基础,而是要

---

[1] Judith Butler, "Contingent Foundations: Feminism and the Question of 'Postmodernism'," In *Feminist Contentions: A Philosophical Exchange*, eds., S. Benhabib, J. Butler, D. Cornell and N. Fraser, New York: Routledge, 1995, 46.

分析将基础置于质疑的范围之外的话语体系。

巴特勒认为,"我"不仅置身于历史,处于各种权力关系之中,而且"我"的形成本身是历史的效果。"我"一直被认为是行动的发起者、组织者和控制者,这一思维逻辑贯穿于美国海湾战争推行的政策中。巴特勒不是要放弃主体、能动性等概念,而是要询问主体性、能动性等概念是如何被使用的:谁成为主体,谁又被排除?这样,针对女性主义的主体问题,巴特勒询问的问题就是:通过排除什么,女性主义的主体得以建构?这些被排除的部分如何干扰作为整体的女性主义者?"妇女"这一范畴必须指向开放的领域。由于女性的身体,或其物质性是理解女性的关键,巴特勒询问,将物质性问题自然化产生什么政治后果?通过《性别麻烦》,我们看到巴特勒的解答是:身体的二元对立是为了维护再生产的异性恋规范。

综上论述可以看出,本哈比博与巴特勒两人的着眼点不同:本哈比博寻找的是解放政治的哲学前提,巴特勒询问的是使用这些哲学前提的政治后果。对于两位学者的争论,女性主义理论家南希·弗雷泽分别对两人的观点做出评议。弗雷泽认为,本哈比博在谈到两个版本时,没能考虑可行的中间立场:多元叙事中也可以具有明确政治意味的叙述。对于朱迪斯·巴特勒,弗雷泽赞同的观点是:主体不仅处于具体的权力关系中,它还形成于权力关系中(Subjects are not merely situated, they are constituted)。弗雷泽认为,巴特勒虽然并不否定主体的批评功能,但巴特勒偏爱"再赋义"而不是"批评"(critique)这样的词语,容易抹除区分积极变化和消极变化的手段。弗雷泽认为,区分再赋义的积极与消极后果,需要采纳批评的理论框架,这是巴特勒所吸收的福柯理论所缺乏的东西。

来自纽斯堡的批评

1999年2月22日玛莎·纽斯堡在《新共和国》刊载文章《戏仿教授》,从两个层面抨击巴特勒:一、纽斯堡质疑巴特勒思想的原创性,认为巴特勒制造新词,讨论前人已经谈到的话题。二、她认为巴特勒的著作脱离实际经验和非学术界,巴特勒对身体现实的最小化无法满足女性主义之所需,即为提高"真实的"妇女地位而奋斗。

纽斯堡的文章得到女性主义批评家的不同回应。1999年4月19日同样在《新共和国》期刊上,斯皮瓦克为巴特勒辩护,认为巴特勒的性别述行理论与奥斯汀的言语行为理论不同,其理论具有原创性,而且在第三世界贫穷的农村地区,性别实践经常以述行的方式进行;南希·弗雷泽和琳达·尼克尔森认为,巴特勒的正确位置是作为一名哲学家;琼·司各特则对纽斯堡对女性主义者进行好坏之分感到担忧。[1]

笔者认为,首先,巴特勒的《性别麻烦》确实是旁征博引,借鉴和重读了像波伏娃、福柯、列维-斯特劳斯、弗洛伊德、拉康、里维埃尔、伊利格雷、威提格等人的观点,但是巴特勒在重新阐释上述理论家的观点时提出了自己创新性的观点,如生理性别的文化建构性、使异性恋成为规范的同性情欲禁忌以及性别的戏仿策略等。[2] 巴特勒对性别本体的系谱学追问正是以重新阐释为主要手段,从中找出激进和变革的可能性。其次,纽斯堡认为巴特勒脱离妇女生活的现实和实际的女性主义政治实践。这种观点恰恰是由于没有认识到女性主义理论已经发生范式上的根本转变。作为以妇女实际经验为基础的女性主义活动家和信奉古典理论的道德哲学家,纽斯堡仍以身份政治为主要实践手段,其思想必然会与信奉后结构主义思想的巴特勒产生冲突和争论。由于后结构主义强调意指实践的构成性力量,即语言和话语构成活生生的现实,以巴特勒为代表的后结构主义女性主义通过阐释、批判和解构主导社会的话语实践谋求重组其背后的权力关系就显得十分合理。她对语言和话语的关注使女性主义反对男性霸权主义的阵地从实施物质压迫的社会体制转向意识形态批判和话语实践领域。只有在文化结构最深入的语言层面颠覆菲勒

---

[1] Frederick S. Roden, "Becoming Butlerian: On the Discursive Limits (and Potentials) of *Gender Trouble*," in Margaret Sönser Breen and Warren J. Blumenfeld eds., *Butler Matters: Judith Butler's Impact on Feminist and Queer Studies*, Burlington & Aldershot: Ashgate, 2005, 31.

[2] 宋素凤,《〈性别麻烦:女性主义与身份的颠覆〉——后结构主义思潮下的激进性别政治思考》,《妇女研究论丛》,2010年第1期,第91页。

斯-逻各斯中心主义的主导话语，女性主义才有可能动摇父权制这个坚固的堡垒。

巴特勒从后结构主义的立场出发，对作为女性主义基础的妇女主体的一致性、女性主义普遍存在的异性恋假设、生理性别和社会性别的区分提出了质疑，并认为身体的疆界和表面是被政治地建构的。主体的性别身份，不管是生理性别还是社会性别，并不是制度、话语、实践的原因，而是它们的结果。不是主体创造了制度、话语和实践，而是它们通过决定主体的生理性别、社会性别和性欲倾向而创造了主体。如果社会性别是述行性的，就不存在一个先在的身份，也不会有什么正确的或错误的、真实的或扭曲的性别行为，"内在真实"的性别身份的假定其实只是社会管制的一个虚构。至此，巴特勒和法国女性主义理论家莫妮卡·威提格一样，认为生理性别是一个政治范畴，是述行行为和话语实践的结果。

巴特勒认为，权力或政治并不仅是外部的，它还促成主体的产生。巴特勒的性别述行理论认为人的性别不是天生的，而是社会制度、文化和话语构建的产物。通过反复引用规范，话语产生它所命名的效果。性别身份正是通过重复的述行行为而得以稳固；主体也通过反复的述行行为在话语中产生。述行的性别只具有暂时的稳定性，因为只要有持续的述行行为，它就有变化的可能性。主体的这种构成性特征正是其产生能动作用的先决条件。

传统主体观认为，作为先在的主体，人有行动的纯粹意愿，有自主选择和决定的能力。对巴特勒而言，主体的形成是一个无尽的过程，永远无法达到完全的独立和自足。成为主体，就意味着既被规范所塑造，同时也可能改变规范。社会规范对塑造主体至关重要，但这并不意味着主体完全被规范所决定，换句话说，人不是规范的牵线木偶，必须按照规范的设定表演。巴特勒已经利用述行性的概念说明话语如何产生现实，述行性强调的是行为，一系列引用规范的行为造就了主体，因此在这些述行行为以前，没有能动者，能动者只是重复行为的结果。这样，人具有行动的纯粹意愿的看法，在巴特勒看来是不可能的，因为能动性不可能独立于产生它的社会条件。巴特勒批判的正是传统主体观这种认为能动性具有超验能力的看法，即能动性独立于产生它的条件。

通过不同的著述，巴特勒在回应种种批评中不断丰富自己的理论，强化了性别述行理论的颠覆力。她提出的性别述行理论不但解构了男性中心主义的意识形态，而且解构了生理性别、社会性别、性、女人等范畴本身。巴特勒提出的性别述行理论是对女性主义理论的一个重要贡献，它对改变人们关于性别深层的思维方式和认知模式具有重要的战略意义。

二、《安提戈涅的声明》所体现的政治维度

从2000年《安提戈涅的声明》这部著作开始，巴特勒重点关注的问题是：什么是人？什么构成人？什么样的生命算是生命？什么构成了可哀悼的生活？那种认为某些生命的丧失不值得悲伤的观点从何而来？显然，这些问题与当今国际局势中的政治伦理密切相关。在现实生活中我们看到，美国政府对在"9·11"事件中丧生的美国公民施以隆重的悼念活动，而对在伊拉克、阿富汗、利比亚战争冲突中丧失生命的无数百姓和难民却置若罔闻。对那些关注全球政治伦理的人而言，巴特勒的《安提戈涅的声明》及其后期著作无疑具有重大的现实意义。下面以《安提戈涅的声明》为例，重点讨论巴特勒性别述行理论的政治维度。

古希腊悲剧《安提戈涅》在西方思想史上一直占据重要地位。古典文学、哲学、政治学、心理分析、法学、视觉艺术等许多领域都有对《安提戈涅》的解读，在其解读史上，我们可以看到黑格尔、克尔凯郭尔、歌德、海德格尔、波伏娃、德里达、拉康、露西·伊利格雷、玛莎·纽斯堡等一系列著名人物的名字。朱迪斯·巴特勒在其2000年的专著《安提戈涅的声明》中也对这部古希腊悲剧进行了独到的解读。在巴特勒的所有著述中，《安提戈涅的声明》是唯一一部以文学作品为讨论基点的著作，而且更为重要的是，这部著作在巴特勒的全部学术著作中起到过渡性的作用。它标志着巴特勒以这部论著为起点开始关注的一个核心问题是：什么样的生命是受尊敬的、可哀悼的，而有些生命却是卑贱的、不可哀悼的？如果说《性别麻烦》揭示的是异性恋规范如何以排除像同性恋、双性恋、易性等异己为代价，用一种虚幻

的稳定感掩盖性欲的多元性与不连贯性,从而将其控制在以生殖为中心的异性恋的强制性框架内,那么,巴特勒对古希腊悲剧人物安提戈涅的重读则从哲学和心理分析学的角度提出了不同于传统人类学的亲缘观,剖析了异性恋霸权如何排除他者并否定他者拥有爱和哀悼的权力。在《安提戈涅的声明》这部著作中,巴特勒在阐释黑格尔、拉康以及伊利格雷对古希腊悲剧《安提戈涅》解读的基础上提出了自己的见解。本节试图通过总结巴特勒对黑格尔、拉康以及伊利格雷观点的评价,重点讨论巴特勒对安提戈涅进行阐释的创新之处,从而说明巴特勒将安提戈涅带入当代语境的现实意义。

古希腊剧作家索福克勒斯的悲剧《安提戈涅》主要描写俄狄浦斯的女儿安提戈涅如何不顾国王克瑞翁的禁令,将反叛城邦的兄长波吕尼克斯埋葬,因而被关在墓室里自杀身亡的故事。国王克瑞翁的儿子海蒙,同时也是安提戈涅的恋人,因为安提戈涅死亡而自杀;其母因痛失爱子也自杀身亡。克瑞翁妻离子散,最终悔恨不已,孤独留于世上。

评价黑格尔

从某种角度来说,《安提戈涅的声明》是巴特勒对黑格尔的悲剧理论进行解读的又一次尝试。黑格尔认为,悲剧的实质就是伦理实体的自我分裂与重新和解,伦理实体的分裂是悲剧冲突产生的根源,悲剧冲突是两种片面的伦理实体的交锋。悲剧主人公受到惩罚而遭到否定,并不是由于他们所代表的伦理原则本身,而是由于悲剧人物所代表的特定的伦理力量的片面性。在《安提戈涅》的故事中,国王克瑞翁代表保护国家安全的伦理力量,而安提戈涅则是家庭伦理道德的代表。本来,家庭伦理和国家的安全荣誉这两种伦理力量应处于和平统一的状态,但在这部悲剧里,却外化为克瑞翁和安提戈涅这等恪守特定伦理价值的片面人物。

在黑格尔看来,克瑞翁和安提戈涅所分别代表的伦理原则本身并没有过错:作为城邦的领袖,克瑞翁必须维护城邦的政治理念,从而下令禁止安葬攻城的哥哥波吕尼克斯;而安提戈涅遵循的是"神的法律",即自然的伦理精神,因此她必须恪守家庭的伦理观念埋葬哥哥。但问题是，克瑞翁和安提戈涅两人都坚持自己片面的伦理价值。克瑞翁作为城邦的代表，一切以城邦的利益为准绳。即便波吕尼克斯是自己的近亲，他也无法容忍背叛城邦的逆贼，因此他下令禁止安葬作为叛贼的波吕尼克斯，从而破坏了家庭的伦理道德；而安提戈涅则因执意要埋葬哥哥而触犯了法律的神圣性和君主的意志。她和克瑞翁一样，也以一种极端的、近乎无情的方式将世界的价值简单化了。安提戈涅完全从家庭伦理出发，视埋葬哥哥为应尽的责任和义务。当妹妹伊斯墨涅不同意她违背法律安葬哥哥时，她疏远妹妹，甚至将其视为敌人；她将对家族死者应当担负的责任视为最高律法，把对兄弟的责任置于爱人之上，完全忽视深爱着她的爱人海蒙，最终导致海蒙自杀。克瑞翁和安提戈涅两人因此都有过错。

克瑞翁和安提戈涅的矛盾由于双方极端的坚持而不可调和，因而产生悲剧冲突。结果一方的行动必然引起另一方的反对，两人因此都遭受失败：安提戈涅自杀；国王失去亲人，只落得个孤身一人。克瑞翁和安提戈涅两人都因为坚持单一的标准而被否定，但黑格尔认为，悲剧的结局并不是单纯的否定，而是通过否定最后达到肯定。在祭司提瑞阿西斯的劝告下，克瑞翁最终意识到自己的固执和对神的不敬，矛盾冲突最终通过承认自己的失败和对方的价值观而达到和解。

黑格尔解读《安提戈涅》的经典之处是，他在两相对立的原则中理解克瑞翁和安提戈涅这两个人物。克瑞翁代表兴起的伦理秩序和基于普遍性原则的国家权威，而安提戈涅代表处于文化规范领域的亲缘关系。在黑格尔看来，国家与父权制的建立一定要以牺牲母系原则和亲缘关系为代价。在国家权威和亲缘关系这两个原则相冲突时，家庭必须从属于国家。尽管亲缘关系是国家机器产生和再生产的前提，但亲缘关系与社会领域相分离。也就是说，社会的起始以暴力压制亲缘关系为开端。公民身份要求公民部分地脱离亲缘关系而进入社会政治领域，在父权制社会，只有男性才可能成为公民。而像安提戈涅这样的女性则无法成为公民，因为她无法在政治伦理秩序中得到承认。因此依据安提戈涅代表亲缘关系的原则，她只能在兄妹的亲缘关系中得到承认。安提戈涅为国家律法与家庭伦理之间的冲突提供了一种寓言,她的死亡象征着新兴的国家秩序的出现和国家律法的胜利。

对此巴特勒认为,安提戈涅和克瑞翁之间并不是简单的对立。实际上,他们是相互交叉融合,而不是相互对立。[1] 首先,安提戈涅吸取了她所反对的国家的语言,她从克瑞翁那里抢夺了能动性的修辞,其反抗语言接近克瑞翁。为了说明这一点,巴特勒再一次借鉴了英国语言哲学家奥斯汀的述行理论。巴特勒认为,安提戈涅的语言就是她的行为。[2] 安提戈涅并不否认埋葬这件事是她做的,这种不否认的行为通过语言完成。她的话(I say that I did it and I do not deny it.)使她从语言上完成了不否认的行为。她不仅做了,而且还有勇气把做的事情说出来。在语言中公布行为在某种程度上是在完成这一反抗行为。安提戈涅埋葬哥哥波吕尼克斯的行为,通过她的言语行为一再被表述。当安提戈涅出现在克瑞翁面前时,她用语言生成行动,因此她的反抗是语言中的行为。她拒绝的,是将她自己与行为分离的语言可能性。安提戈涅的能动性,在她拒绝否认的语言也即行动中产生。通过占有克瑞翁的话语权,安提戈涅完成了反抗。因此巴特勒认为安提戈涅的政治身份极不纯粹。此外,克瑞翁与安提戈涅之间相互映射:安提戈涅由于反抗克瑞翁变得具有男人气;而由于安提戈涅的抵抗,克瑞翁的男人气被削弱。

黑格尔将安提戈涅从代表神律的偶然的人提升为所有女性的替代品,即用"妇女"代替了个体的安提戈涅,将其个性抹除,巴特勒认为这是黑格尔解读的一个弱点。巴特勒认为,黑格尔忽视了安提戈涅的特殊性,从而把她普遍化了。安提戈涅的特殊性在于,作为乱伦的产物,安提戈涅已经偏离了正常的亲缘关系:由于有共同的母亲,俄狄浦斯同时也是她的哥哥;安提戈涅的两个兄弟同时也是她的侄子。这样,亲缘关系变得模棱两可,难以解释。安提戈涅实际上暴露了亲缘关系的偶然性,而非普遍性。由于安提戈涅无法代表规范的亲缘关系原则,安提戈涅自身的代

---

[1] Judith Butler, *Antigone's Claim: Kinship between Life and Death*, New York: Columbia University Press, 2000, 10.

[2] Judith Butler, *Antigone's Claim: Kinship between Life and Death*, New York: Columbia University Press, 2000, 60.

表功能故而处于危机之中。安提戈涅让人难以理解的存在,以及充满麻烦的代表功能使她无法在政治抵抗中成为稳定的代表。因此,巴特勒对安提戈涅能否代表女性主义政治表示怀疑。

评价拉康

在第 7 期研讨班报告《精神分析的伦理学》(1959—1960)里,拉康对《安提戈涅》进行了详细阐释。他认为,悲剧的本质在于承认欲望的痛苦,因而安提戈涅和克瑞翁之间的冲突并非仅仅是两种普遍理念的冲突。安提戈涅要求象征性地安葬波吕尼克斯,是因为她无意识地服从了精神分析的伦理学,即遵照自己的欲望行事。[1] 安提戈涅按照自己的欲望行动而公然反抗克瑞翁的法令,就是为了实现自己的死亡欲望。安提戈涅的欲望之所以是死亡的欲望,这主要是因为她的父亲俄狄浦斯所犯下的原罪。安提戈涅和她的兄妹是俄狄浦斯杀父娶母的产物,这一原罪对安提戈涅来说,是一个沉重的负担。她宁愿以违反国家法令的罪名来摆脱这一重负。

如果说黑格尔认为亲缘关系就是血缘关系[2],那么对拉康而言,亲缘关系则是规范的关系,是象征界的一个功能,它构成社会得以出现的可理解的文化结构。这一观点显然沿袭了结构主义人类学的观点。结构主义人类学家斯特劳斯认为,虽然文化的形态各异,但文化规则具有普遍性,是不可以随意更改的。乱伦禁忌便是将生物关系转变为文化的机制,它不仅仅属于某个特定的文化。这种文化的普遍性原则后来成为拉康思考象征界的基础,因为对拉康而言文化中的普遍之物就是语言规则。拉康的象征界就是先于个人存在的语言共同体,它是亲缘关系在其间

1　传统伦理学以善为中心,而精神分析的伦理学将善视为欲望的障碍,因此可以说,对善的理想的批判是精神分析伦理学的一个重要维度。关于拉康对安提戈涅的阐释,参见马元龙,《安提戈涅与精神分析的伦理学》,《外国文学评论》,2005 年第 4 期,第 19—28 页。
2　对黑格尔而言,亲缘关系就是血缘关系。血缘使兄妹之间无法相互欲望,血缘关系使亲缘关系变得稳定,使承认的内部动能成为可能。这就是说,由于乱伦会导致承认的不可能性,黑格尔认为兄妹之间没有乱伦的欲望,否则就不会获得承认。

得以成立和维系的语言秩序,在这里,我们引用规范,遵守规则,被语言所言说,被社会所塑造。准确地讲,拉康的象征界就是规训俄狄浦斯情结中乱伦欲望的律法领域。

拉康认为,安提戈涅无法进入象征秩序。首先,象征秩序要求符号具有可交流性,但安提戈涅所遵循的不成文的神律是不可交流的符号,因此他认为安提戈涅处于象征秩序之外。其次,象征界规范本身阻止了安提戈涅进入文化可理解[1]的领域。由于安提戈涅是乱伦的产物,她一生下来就已经注定了她的处境为象征界所不容。再次,安提戈涅本人对哥哥波吕尼克斯存在一种乱伦之爱。拉康认为,由于安提戈涅的欲望在象征秩序范围内得不到支持,她才会产生死亡之愿望。

巴特勒认为,虽然拉康将安提戈涅置于象征秩序之外,但正是由于她父亲的诅咒迫使她渴望死亡,也就是说,是象征秩序本身促使她放弃了可生活的结构。我们不知道安提戈涅死的时候是抱着无奈还是英勇的态度,但巴特勒将她的死看作是一种对象征界的反抗。其实安提戈涅可以不死,她可以选择在克瑞翁的统治之下,和他的儿子海蒙结婚生子,但这不是她想要的。安提戈涅拒绝了拉康的象征界给她安排的异性恋生育的结局。而且,通过强调安提戈涅对语言的挪用,巴特勒将不符合拉康象征规范的安提戈涅重新放在了拉康的象征界之中。巴特勒强调安提戈涅是一个通过强有力的语言行动来反抗国家权威的女性形象。克瑞翁希望他的语言能压制她的行为,而安提戈涅则用语言回击了他。

拉康延续黑格尔将亲缘关系与社会相分离的做法,认为亲缘关系是象征界的一个功能,而不是可以改变的社会机制,也就是说,象征律法与社会律法不同。对此巴特勒认为,拉康对象征律法和社会律法做出区分站不住脚,因为象征界本身就是社会实践的积淀。由于巴特勒希望揭示精神分析中乱伦禁忌建立亲缘关系的功能如何以偶然的社会规范的运作为由而得以运行,巴特勒认为应重新考虑象征位置与社会规范之间的关系。

---

[1] 巴特勒将可理解性(intelligibility)理解为"以主流社会规范为根据的承认方式带来的结果"。参见 Judith Butler, *Undoing Gender*, New York: Routledge, 2004, 3.

挑战传统人类学的亲缘观

　　文化以不可辩驳的异性恋为基础，这对传统人类学和精神分析学而言是不容置疑的事实。结构主义人类学家列维-斯特劳斯在其著作《亲缘关系的基本结构》（1947年）中认为，乱伦禁忌不仅保障异族通婚制度下后代的繁衍，而且成为将生物关系转变为文化的机制。虽然文化的形态各异，但它具有普遍性的结构。作为人的可理解性的普遍条件，文化规定一个男人和一个女人一起生育一个孩子，而这个孩子以双亲为参照点进入象征秩序。父母亲是孩子的本源，这个本源总是以一男一女为起点，男人拥有父亲的位置，而女人拥有母亲的位置。也就是说，创造生命的异性恋性实践是产生文化的基础，而乱伦禁忌则是产生异性恋的亲缘关系结构的必要前提。精神分析学也认为，为了让异性恋取得自然合法的地位，乱伦禁忌必须作为一种律法存在。孩童通过克服以乱伦禁忌为中心的俄狄浦斯情结获取性别身份：男孩之所以成为男孩，是因为他认识到自己不能欲望母亲而必须找到一个女人作为替代；女孩之所以成为女孩，就在于她意识到母亲归父亲所有，因此与母亲认同来弥补无法欲求母亲的这种丧失，然后又认识到不能得到父亲，于是用一个男性作为替代。这样，孩童通过占据与父母位置相联系的位置来获取性别身份，进入象征秩序。随着时间的推移，乱伦禁忌成为一种社会力量，保证异性恋模式成为规范，并以此为根据组成特定的家庭模式。异性恋是"规范的"、"自然的"人类生活方式；同性恋、乱伦的欲望关系等形式令人感到恐怖、不可理解。可见，乱伦禁忌作为一种功能服务于异性恋规范的形成。[1]

　　传统的结构主义人类学试图将异族通婚要求中妇女的交换提升为一种普遍性的仪式，从而得出以异性恋模式为基础的亲缘关系结构，这已经遭受到不少学者的质疑。这些学者认为结构主义人类学无法解释与其模式不符的其他亲缘关系结

---

[1] Terrell Carver and Chambers, Samuel A., "Kinship Trouble: *Antigone's Claim* and the Politics of Heteronormativity," *Politics & Gender*, 3.4(2007):427-449,440.

构。对此巴特勒表示赞同。在《亲缘关系总是异性恋的吗?》一文[1]中巴特勒指出，上述社会学研究显示，美国持续存在一些不符合核心家庭模式的亲缘关系，因此必须重新思考亲缘关系的概念。

首先，巴特勒认为，亲缘关系并不一定要通过家庭的生物纽带联结。为了说明这一点，巴特勒列举了几位学者的研究。如卡罗尔·斯泰克(Carol Stack)在《我们所有的亲戚》(*All Our Kin*)中对城市非裔美国人的亲缘关系进行研究时发现，由于历史上的奴隶制无情地摧毁了传统意义上黑人的亲缘关系，在创伤性经验的阴影下非裔美国人建立了一种女性网络来维系亲缘关系，而这个女性网络有些是通过生物纽带联结，有些则不是。又如凯斯·维斯顿(Kath Weston)在讨论男、女同性恋非婚亲缘关系时，揭示了这些关系大部分是在异性恋基础上的家庭纽带之外出现的。还有中国学者蔡华对纳西族人的研究则显示，亲缘关系并不以父系家族的方式来组织，这就驳斥了列维-斯特劳斯关于亲缘关系的观点，即亲缘关系通过婚姻纽带传承父系关系。这些研究都说明，一个文化有不同于异性恋亲缘关系的其他形式的亲缘关系，它们使传统的亲缘关系处于不稳定的状态。

其次，巴特勒认为安提戈涅象征着传统亲缘关系的脆弱和崩解。安提戈涅的困境提供了传统亲缘关系危机的隐喻，因为她代表的不是理想的亲缘关系，而是变形的、错位的亲缘关系。[2] 换句话说，安提戈涅是传统亲缘关系的构成性他者。我们知道，乱伦禁忌的设置可以保障逻辑的一致性和语言上的可理解性。在规范的异性恋关系中，儿子与丈夫、兄弟与父亲绝不能是同一人。但在《安提戈涅》中，对母亲(Jocasta)而言，俄狄浦斯既是儿子，也是丈夫；由于有共同的母亲，俄狄浦斯既

---

[1] 该文最初发表于2002年，后来收录在巴特勒2004年的著作《消解性别》中。参见 Judith Butler, "Is Kinship Always Already Heterosexual?" *Differences: A Journal of Feminist Cultural Studies*, 13.1(2002)：14-44。另外还可参见 Judith Butler, *Undoing Gender*, New York：Routledge, 2004, 102-130.

[2] Judith Butler, *Antigone's Claim: Kinship between Life and Death*, New York：Columbia University Press, 2000, 24.

是安提戈涅兄妹的父亲，也是他们的哥哥。作为乱伦的产物，安提戈涅将表述规范亲缘关系结构的语言弄乱。这种语言上的混乱同时也说明了安提戈涅的不可理解性。安提戈涅成为无法分类的不可能性。我们无法用自由主义容忍的概念来理解她，因为她不可理解，她根本就不属于人的范围。由于安提戈涅不符合拉康象征界规范的亲缘关系模式，她在文化意义上已经死去了，她不是一个合格的、完整的人。安提戈涅所代表的非规范的亲缘关系身份，巴特勒称为典型的后俄狄浦斯困境，任何人处于这样的地位，都将面临不确定的未来和命运，都是在死亡之中活着，在活着的时候已经在死去，即一种处于生死之间的状态。本节认为，巴特勒解读的创新之处，是她强调安提戈涅及其家庭如何挑战了可理解的家庭结构，因此无法像黑格尔那样十分确定地认为安提戈涅代表了亲缘关系。对巴特勒而言，安提戈涅无法代表规范的亲缘关系原则，她只能代表非规范的、麻烦的亲缘关系（kinship trouble）。可见，规范的暴力使安提戈涅这样的他者变得不可见、不可理解。要想让安提戈涅变得可理解，就必须打乱规范的异性恋亲缘关系结构，思考其他亲缘形式的可能。

巴特勒认为，父权制社会对妇女的交换体现了不平等的权力关系。由于以异性恋为基础的亲缘关系是权力运作的一部分，因此必须仔细审视和修正由这种亲缘关系建立的可行性生活。实际上，女性主义人类学家盖尔·罗宾（Gale Rubin）一直认为，父权制社会女性受压迫的根源就在于以异性恋为基础的亲缘关系，女性主义唯有变革这种亲缘关系结构，才有可能消除性别的层级关系。巴特勒显然吸收了罗宾的观点，她从分析代表非常规亲缘关系的安提戈涅入手，思考变革以乱伦禁忌为基础的规范亲属关系的可能性。巴特勒并不是要给乱伦禁忌解禁，而是要诘问，从这一乱伦禁忌中产生了什么样规范的亲缘结构？亲缘关系如何确保文化可理解性的条件，据此，有的生命是可理解的，可以过可行的生活，而有的生命是不可理解的，无法过可行的生活？巴特勒的目标就是要让安提戈涅这样不可理解的生活变得可以理解，让处于卑贱的边缘人过上可行的生活。

女性主义文化批评家安吉拉·麦克罗比，称巴特勒的这部著作使女性主义重新思考了当代政治文化中的家庭和亲缘关系问题，因而具有重要的现实意义。[1] 巴特勒在《安提戈涅的声明》中写道："当家庭在不同文化形式内以一种怀旧的方式被理想化时；当梵蒂冈以侵犯家庭、以人的概念（要称其为人，就需要在符合规范的意义内参与家庭生活）来反对同性恋的时候；当因为离婚、再婚、移民、流亡、避难，因为种种全球迁徙，孩子们从一个家庭搬到另一个家庭、从有家庭变成没有家庭，从没有家庭变成有家庭时；或者是当他们生活在家庭的十字路口时，或者是处在家庭的各种不同状态时；当他们也许拥有一个以上的女人作为他们的母亲，多个男人曾充当他们的父亲时，甚至是没有母亲或没有父亲时……就是在这样的时刻，亲缘关系变得脆弱、松散，而且广泛。"[2] 从引文中我们看到，以异性恋规范为主导地位的社会，在维护传统规范的家庭亲缘关系模式时遭遇了与之相左的社会现实：当代美国社会既有政府支持的传统家庭价值观，也存在家庭生活形式的多样化。男、女同性恋组成的家庭、再婚家庭、单亲家庭以及各种临时家庭等，构成了家庭的种种形态。首先，巴特勒重读安提戈涅，也正是从这样的现实出发，思考不同的亲缘关系形态的可能性。亲缘关系应有多样化的未来。其次，巴特勒关注安提戈涅，是为了给以安提戈涅为代表的非常规亲缘关系寻求文化生活空间、文化可理解性和社会认可，挑战社会规范。此外，巴特勒关注安提戈涅的另一个重要原因，是因为安提戈涅标志着复杂的哀悼政治。安提戈涅争取公开哀悼的权利显示了政治介入哀悼领域的特点。虽然安提戈涅对这一权利的争取，只能通过挪用权威能动者的语言进行，而且最终安提戈涅并没有取得胜利，但她的语言所产生的述行效果，让她完成了反抗行为而进入政治领域，从而颠覆了她作为构成性局外人的恒定身份。

---

[1] Angela McRobbie, "Mothers and Fathers, Who Needs Them?" *Feminist Review*, 75 (2003), 129.

[2] Judith Butler, *Antigone's Claim: Kinship between Life and Death*, New York: Columbia University Press, 2000, 22.

第三节 联盟政治：身份政治的替代方案

女性主义行动主义使用身份政治策略为基于同样身份的妇女维权，进行反抗父权制意识形态的诉求。由于这种身份政治策略总是要依靠一种先在的主体政治，巴特勒不赞同女性主义采用身份政治进行抵抗，因为身份政治一旦基于一个稳定的身份，必然会排斥不属于该身份的群体。作为后结构主义思想家，巴特勒显然认为身份范畴是权力/知识/话语建构的产品。而且，性别问题往往与族裔问题、阶级问题等复杂地交错在一起，无法与之割裂开来。当性别歧视、种族主义、警察暴力、生态危机、经济紧缩、政治危脆横行于世界各地，当强行迁移、失业、无家可归、占有、征服等被剥夺的状态已成为压迫民众、威胁民众的生存状态时，巴特勒提出用联盟政治来替代身份政治，号召身在其中的人们以策略性的联盟形式在公共空间行动，以进行有效的回应和抵抗。

政治活动的特征是在公共领域进行行动，即在人群中主动地参与行动，对此汉娜·阿伦特称之为"积极生活"。巴特勒不仅学术声名显赫，她还是一个激进的行动主义者。她积极参与"酷儿之国"(Queer Nation)等组织对性少数群体的维权活动，对美国社会中由于恐同情绪而造成的对同性恋的暴力、媒介中对同性恋的偏见、经济生活中因同性恋身份而失去的社会和经济保障等问题进行斗争，积极争取男女同性恋在社会生活各个层面的权利。显而易见，巴特勒是酷儿社会运动的践行者。在她看来，"酷儿"一词本身不指向稳定的身份，而是意指一种松散的联盟，为了社会、政治和经济平等而进行的不可预测的暂时性结盟。可以看出，巴特勒虽然主要是酷儿社会运动的代表人物，但是她对社会运动的理论建构和身体力行的实践对抗议的政治具有重要的实践意义。

尽管某些女性主义者因此对再赋义作为政治策略代替身份政治的变通办法提出了反对的声音，但是巴特勒身体力行所参加的"占领华尔街运动"却是不同于身份政治，而是基于联盟政治的一种政治行动。资本的全球性扩张带来的灾难不亚于嗜血的战争杀戮。富裕者与无产者正被看不见的围墙隔离。人的分隔是经济全球化的现实。在全球资本打开的自由流通中，真正自由流通的只是商品，而非所有人，"人"的流动日益受到控制。面对日益加剧的社会割裂局面，唯一的解决方式是变革社会，推倒隔离的社会经济之墙。2011年9月17日美国爆发大规模的示威游行，由深受全球化资本影响的经济上处于劣势的各色群体，如非法移民、身负贷款的大学生、破产的中产阶级、穷苦的工人阶级、无家可归的人、失业的白领、过去曾享有高薪现在却面临减薪的专业人士等团体组成游行队伍，进行了一场声势浩大的"占领华尔街运动"，这些经济边缘体共同处于经济大潮中脆弱的劣势地位，他们打着"我们是百分之九十九"的标语，抗议新自由主义的治理术所造成的大多数人的经济边缘化的处境。处于不同族群、不同性别、不同阶层的人们为了改变在经济发展中越来越边缘化的境遇这一共同目标而走到了一起，他们的联盟政治能有效为各色群体创造政治空间，表达相同的政治诉求。巴特勒身体力行，用亲身经历的政治行动说明联盟政治是取代身份政治的有效手段。

巴特勒认为，每一种抗议活动所宣称的主张都可以理解为一种需要被承认的主张，而能否得到承认受限于特定的话语秩序。由于该话语秩序决定了如何看待一个人，显示它对这个人的期待与要求，能否获得承认一定是受限于这一特定的话语秩序的。必须首先屈从于该话语秩序，然后才能获得承认，这也就是巴特勒所说的"从属是存在的代价"。主体化的过程就是一个逐渐从属于权力的过程。但当经济全球化愈演愈烈，造成贫富差距走向更为严峻的两极分化时，要求再分配便成为"占领华尔街运动"的主要诉求。"占领华尔街运动"代表了广大民众的意愿。身体的聚集有重要意义，这种具现在公共领域的政治行动使民众的意愿得以显现，因此必须考虑公共集会中的行动所具有的身体的维度。以"占领华尔街运动"为代表的联盟政治跨越了稳定的身份的界限，这种抗议运动由处于不同身份的人结盟，为争取经济上的权利和承认而集结在一起。

可以看到，巴特勒与马克思主义女性主义理论家南希·弗雷泽在这点上有分歧。南希·弗雷泽认为，当代左翼理论中存在承认和再分配的分裂，由于民族、族裔、性别的差异希望获得承认的文化诉求不断增加，牺牲了经济再分配的诉求。承认已经成为我们时代的一个关键词，由于多元差异而争取平等权益的文化层面的承认斗争在当代已不可忽视，但是新自由主义全球化经济不平等状况愈演愈烈，再分配问题同样不可忽视，它们二者是走向正义的两条平行的主线。弗雷泽反对把分配和再分配问题从属于承认问题，但显然巴特勒将两者交织在一起，"占领华尔街运动"既是要求争取经济上再分配的抗议运动，同时也是通过抗议运动获得承认的斗争。

在实践和思考新型社会运动的过程中，巴特勒捕捉到了当代抗议活动所处的两难局面。一方面，参与新社会运动的抗议者希望在现行的规范内被予以承认。另一方面，他们又质疑这些被定义的标准，且不希望被限制性地归结为由这些规范所构成的身份。因此，新社会运动成员认为自己不被包含在普遍的规范内，渴望被承认。虽然质疑普遍的规范，但他们不愿放弃他们的抗议主张，于是形成了集体抗议活动。巴特勒认为抗议是可以导致社会普遍的认同规范改变的，但问题是如何界定最后的结果是成功的还是失败的，更难以界定成功或失败的程度。

联盟政治依赖于共居伦理，因为联盟意味着社会的关联性，意味着处于危脆状态的人们聚集在公共空间，为平等分配公共资源而进行的不懈努力。为了让政治显现，身体必须首先出现在公共空间，因此巴特勒特别强调政治行动的身体维度，认为危脆人口的集会让身体聚集在公共空间，述行性地表达政治诉求。他们的言论是争取权利的语言和身体实践。述行性的行动产生于不同的身体的集结行动中。巴特勒借鉴汉娜·阿伦特在《人的境况》（*The Human Condition*）中对难民和无国之人的分析，认为2006年5月一些非法移民走向洛杉矶的街头，开始歌唱美国国歌这一抗议活动是一种述行性实践。作为非法移民，他们在没有自由集会的权利下行使了本属于公民的权利。他们不但用英语唱国歌，而且用西班牙语唱国歌，以此让人们意识到墨西哥文化已是美国文化一部分的事实。在公共领域主张多语的现实是积极揭露美国公共领域广泛否认西班牙语和非法移民的方式。在街上用西班牙语歌唱的抗议活动增强了这些边缘群体的可视性，是当没有权利存在时却能行使该权利的一个实例,但是,这种权利的行使不能是个人完成的,它必须是与他人共同完成的行动。要成为政治的参与者,就要成为集体行动的一部分。

汉娜·阿伦特曾言,所有的政治行动要求有一个执行行动的显现空间,但巴特勒认为,在当代联盟政治并不局限于某一场所,多元的政治行动形成和突显政治空间。在联盟政治策略中,不同身份的人可以围绕某一社会问题如艾滋病问题、非法移民的无证件问题等形成政治联盟。他们可能遭受共同的伤害,尽管伤害程度并不相同,而且这种政治联盟可以跨越国界,形成全球性的网络,因而是行之有效的。巴特勒认为松散的联盟是进行政治抵抗的有效方式。

巴特勒虽然以性别理论著称,但近年来她越来越多地关注现实世界的政治问题。她不仅是一位以抽象哲学著称的学者,她还是一个活跃在社会运动中的活动家。她通过社会运动不断修正和丰富自己的理论,她所参与的社会运动使她的理论处于开放状态。

第三章　巴特勒性别理论的文学批评实践

作为性别述行和酷儿理论的奠基人,巴特勒认为身份具有流动性,她用"酷儿"强调处于非主流地位的身份的不连贯性,认为"酷儿"是一个多种可能性之地,它抵抗任何稳定的模式;身份具有情境性,因为身份总是与具体的时空、社会环境相联系;身份具有关联性,与性别、种族、阶级、宗教等多种社会标识相叠覆,因此我们不能将酷儿理论简单地置于性别与性的维度之下,因为这些处于非主流的文化身份还涉及种族、族裔、后殖民的民族性等问题。酷儿理论的价值在于其概念的流动性,拒绝单一、固定的意义。使用性别述行和酷儿理论进行文学批评的目标是:批判稳定的身份政治,说明性别不是生而有之的,而是一系列引用行为的述行性效果。通过质询诸如身份、性、性别、妇女、物质等基础性的、看似无争议的概念,揭示这些本质化的概念所造成的认知暴力,从而扩展知识的范围,扩大社会宽容的界限,推动人们接受文化的多样性。

巴特勒的性别述行和酷儿理论为研究古今中外文学文本中性少数群体的性别、性欲关系提供了新的阐释空间。酷儿理论的文学批评主要有以下三个路径:一、聚焦经典作品,从新角度重新阐释经典作品(canonical works from a queer perspective),比如可以分析莎士比亚、王尔德、惠特曼等人的作品中男性同性纽带与异性婚姻之间的竞争[1];二、以同性恋、跨性等为主导的酷儿题材(queer materials)为分析对象,通过扩展对关于性少数群体的文本的阅读,增强对他们的可视度和可理

---

[1] 梅农认为,莎士比亚与酷儿理论有三点相同的旨趣:语言的出格、身份的变化和线性时间的中断(the errancy of language, the mutability of identity and the disruptions of linear temporality),参见 Madhavi Menon, *Unhistorical Shakespeare: Queer Theory in Shakespearean Literature and Film*, New York: Palgrave Macmillan, 2008。

解性;三、分析文学文本中性别与种族、阶级、国族等范畴的交叉,分析酷儿在种族、阶级或国家中的位置。通过文本分析,理解性别是建构的,并持续受到社会、历史、物质、文化、宗教等因素的交叉影响。本章以英国现代主义作家弗吉尼亚·伍尔夫(Virginia Woolf)的《奥兰多:一部传记》(*Orlando: A Biography*,1928年,以下简称《奥兰多》)、20世纪英国女性主义作家安吉拉·卡特(Angela Carter)的第七部小说《新夏娃受难记》(*The Passion of New Eve*,1977年)以及美国当代女作家艾莉森·贝奇黛尔(Alison Bechdel)的《欢乐之家:一部家庭悲喜剧》(*Fun Home: A Family Tragicomic*,2006年,以下简称《欢乐之家》)为文本分析对象,例示巴特勒的性别理论在文学批评中的具体应用。

第一节　性别与事件:论弗吉尼亚·伍尔夫《奥兰多》中的性别述行

弗吉尼亚·伍尔夫是20世纪现代主义和女性主义的先驱人物。她对文学形式的革新和女性主义思想的表达不仅体现在其代表作《达洛维夫人》(*Mrs. Dalloway*)、《到灯塔去》(*To the Lighthouse*)、《一间自己的房间》等作品中,还体现在她自奉为"能减轻她精神上的负荷"[1]的《奥兰多》中。带有奇幻色彩的虚构性传记小说《奥兰多》描述了主人公奥兰多从16世纪到20世纪、从男性变为女性的四百年的传奇人生经历。奥兰多原是英俊的贵族青年,因受伊丽莎白女王的青睐进入宫廷。在詹姆斯国王统治期间,失宠的他重回乡间大宅生活,并在那里发现了自己对文学和创作的热爱。随后他出任驻土耳其大使并取得丰功伟绩。在君士坦丁堡混乱发生后,奥兰多昏睡了七天七夜,醒来时却发现自己的身体变成了女性的身体。此后他/她离开官职并与一群吉卜赛人一起生活。一段时间后,她又回到英国并重返上流社会。这段时间里,她结识了许多文学巨擘。而随着时间的流逝进入

---

[1] 瞿世镜,《意识流小说家伍尔夫》,上海译文出版社,2015年,第152页。

维多利亚时代,她发现自己想要顺应时代精神找一位丈夫,因而与一位名叫谢尔的船长结了婚。之后,中年的奥兰多诗作获奖,也获得了更加成熟的写作技巧和更为丰富的内心世界。从伊丽莎白时期到1928年,伍尔夫描述了英国四百年历史,检验了时间对文学、人性和两性关系的影响。小说的长时间跨度使之与"现代性"这一属性相连[1]。而由于在当时看来小说中的很多人物非同寻常,这部作品被认为是作者的"突破"[2],并"标志着现代性发展的轨道"[3]。伍尔夫用这样一部虚实结合的作品讨论了生理性别、社会性别与性欲的关系;男人与女人的差别;历史的性质;时代的精神;性别与国家、阶级、种族的相互关联性;事实、虚构与诗歌等的关系等诸多主题,具有丰富的阐释空间。

国内外学者对《奥兰多》的评论多集中在传记文学的真实性与艺术性、双性同体的人物形象解析、性别身份的建构性等方面展开,但是对于后者,鲜有学者从事件理论和巴特勒的性别述行理论相结合的角度对性别的建构性进行分析。本节从讨论作为事件(event)的文学入手,将1928年《孤寂深渊》审判案与同年出版的《奥兰多》相比较,说明这两部文学作品对当时的西方社会所产生的影响。同时,重点分析《奥兰多》中作为事件的性别,阐释不同时代中的奥兰多性别身份的建构过程。本节认为,文学作品和性别都具有述行性和事件性,具有生成和变革的特点;伍尔夫的小说《奥兰多》对性别建构的理解部分地契合了巴特勒的性别述行理论,两者都认为,性别身份的形成不是人们可以自由控制、有意为之的行为,而是在不断重复性别规范的过程中逐渐形成的,但从性别述行和事件理论的视角看,伍尔夫更多地强调了社会规范对奥兰多这一人物形象的规训过程,事件的变革意义在奥兰多身上并不是特别明显,因而并不十分激进。

1　Wendy Parkins, "Moving Dangerously: Mobility and the Modern Woman," *Tulsa Studies in Women's Literature*, 20.1 (2001), 79.

2　Dean Baldwin, "Woolf's *Orlando*," *English Literature in Transition, 1880 - 1920*, 43.1 (2000), 89.

3　Amy E. Elkins, "Old Pages and New Readings in Virginia Woolf's *Orlando*," *Tulsa Studies in Women's Literature*, 29.1(2010), 135.

作为事件的文学：从存在论到述行论

我们如何界定事件？首先，事件具有偶然的、未能预测的特点。弗朗索瓦·达哲（Françoise Dastur）认为，事件一般来得突然，"没有事先预告"[1]，它不可预测，与可想象和可预测的东西产生激进的分离。事件打破时间的连贯性，将世界分为之前和之后，正如"9·11"事件将美国历史划分为"9·11"之前和后"9·11"时代那样。法国哲学家阿兰·巴丢（Alain Badiou）认为，判定事件的标准是历史性场景，事件是"纯粹偶然的，无法从局势中推断出来"[2]，但是，这并不意味着事件的发生毫无起因，相反，事件是已然存在的事物的强烈显现，只是产生该事件之前的局势无法直接推断该事件的发生。震惊中外的"9·11"事件、北京红黄蓝幼儿园虐童事件等都具有一种爆发特点，是一个断裂和改变的时刻。其次，事件具有变革的特点，它改变现状，推进历史的演进。让发生的事情（occurence）成为事件的必要条件是其变革的特征，它是激起未来可能性的门户。再次，事件具有过程性的、生成中的特点。事件产生主体，事件化的过程也就是主体化的过程；主体形成于对事件的回应。

那么，文学如何与事件发生关联呢？曾几何时，文学作品一直被视为独立存在的封闭系统，有自己的审美属性，这种将文学视为客观存在的观点在20世纪二三十年代的新批评时期盛极一时，批评家竭力排除和割裂文学作品与世界、作者和读者的联系而强调关注文学作品本身。当这些批评家仅强调文本的自足性，当他们日益突显文学作品封闭的、静态的物性特点而走向极致时就遭到了反拨，随之出现了强调文学作品与外部世界相关联的思潮。女性主义、后殖民主义、生态批评等文学理论强调文学作品是储藏价值观的场所，因而不可避免地会和外部世界产生联

---

[1] Françoise Dastur, "Phenomenology of the Event: Waiting and Surprise," *Hypatia* 15.4 (2000), 182.

[2] Alain Badiou, *Being and Event*, trans. Oliver Feltham, London & New York: Continuum, 2006, 193.

系,是无法与它所再现的现实相割裂的。不管是哪一种文学批评流派,都竞相在回答"文学是什么"这一问题。特里·伊格尔顿(Terry Eagleton)在思考该问题时,认为"文学"的本质其实是不存在的。当我们把某一类特定的文字命名为"文学",它其实不是一个本体性概念,而是一个"功能性的概念"[1]。文学作品的创作产生于一定的社会语境,当语境发生变化,对该部作品的接受也会发生变化,因而应将其看作是一个动态发展的概念。据此,我们看待文学作品就从强调其物性的特点而走向强调其事性的特点。

进一步而言,以语言文字为媒介的文学作品其实是在以言行事。德勒兹、巴迪欧、伊格尔顿等理论家将文学视为事件,因为它总是通过语言在做些什么,从而对世界产生影响。不管能否达到让人信服的言语表达效果(perlocutionary),文学作品包含意欲说服教导的观点。我们无法仅通过作品的文字理解作者意图,作者意图是非语内表现行为,只能通过捕捉语内表现或述行力量才能体会作者的创作意图。可以说,文学作品是作者基于当时的社会语境为了对社会产生影响而进行的交际行为。通过读者的阅读,一部文学作品被付诸生命。将文学作品看作事件,就是强调读者的阅读和阐释行为对持续产生意义的重要作用。读者可以重构作品,不同读者的阅读和阐释行为不断改变文本符号的意义,因此不同读者阅读文本是重构"事件"的动态过程。由此我们不再仅仅将文学作品视为一个封闭的系统,强调"文学是什么"这样一个问题,而是强调对文学活动的参与如何产生了改变读者思想的不一样的主体,这样我们对文学的理解就从一种存在论转向了述行论。

文学的述行性与事件性:《孤寂深渊》与《奥兰多》

文学作品如何对世界产生影响呢?我们来看看 20 世纪初曾一时轰动英国文坛的拉德克里夫·霍尔(Radclyffe Hall)的《孤寂深渊》审判案。20 世纪初的英国,人们并不接受女性"性倒错者",而拉德克里夫·霍尔的《孤寂深渊》塑造了第一

---

[1] 特里·伊格尔顿,《文学事件》,阴志科译,河南大学出版社,2017 年,第 v 页。

个公开的女同性恋人物史蒂芬·高登（Stephen Gordon）。霍尔不仅以逼真的情感描述史蒂芬的生活，而且她为说服读者接受女同性恋，将其刻画为具有优秀品质之人，从而在当时的社会引起轩然大波，升级为法庭审判案。作为具有事件性的文学作品，《孤寂深渊》在1928年11月16日被英国法庭判处为禁书被焚毁。从读者反应论的角度看，我们可以将《孤寂深渊》审判案看作是当时的英国社会民众对该作品否定式的接受。通过这部作品，霍尔并没有取得她想达成的效果。

霍尔的文学语言制造了事件，使当时的读者受到事件的影响，然而审判案作为事件并未止于此，它又在其他作家的作品中发生了动态的发展。作为同时代的作家，伍尔夫对《孤寂深渊》的社会反响进行了反思，她认为拉德克里夫·霍尔的小说论辩性太强，霍尔虽然塑造了第一个公开的女同性恋人物，却因为未加批判地运用当时哈夫洛克·伊利斯（Havelock Ellis）所主张的性学理论，认为女同在本质上是稳定的，从而让女同性恋者深陷异性恋规范的等级结构中。

如果将霍尔的《孤寂深渊》和伍尔夫的《奥兰多》进行比较，我们发现，《孤寂深渊》描述一位与男性认同的女同性恋，直白地刻画了女同性恋的真实情感生活，强调女同性恋作为先天的性倒错者应得到社会的承认，它直接对抗当时的英国社会语境，认为女同性恋也具有美德，而且该书充满论辩色彩，因而未能躲避审查。而伍尔夫的《奥兰多》则描述了具有双性同体特质的奥兰多，该小说并未直白地描述女同性恋的生活，而是采取虚实结合的手段，即幻想、虚构与真实的传主相结合的方式，强调性别身份的社会建构性；它没有直接对抗当时的社会语境，而是采取了欲言又止、暗示、幽默、揶揄、讽刺等写作策略让伍尔夫巧妙地躲避了审查。

伍尔夫同样讨论了一位与男性认同的白人女性在其社会中的位置和国家中的归属感问题，但借传记作者之口，伍尔夫表达了她应对社会审查的策略。在《奥兰多》中，伍尔夫写道："有一个旅人，因为知道在自己的箱子角落里藏着一大捆雪茄，所以对那些网开一面、草草放行的海关官员万分感激。因为奥兰多极度担心，假如时代精神仔细检查她头脑里的内容，或许会发现其中隐藏着严重违禁的东西，并因此对她实施重罚……作家作品的命运全都取决于作家和时代精神之间达成怎样的协议。奥兰多定下的这笔交易,令她自己的处境十分愉快,她既不与时代对抗,也不必屈从于它。她既是这个时代的一部分,又保持了自己的独立性。"[1]伍尔夫使用虚实相结合的策略,用主人公变性、变装等情节错置了异性恋规范中生理性别、社会性别和性欲三者笃定的一致关系,虚构、想象、幽默、讽刺、欲言又止等手段使她创造性地表达了同类题材,从而巧妙地躲避了当时维多利亚社会对作家的审查。下面就具体分析《奥兰多》中性别的述行性。

作为事件的性别:巴特勒的性别述行理论

朱迪斯·巴特勒对性别身份的理解也从实在论转向了述行论。巴特勒认为,性别不是一个稳定的存在,而总是处在成为过程中的社会建构。生理性别、社会性别以及性这三个范畴的连贯、统一性是随着时间的推移通过重复风格化的行为而建构起来的。这些风格化的行为在重复中逐渐建立了一种"本质上的、核心的"性别。也就是说,随着时间的推移,对身体的物质化过程日渐稳定,产生了我们成为物质的界限和表面。巴特勒指出,这种风格化身体行为的表演并不是表演者自由意志的表达,它们其实是管控性话语发生作用的结果。这也就是说,政治与社会条件、社会规范管制促成了主体的形成。性别身份不是客观的,它的形成是反复征引社会规范的行为的结果。没有这些行为,就不会有相应的性别身份。如同事件具有生成性,性别身份也形成于述行性的行为。日常重复性的征引行为对于铭刻规范起着十分重要的作用,我们正是通过重复演练社会规范使性别身份得以巩固。

我们持续不断地引用规范,在引用的动态过程中形成身份。如果事件是一个断裂和改变的时刻,如果性别身份形成于对性别规范的持续引用,那么这种持续生成的过程就具有事件性的特点,因为对规范的引用并不仅仅是顺势引用,它还可能意味着对规范的变革。身体的拓扑学有叙事的维度,需要语言的中介。巴特勒进一步使用语言哲学家约翰·奥斯汀的言语行为理论修正和丰富了述行理论。她借

---

[1] Virginia Woolf, *Orlando: A Biography*, Wordsworth Classics edition, 2003, 131. 下文中所引用的小说文本将使用文内注标注页码。

助奥斯汀的言语行为理论和德里达的引用性概念说明性别身份的建立是对性别规范进行引用的循环反复过程，但这种引用不是被动地接受既定话语下的文化规范，而是将其看作开放和延异的序列。只有这样理解述行行为，才能产生不断变更和增生裂变的性别身份。性别身份乃至一切身份都是无休止的过程，充满衍生的可能性。因此巴特勒的性别述行理论最重要的贡献之一是强调了能动性的源泉。巴特勒并不认为我们是规训权力的被动产物。她的性别述行理论说明，妇女不是被权力压抑的被动的牺牲品，她们虽然是在权力和话语中产生的，但是她们的能动性也正在于如何对规范话语说"不"，从而消解规范的普遍性，改变规范话语对她们的建构。

性别的建构性：《奥兰多》中性别身份的生成

身份构建问题是《奥兰多》反映的一个核心问题，这个大问题也包含了若干小问题，比如"自我"和"性别构建"。伯恩斯认为，在《奥兰多》中，伍尔夫反思的核心问题是"自我当中究竟有多少是不可改变、本质上属于我们自己的？一个人有多少实在的空间可以对抗社会对顺从的要求？'时代精神'压在不同性别之上有差异吗？一个人对社会的适应或抵抗如何影响其写作？"[1]本节认为，伍尔夫在小说中表达了这样一种观念："自我"和"性别"是由社会观念和规范构建的，而不是与生俱来的。

在从男性到女性的转变中，奥兰多经历着不断变化的主体性。首先，奥兰多的生理性别转变过程颇具讽刺性。当奥兰多在土耳其出任大使的时候，发生了一场大火，奥兰多沉睡七天，在即将醒来时三位代表女性规范的纯洁、贞操和谦恭的女神（Purity，Chastity，Modesty）试图将这些价值观灌输到奥兰多的脑中，却被叫作"真理"的力量之神吹响号角，驱除了这三位女神。这三位在离开的时候说了这样一段话：

---

[1] Christy L. Burns, "Re-Dressing Feminist Identities: Tensions between Essential and Constructed Selves in Virginia Woolf's *Orlando*," *Twentieth Century Literature*, 40.3 (1994), 346.

> 那里，不是此处……在安乐窝和闺房、公事房和法院，仍有人爱我们、尊重我们，那些处女和市民，律师和医生，那些禁止别人、拒绝别人的人，那些无缘无故敬畏、莫名其妙赞美的人，那些为数依然众多（赞美上苍）的可尊敬的人，那些宁愿视而不见、孤陋寡闻的人，喜爱阴暗的人，毫无来由仍然崇拜我们的人，因为我们给了他们财富、成功、舒适和悠闲。我们干脆离开你们，去找他们好了。来吧，姐妹们，来！此处不是我们久留之处。（Woolf, 67）

这里伍尔夫用拟人化的手法讽刺了社会性别构建的过程。成为女性就意味着她就要遵从纯洁、贞洁和谦恭等社会规范。

对奥兰多来说，虽然生理性别发生了变化，其心理认同却经历了漫长的历程。与吉卜赛人生活时，奥兰多实际上处于一种中性的状态。只有当她踏上了归国之旅时，她才开始逐渐遵循社会规范，构建女性的社会性别。在回英国的船上，身着女装的奥兰多并没有意识到"文明社会"对女性的期待，直到船长的悉心照顾让奥兰多感到"一股甜蜜的震颤流过全身。鸟在鸣啭，激流在奔腾"（Woolf, 76）。此刻的奥兰多心中仍有挣扎，并不想就此认可女性的生活和思考方式，也不愿意遵从那些他以前作为男人的时候对女性的规范要求，但奥兰多意识到了社会规范对形成女性的规训作用：

> 莫非我得开始尊重另一性别的意见，不论我觉得这个意见有多么荒谬？我如果想穿裙子，我如果不会游泳，我如果非得让一个水手搭救我……现在，我自己不得不为这些欲望付出代价了……因为女人并非天生顺从、贞洁，浑身散发香气，衣着优雅。她们只能通过最单调乏味的磨练，才能获得这些魅力，而没有这些魅力，她们就无法享受生活的乐趣……还要经年累月保持贞洁……（Woolf, 77）

现在奥兰多可以理解女性了,也对女性的枯燥乏味的生活感到同情。她开始意识到,所谓的女性美德并不是女性与生俱来的,而是女性根据男性的欲望构建的。她现在也觉得这些要求是十分荒唐的。意识到这些,她不禁怀念作为一个男性的生活,那时他可以挥刀砍杀,现在却不得不端茶倒水。想到他昔日的荣耀和勇猛,奥兰多不禁唏嘘不已。

在乡间生活时,奥兰多很享受女主人的身份。只有当旁人不在的时候,她才敢做出不符合女性社会规范的举动。现在奥兰多可以在有意识的情况下自然地做一个女性了。奥兰多表现得越来越像个真正的女人,传记作者不禁对此进行了思索并探索这背后的原因。作者指出,我们的很多思想和行为都是由所穿的衣服塑造的。衣服"根据它们的样子塑造我们的心灵、头脑和语言"(Woolf, 92)。因此,当奥兰多穿了一段时间的女装后,她的变化也显而易见:

> 男子的手可以自由自在地握剑,而女子的手必须扶住缎子衣衫,免得它从肩膀滑下来。男子可以直面世界,仿佛世界为他所用,由他随意塑造。女子则小心翼翼,甚至疑虑重重地斜视这个世界。男女若是穿同样的衣服,对世界或许就有同样的看法了。(Woolf, 92)

奥兰多越来越适应社会对女性设定的规范,也一步步成为一个真正的女性。渐渐的,她竟然失去了保护自己的能力。有一天,当奥兰多在伦敦的公园里散步的时候,她突然发现自己置身于一群暴民中间,受着人群推搡。这时哈里大公前来保护她,而奥兰多除了依靠大公的保护之外丝毫不知该怎么做。至此,奥兰多不再在两个性别之间摇摆了,而是真正按照女性的思维方式和社会规范去生活。奥兰多还深受19世纪"时代精神"的影响,最终她决定顺应时代的精神,寻找一位丈夫。奥兰多披上她颇具女性特色的衣服外出,并在扭到脚踝后遇到了她后来的丈夫谢尔。两个人很快就订婚了。婚后奥兰多才发出一句感叹:"我终于是一个真正的女人了。"(Woolf, 125)

到此为止，奥兰多经历了她女性身份构建的三个阶段：一开始在两种性别之间摇摆；回到英国后，虽然可以按照女性的社会规范自然行事，但还是认为自己没有什么实质的变化；直到进入 19 世纪顺应了时代精神嫁给谢尔，奥兰多才成了一位真正的女性。在这个过程中，奥兰多看到了社会性别规范对人们根深蒂固的影响；看到了男性和女性之间地位的悬殊；也意识到了性别规范对人们的压迫。

性别的流动性：《奥兰多》的变装与双性同体

服饰是人们的社会地位和性别身份的基础性标志之一，它代表社会力量的秩序。在东西方传统世界中，人们是不鼓励穿着与自己相对性别的衣物的，变装意味着选择、越界和转变。男性或者女性通过表演或模仿相对性别的行为来打破社会性别或社会地位的限制，这说明社会性别不是个体中一系列固定属性的集合。

在《奥兰多》中，伍尔夫用变装强调了性别的述行性质。小说中有两个变装的主要人物：奥兰多和哈里大公。在奥兰多的生理性别发生变化后很短的时间内，虽然她在试图扮演女性的角色，但其实并没有适应这个父权社会。奥兰多感到她的女性身份"阻碍了她的思考"，因此常常女扮男装，体现了其内心在两种性别之间的摇摆不定，也体现了跨界带给奥兰多的愉悦和生活阅历的扩展。

奥兰多第一次换回男装是在她拒绝了大公之后。当时她正思考生活与爱人的问题，突然就发现自己站在了镜子前开始装扮：一开始戴上珍珠项链，后来又换上鸽子灰的塔夫绸衣服……这一过程中，奥兰多就是一个不断换衣服打扮自己而又犹豫不决的女性形象。但后来，奥兰多脱下女装，换上了一身男性贵族的衣服。奥兰多第二次换男装是在她款待蒲柏先生后。她不小心在蒲柏杯中掉落了一块糖，蒲柏非常生气并严厉批评了作为女性的奥兰多。奥兰多感觉受到了羞辱，并陷入了她还是一名男性时的往事回忆中。随后她打开衣橱，换上一套男装。女性的奥兰多通过更换男装获取曾经赋予男性的那种力量。

后来，奥兰多经常进行换装，并且在换装和切换性别的过程中，她感到"生活的乐趣增加了，生活的阅历扩大了"（Woolf，108）。日常生活中，奥兰多的性别开始

变得模糊:

> 上午,穿一件分不清男女的中国袍子,在书中徜徉;其后,身着同样的服装接见一两位求告者;此后,到花园里给坚果树剪枝,这时穿齐膝的短裤很方便;然后换一件塔夫绸花衣,这最适合乘车去里奇蒙德,听取某位尊贵的贵族的求婚;然后回到城里,穿一件律师的黄褐色袍子,到法院去听她的案子有何进展……最后,夜幕降临,她多半会从头到脚变成一个彻头彻尾的贵族,到街上去冒险。(Woolf,109)

奥兰多的经历说明,每个人都会经历那种在两个性别之间摇摆的时刻,而衣服只不过展现了一个人的外在,不是整个内心世界。因此伍尔夫想要奥兰多用同样的立场去探索两个性别,而又不属于其中任何一个。变装是实现性别述行的一种具体的形式和方法。奥兰多的变装撼动了性别规范的统一性和强制性。

小说中另一个明显的变装人物是哈里大公。哈里大公的性别总是与他的性欲联系在一起:性欲决定他的性别。当奥兰多是一个男性的时候,大公爱着这个男性的奥兰多,因此他将自己的性别改为女性;当奥兰多变成女性的时候,大公又回到男性身份并爱着女性的奥兰多。大公的例子也生动地表明了社会性别是一种表演的产物。

伍尔夫创造出奥兰多和哈里大公这两个变装人物暗示了这样一个观点:不是我们穿着衣服,而是衣服穿着我们。许多研究性别及相关问题的学者认为"性别相关的服装才是性别身份的起源"[1],也就是说社会性别不是天生的,而是社会的产物,通过服饰反映社会的期待。桑德拉·M·吉尔伯特认为,《奥兰多》揭示的是:

---

[1] Susanne Kord, "Performing Genders: Three Plays on the Power of Women," *Monatshefte*, 86.1(1994), 106.

"不管男性还是女性,没有人应被限制为一种统一的形态,一种单一而固定的自我。"[1] 我们的自我在某种程度上是通过我们的穿着进行构建的,而我们的穿着不应该被限制为单一固定的模式。

讨论这部小说中的性别述行问题不能避开对双性同体现象的分析。主要人物奥兰多、萨沙和谢尔都是双性同体的。奥兰多外貌上的双性同体表现是十分明显的。一方面奥兰多有着"贵族男青年笔直修长的双腿……男子气概"(Woolf,10)等。而另一方面,又有一张颇具女性特质的面容"绯红的脸颊","洁白的牙齿","小巧的耳朵"和"水汪汪的大眼睛"(Woolf,6)。这些表明奥兰多的长相拥有一种兼具男子阳刚和女子阴柔的美感。除了长相,奥兰多的穿衣风格也带有女性特点。小说开头,当奥兰多准备回家更衣觐见伊丽莎白女王时,他选择的衣饰中有"蕾丝"、"绸缎"和"缀有大丽花那么大的玫瑰花样的鞋子"(Woolf,9)。这些元素是带有女性气息的,因此也反映了奥兰多在穿衣风格方面的女性特质。

另外,在性情方面,奥兰多也同时带有男性的英勇骑士精神和主流观点认为的女性的优柔寡断气质。一方面,在小说开始,奥兰多正举刀砍向一个摩尔人的头颅,他对美丽的孔雀、华丽的花园和女性的"无聊"琐事毫无兴趣,因此才会逃离这些而投入自己的一场模拟战争中。而奥兰多家族的历史也表明他血液里的男性英勇气概。然而,在他被萨沙欺骗并失去了宫廷恩宠后便隐退乡间,还被低俗诗人格林羞辱,因此失去了对人和生活的信心。在经历了一连串重击之后,奥兰多几乎崩溃,并显示出他性格中犹豫不定的部分。他对于浪漫关系、诗歌以及自己的能力都失去了信心。虽然他在战场上还是有英勇的气质,但在面对爱情、人际关系、理想和生活的时候,他却变得忧郁、害怕、踌躇。

另一个主要人物萨沙是俄罗斯公主,她也具有双性同体的特质,但不同于奥兰多的是,她的双性同体主要体现在性格和行为上,即她有男女两种思维方式和举

---

[1] Sandra M. Gilbert,"Costumes of the Mind: Transvestism as Metaphor in Modern Literature," *Critical Inquiry*,7.2(1980),394.

止。萨沙的登场与奥兰多一样令人迷惑:寒冷的冬天,当伦敦的贵族们在泰晤士河厚厚的冰层上享乐时,奥兰多的视线中"一个分不出男女的身影,穿着俄罗斯式不分性别的裤子"(Woolf,17)滑入眼帘。而萨沙的行为举止也具有迷惑性。从远处看,奥兰多不禁认为那肯定是一个男孩,因为女性不可能拥有这样的速度和活力。而当他在近处细看此人,却发现这个滑冰的人又有着女性特征。后来,萨沙在英廷中度过了一段时光,但她却不能忍受那里的无聊。她会跺脚喊叫,想逃离那个地方。她想去看的是"监狱"、"卫兵",以及"悬挂的人头"(Woolf,20)。由此可以看出,萨沙拥有的是那些主流文化认为不应属于女性的兴趣。同时,萨沙还想念她在俄罗斯的粗犷生活。据萨沙描述,在俄罗斯他们有着"十英里宽的河道",可以六匹马并驾齐驱,狂奔一天都不会遇到一个人影。她想念冰封的河面、野马和粗犷不羁割破对方喉咙的人。实际上,萨沙有时会做出一个优雅女性该有的表现,有时又像一个粗野的男人。有一次奥兰多看到萨沙从船上捡起蜡烛头来啃,这不禁让奥兰多觉得她十分粗俗。然而,正当奥兰多这样想的时候,萨沙又转变得像一只"轻巧的云雀"(Woolf,24)。

另一重要人物谢尔是女性奥兰多后来的丈夫。奥兰多与谢尔的相遇十分传奇——他们好像早就认识对方,并且深知对方的秘密。作为奥兰多的灵魂伴侣,谢尔也是双性同体的,而这一属性无疑又增进了他们彼此的了解。因此他们才会向对方喊出:"你是女人,谢尔!""你是男人,奥兰多!"(Woolf,124)

小说中几乎所有的重要人物都兼具男女两性的特点。他们同时拥有男性勇敢、理性的性格特征以及女性温柔、感性的特质。双性同体人物动摇性别规范的稳定性,他们挑战了传统的社会性别期待,质疑了异性恋霸权文化的绝对性。伍尔夫通过创作这部小说,嘲讽了"法律、自然身体、穿衣和举止法则,以及浪漫的爱情关系"[1]。身份是多重的、变化的,任何想要去定义奥兰多的身份的尝试都是徒劳的。

---

[1] Nancy Cervetti, "In the Breeches, Petticoats, and Pleasures of 'Orlando'," *Journal of Modern Literature*, 20.2(1996), 175.

《奥兰多》中性别的情境性和关联性

在传统的西方文化和性别观念中,西方文化代表强权世界,而东方文化则弱小卑微。虽然伍尔夫并不一定认同这种划分,但她还是想要反映社会性别经常与国族身份相联系的这样一种现实。当奥兰多是一名英国大使时,他的社会性别是男性;而当他变成吉卜赛人族群的局外人时,她的社会性别变成了女性。这不是偶然,而是伍尔夫的有意安排:从强有力的大使变成弱小的局外人,从男性变成了女性。即便是在同一个国家,男性奥兰多与女性奥兰多的礼遇截然不同。男性奥兰多在伊丽莎白时代受女王宠爱,加官晋爵,风光无限;在查尔斯国王时代,他出任土耳其大使,手握大权,而女性奥兰多在伦敦的生活却不是那么顺利。她刚到达就面临着许多由她的身份问题引起的官司事务。大家都认为奥兰多死了,所以她无法重获他的财产。

英国性是奥兰多身份的一部分,却与作为他者的被殖民者有密不可分的关系。霍维认为小说是"关于20世纪20年代英国民族主义的一种模糊表达"[1]。伍尔夫开篇就警示读者:帝国暴力史支撑着奥兰多模仿祖先去砍摩尔人的头。奥兰多这种男性的攻击欲望传承于他几代祖先的帝国霸权思想。通过模仿男性的帝国情怀,奥兰多展现了他如何作为帝国的臣民进入英国社会的象征秩序。由于固化的性别特质为帝国、军国和经济目的服务,伍尔夫因此刻画了具有模糊、流动性别身份的人物使既定的社会秩序去中心化。

《奥兰多》中社会性别与国家身份的联系可以从两个层面来分析:作为君士坦丁堡大使的奥兰多和作为吉卜赛族群局外人的奥兰多。奥兰多出使君士坦丁堡时他身上体现出种族优越感:在奥兰多眼中,只有英国人种是高贵的,而所有其他的种族都是"他者"。初到土耳其,奥兰多在早上会披上一条土耳其长斗篷,从阳台上向远方望去。他对那些异国风景很着迷,但同时也发现这些风景与"萨里或肯特或

---

[1] Jaime Hovey, "'Kissing a Negress in the Dark': Englishness as a Masquerade in Woolf's *Orlando*," *PMLA*, 112.3 (1997), 394.

伦敦完全无法相提并论"(Woolf，58)。在奥兰多眼里，土耳其的风景是荒芜的：左右都是"不适宜居住的亚洲山地"，其间"一两座属于强盗头子的了无生气的城堡"，以及"蛋壳一样秃的房子"(Woolf，59)。虽然奥兰多也爱亚洲风景，但他不认为这种风景有多么迷人。他也试图探寻自己的祖先是否跟东方有某种联系，但当他意识到这种可能性的时候，他想到了自己稍暗的肤色，随即马上去洗澡。伍尔夫特意做了这样一种微妙的安排，即奥兰多有可能对自己的肤色感到羞耻。

奥兰多被授予公爵的那天晚上举行了盛大的宴会。宴会上一名英国海军军官亲眼看见宴会盛况并将之记在日记里。而他所记载的内容充分显示了他的"英国式优越感"。他描述了那些"带有东方建筑特色的长长的窗子"，却称它们"在很多方面看起来很无知"(Woolf，62)。而当描述英国式的文化时，溢美之词比比皆是："优雅"，"出众"(Woolf，62)等。还有一位佩内洛普小姐，她将宴会描述为"令人陶醉的"："令人称奇……不可描述……金盘子……冰做的金字塔……果冻做成的英王战舰……天鹅……睡莲……金笼子中的鸟儿……绅士淑女……"(Woolf，62)除此之外，这位小姐还藐视地描述了"黑人"仆人。伍尔夫通过海军军官和佩内洛普小姐的视角反映了英国人对自己身份的骄傲。

另外，当奥兰多从沉睡中醒来时，人们发现他已经与一位不知父母的吉卜赛舞女结婚。这名女子的身份背景显然配不上英国公爵，而这件事也是伍尔夫特意安排发生在奥兰多变成一名女性之前。

伍尔夫安排奥兰多从英国来到土耳其，从男性变成女性，这一用意是深远的。学者綦亮认为伍尔夫用她特殊的东方主义去创造了处在模糊地理方位的性别模糊的奥兰多。[1] 对于伍尔夫来说，君士坦丁堡是一个特殊的有象征意义的地方，因为它是亚洲和欧洲的交界，而这个城市的特征是模糊的。君士坦丁堡将奥兰多从英国的传统性别规范中解放出来。在这里，奥兰多改变了生理性别、服饰，以及婚姻状况。

---

[1] 綦亮，《民族身份的建构与解构——论伍尔夫的文化帝国主义》，《国外文学》，2012年第2期，第70页。

结　论

　　奥兰多不仅融合了男性和女性特质，他的身上也混杂了对异性和同性的欲望，以及英国品质与异国风情。奥兰多的身份由一系列交错复杂的性别身份组成，其性别认同有时与生理性别一致，有时则不一致。通过描写双性同体、性别多态、经历变性的奥兰多，小说呼应了巴特勒的性别述行理论，解构了那种对于相对固定、不可改变、互补而又对立的两个性别的普遍认同。可以看到，文学作品与性别身份和事件一样，具有生成性，催生主体身份，但伍尔夫的《奥兰多》更多强调了社会规范的引用对形成个体性别身份的规训权力，事件的变革性并不强烈。

第二节　从伊夫林到新夏娃：论安吉拉·卡特《新夏娃受难记》中的性别转变

　　安吉拉·卡特（1940—1992）是20世纪英国著名的女性主义作家，她的小说极具个人风格，经常糅合哥特式、超现实主义、后现代因素于小说创作中，毫不隐讳地从女性主义立场审视和颠覆历史中的父权制话语。20世纪90年代以来，西方评论界开始使用巴特勒的性别述行理论阐释卡特的《魔幻玩具铺》（*The Magic Toyshop*，1967年）、《新夏娃受难记》[1]、《马戏团之夜》（*Nights at the Circus*，1984年）、《聪明孩子》（*Wise Children*，1991年）等众多文本。这主要是因为卡特的多部作品讨论了性别的社会建构问题，也与90年代女性主义理论内部关于性别的本质主义与建构论之间的论争相契合。《新夏娃受难记》是卡特的代表作之一，拥有众多反响不一的评论。例如，莎拉·盖博（Sarah Gamble）认为该小说"在卡特的作品

---

[1] 国内有中文译本将该小说译为《新夏娃的激情》，笔者认为卡特喻指其主人公经历了一系列磨难，因此passion一词对应耶稣基督受难的宗教含义，故将小说题目译为《新夏娃受难记》。本节采用的小说版本是Angela Carter, *The Passion of New Eve*, London：Virago Press, 1982，小说引用部分使用文内注。

中占据了一个迟来的显著位置"[1]。苏珊·鲁宾·苏莱曼（Susan Rubin Suleiman）认为,该小说"成功地将先锋派主义与女性主义联姻"[2]。而美国名作家杰夫·范德米尔（Jeff VanderMeer）则认为,该小说"是一本残酷又丑陋的书,浮夸又卖弄学问,既愤怒又亵渎"[3]。尽管评论反响不一,也有学者认为卡特的《新夏娃受难记》所提供的性别习得的模式更契合波伏娃的女性主义思想[4],本节认为,《新夏娃受难记》预演并印证了朱迪斯·巴特勒的性别述行理论。

《新夏娃受难记》的故事情节始于伦敦,英国教师伊夫林（Evelyn）在纽约巧遇妓女莱拉（Leilah）,引诱她并致其怀孕,但伊夫林不承认莱拉腹中胎儿是自己的孩子,在莱拉引产大出血时无情弃她而去。在去往加利福尼亚的沙漠中,伊夫林迷路落入了住在安息地（Beulah）的母亲（Mother）的掌控中,被母亲阉割变性成为夏娃（Eve）。获取女性身体的伊夫林/夏娃无法与女性特质相认同,成功逃离安息地后却落入象征男性霸权的零（Zero）的魔掌中,成了零的第八个妻子。在受尽零的凌辱中,夏娃认识到作为男性时的自己对莱拉做出了与零对待身为女性的自己一样的暴行。零将自己的不育归罪于电影明星特丽斯黛莎（Tristessa）。经过仔细搜寻,零发现了隐居在沙漠深处玻璃房子里的特丽斯黛莎,后者曾是包括伊夫林在内的众多男性的偶像,但具有讽刺意义的是,特丽斯黛莎竟然是一位生理上是男性的异装癖。捕获夏娃后,零强迫夏娃扮新郎和扮成新娘的特丽斯黛莎结婚。暴露男性秘密的特丽斯黛莎按动水晶宫的玄机,让零和他的七个妻子毁灭于水晶宫中。新夏娃与特丽斯黛莎在逃亡中陷入爱河,但途中特丽斯黛莎被宗教上狂热的娃娃兵打死,夏娃在继续逃离中偶遇莱拉,得知她真名叫莉莉丝（Lilith）,是母亲的女

1　Sarah Gamble, *The Fiction of Angela Carter: A Reader's Guide to Essential Criticism*, Basingstoke: Palgrave, 2001, 88.
2　Susan Rubin Suleiman, *Subversive Intent: Gender, Politics, and the Avant-Garde*, Cambridge & London: Harvard University Press, 1990, 139.
3　参见中文译本《新夏娃的激情》封底评论。《新夏娃的激情》,严韵译,南京大学出版社,2009年。
4　参见 Joanne Trevenna, "Gender as Performance: Questioning the 'Butlerification' of Angela Carter's Fiction," *Journal of Gender Studies*, 11.3 (2002), 268.

儿。经过一系列磨难后，新夏娃回到象征出生地的洞穴，即将生下她与特里斯黛莎的孩子。

《新夏娃受难记》引经据典，不仅引用了大量圣经典故、神话人物和文学典故，而且使用了精神分析学、炼金术、电影等领域的术语和概念，对性别的建构性和身份的流动性做了深入的思考。本节将从三个方面论证小说情节所反映的性别问题如何契合了巴特勒的性别述行论。

首先，主人公伊夫林/夏娃所经历的生理上和心理上的性别变化印证了性别的社会建构论。如前所述，朱迪斯·巴特勒是性别建构论的坚定拥护者。她不仅坚持社会性别的社会建构性，而且认为生理性别从一开始就是话语建构的。如果说弗吉尼亚·伍尔夫在《奥兰多》中借助神奇的想象令男主人公一夜变成生理上的女性，那么在《新夏娃受难记》中，卡特借助医学和母亲这一形象令伊夫林变为夏娃，这最直接地体现了巴特勒所认为的生理性别是建构的这一观点。在创世造物的辩证里，女人当了够久的反命题，因此母亲要将男人女性化。安息地就像炼金术中的坩埚，是一个转换之地。母亲在这里将伊夫林这个具有大男子主义思想的男子转变为女性。她使用外科整形手术对伊夫林实施变性，其目的是想使用伊夫林的精子让变性后成为女性的夏娃受孕，从而让其成为完全自给自足的、"全世界第一个可以自己播种、自己结果的存在"（Carter,76-77）。这就是说，在母亲的世界中，男人完全是被排斥的、多余的存在。

但是，母亲仅在生理上改变了伊夫林，让其成为夏娃，而社会性别的建构过程需要漫长的引用过程，因此小说中伊夫林演变为夏娃的心理过程在空间的移动中经历了时间上的演进。在生理上变为夏娃的那一刻，主人公在心理上仍然与男性伊夫林相认同："但我在眼中看到的是夏娃，而不是我自己……他们把我变成《花花公子》杂志的封面女郎。我成了曾存在于自己脑中的、所有没焦点的欲望的对象。我变成自己的自慰幻想。"（Carter,74-75）在夏娃的外表之下，主人公根本感觉不到自我的存在，他质疑这种变性能带来实质性的变化："改变水果外皮的颜色，就能改变水果的味道吗？"（Carter,68）对此，安息地的游击队员同时也是伊夫林变性手术的看护索菲亚告诉他/她,外表的改变会重组本质精髓。索菲亚从伊夫林手术后恢复意识开始,便对他进行了如何成为女人的培训,以便让他/她尽快适应女儿身。然而,这种灌输并没有立刻发挥成效,伊夫林虽然身体变为女性,但头脑仍然以男性思维方式运作。

由于伊夫林/夏娃未能在心理上接受夏娃这一生理性别,更无法接受母亲即将让她受孕,因此他/她设法逃离,不料却落入零的魔掌。只有在零的空间和世界里,主人公才开始在心理上逐渐与女性相认同。零是男性霸权的极端代表,他号称是一位诗人,实际上却是只有一只眼和一条腿的偏执狂。零对服从于他的七个女人肆意虐待,不允许她们说人话,她们因而在他面前只能发出动物般的声音。伊夫林/夏娃在零的世界里认识到特丽斯黛莎在电影中所演绎的受苦受难其实是生活中父权制社会为女性规定的女性特质。要成为女人,就要承认自己是受苦受难的牺牲品。零对待七个妻子和夏娃的可恶行径让夏娃醒悟:"零的中介把我变成女人。不止这样,他那专横跋扈的鸡巴把我变成凶蛮的女人……是愤怒让我活下去。"(Carter,107-108)对于卡特而言,性别是一种权力关系,弱方成为"女性",强方成为"男性"。由于外表的改变,原来处于强势地位的伊夫林/夏娃在零的魔掌下变成了弱女子。卡特在这里揭示了与波伏娃和巴特勒等女性主义理论家相同的观点:女人不是天生的,而是成为女人的。

"身为一个人,不是一个既定条件,而是一种持续的努力。"(Carter,63)小说中的这句话无疑与巴特勒的身份建构论的观点不谋而合。《新夏娃受难记》是一个关于个人化的故事(a narrative of individuation),记录了主人公伊夫林找寻自我的经历。小说中伊夫林的空间移动具有象征意味:纽约、安息地、零的农场以及特丽斯黛莎的水晶宫就像迷宫中的死胡同,主人公伊夫林/夏娃的心理只有数次进入混沌的状态,经历这些弯曲的路程,才能到达发现自我的彼岸。

其次,《新夏娃受难记》印证了巴特勒所认为的性别具有述行性的观点。女性如何引用社会规范决定了她们在社会中成为什么样的人。卡特通过莱拉、母亲、零的妻子们以及特丽斯黛莎这四种女性形象对父权制社会存在的女性原型进行了批判。卡特认为,"关于女性的所有神话版本,从处女的纯洁神话到治愈性、可调和的母性神话,都是安慰性的胡诌八扯;但对我而言,不管怎样,这些胡诌八扯看上去都是神话的诚实的定义。母神和父神一样是愚蠢的概念。如果在这些膜拜中神话的复兴给予妇女某种情感上的满足,其代价是模糊了生活的真实状况。这是为什么首先创造了神话……所有的原型都是欺骗性的,与现实是幻想的关系"[1]。原型是幻想之地,具有虚假的普遍性;原型的建构忽略了人类关系的复杂性和个体的独特性,因而遭到卡特的批判。

夜总会舞女、黑人裸体模特莱拉是卡特质疑的第一类具有原型意味的女性形象。伊夫林在纽约与莱拉相识。纽约是一座炼金术之城,充满混乱和消散。混乱以一视同仁的消散状态席卷一切互斥对立的形式。莱拉年轻、魅力十足,但狂野,充满危险,她像巫女一样,色诱伊夫林,引他进入黑暗世界。同时,莱拉是伊夫林男性欲望的客体,小说中对莱拉的描述是通过伊夫林这个聚焦者来展现的。伊夫林多次将莱拉比作动物:莱拉的腿"颤抖得像马厩里赛马的腿"(Carter,19)。她看上去像"一只装作女海妖的小狐狸,一只在黑暗树林中施魔法的小狐狸"(Carter,20)。"她像人鱼,一种满足自己感官而活的与世隔绝的生物。"(Carter,22)对伊夫林而言,莱拉"之所以那么吸引我,其实是因为她在某种意义上猜到并反映我自己的弱点,我自己的疲竭。她是个完美的女人,就像月亮,只发出反射的光。她模仿我,变成我在她身上想要的东西,因此可以让我爱她;然而她却又把我模仿得太成功,也模仿到我内在的致命匮缺,使我无法爱她,因为我自己就是那么不值得爱"(Carter,34)。可以看到,莱拉按照男性社会的标准所表演的女性气质满足的是男性的欲望,反射的是男主人公伊夫林自恋、自私的恋爱观。从伊夫林的视角中,我们看不到真实的莱拉到底是什么样子。莱拉只是男性暴力的牺牲品,后来伊夫林

---

[1] Angela Carter, *The Sadeian Woman: An Exercise in Cultural History*, London:Virago, 1990. 5-6.

自己也清醒地认识到:"除了受害者的角色,我什么都没给她。只给了她一锭炼金术的黄金,一个婴孩,伤残,以及绝育。"(Carter,31)但是,自私、自恋的伊夫林害怕被莱拉束缚在家庭生活中而逃之夭夭,他描述自己抛弃莱拉的行为"像一位真正的美国英雄一样,开启了放浪形骸之旅"(Carter,37)。

母亲是卡特质疑的第二类女性形象。卡特在该小说中从伊夫林的视角刻画了一个怪异的母亲形象:她体形庞大,腰臀粗大,有两排乳房,"皮肤皱如黑橄榄皮,多褶像希腊农夫的羊皮酒袋,富饶得仿佛内在便蕴含一条神奇、黑暗、再生之河的源头,仿佛她本身就是这片沙漠唯一的绿洲,她的裂缝是所有生命之水的源头"(Carter,59)。母亲用刀用针痛苦地重建自己的肉体,她的两排乳房象征着一种强大的超级母性,她将自己塑造成能给予生命、滋养生命的大地之母,成为她自己的神话产物。地下之城的女人们奉献自己的一只乳房给母亲。母亲拥有自己的冲锋队员,她们是亚马逊的女战士,为母亲效命。在没有男人的地下之城,掌权者母亲完全被神化,象征广袤、粗野、绝对的母性权力。神话化的母亲是菲勒斯中心论的对抗者,因此母亲的领地门口以折断的阳具为纪念碑,安息地信奉的信条是:"时间是男人,空间是女人。时间是杀手。杀死时间,即可永生。"(Carter,53)在坩埚般的地下之城,几乎没有一样东西是自然的。母亲的领地使用科学技术自行制造合成牛奶和化学夹心饼等生存所需。达到权力顶峰的母亲安坐于神话与科技的复杂混合中,建立起"一种魔法般的极权统治,让时间静止,所有菲勒斯之塔倒塌"(Carter,79)。母亲在这里被完全本质化,她排斥一切男性中心论思想,成为伊夫林的阉割者,为他的大男子主义思想去势。

由于母亲所代表的绝对的母性霸权是对男性霸权的戏仿,卡特的描述带有明显的揶揄意味。借助医学技术重塑伊夫林为女性的标准令人不敢苟同,因为通过整形手术所诞生的夏娃是母亲所控制的地下之城的女性整形团队长期研究父权制社会的媒体所归纳出来的、一般大众都认同的理想女人的体态:伊夫林变成的夏娃酷似花花公子杂志中的封面女郎形象。母亲创造出来的女性形象竟然是按照男性审美标准来创造,这本身具有讽刺意味。尽管如此,卡特用母亲的形象告诉读者:神话是被创造出来的,是可以被解构的。小说结尾处,母亲的抱负彻底失败,她激进的母性霸权被中立化,甚至被完全化解,因为她以一位疯癫的唱歌老妇的形象出现,完全失去了回应夏娃的能力和掌控一切的话语权。

零的妻子们是卡特质疑的第三类女性形象。在零的领地里零的妻子们没有一点地位,被剥夺了语言、尊严和自主权。她们已经完全丧失了自我,成为零的奴隶和残害其他女性的帮凶:"他(零)是我变成女人后碰到的第一个男人。把我从直升机上拖下来后,就在房子的面前,他粗暴地强奸了我;他的七个女人则围成一圈,一边拍巴掌,一边叽叽咯咯地笑。"(Carter,86)在当了三个月零的第八个妻子后,夏娃意识到:"那些女人因为零的权威而爱他,实际上是她们的屈服造就了他。要是只有他孤家寡人一个,那他什么也不是。"(Carter,99-100)零的权力来自那些依赖他的妻子们,她们忍受零的毒打和虐待,因为她们相信自己应该得到如此的惩罚,正是她们的屈从造就了零专横跋扈的男性霸权。

过气的女明星是卡特质疑的第四类女性形象。如果说莱拉让伊夫林感到恐惧,因为莱拉是伊夫林黑暗的影子,男人永远的他者,代表伊夫林心理中被他否定的、消极的女性成分(anima),那么特丽斯黛莎则是伊夫林渴求的偶像,象征着伊夫林心理中被他肯定的积极部分。特丽斯黛莎是父权制社会中理想化的女性特质的化身。荧屏中的她美丽但却永远是受难者:"孤寂和忧郁,这就是女人的人生。"(Carter,110)然而,小说中特丽斯黛莎所意指的一切皆为幻象:这个全世界最美的女人竟然由一名男子装扮。受苦、被动、浪漫、脆弱、孤寂、忧郁、悲伤是特丽斯黛莎扮演出来的女性特质。他把自己变成他欲望的神殿,变成他可能爱的唯一女人。实际上,只有一位异装癖才有可能按照男性的想象塑造出一位符合男性心理的虚假的理想女性特质。只有不存在的事物才能那么美丽。特丽斯黛莎所呈现的女性特质的理想版本不过是一种虚假的建构,女性特质的完美象征其实是一场骗局,特丽斯黛莎所代表的夸张的女性特质不过是一场虚幻,一切都被由男性所扮演而变得极具讽刺意义。通过特丽斯黛莎，小说有力切断了外在形象和内在本质之间的联系，说明女性特质是一种虚构和幻灭。无论是莱拉，还是特丽斯黛莎，都是男性伊夫林"幻想的容器"[1]。小说写道，莱拉"永远不可能客观地存在，她一直是那位名叫伊夫林的男人欲望、贪婪和自我厌恶的投射物"（Carter, 175）。特丽斯黛莎"仅通过一系列巨大的意志力和对事实的极力压制才可能存在"（Carter, 129）。前好莱坞明星特丽斯黛莎的各式女式服装是一种伪装，他所扮演的荧屏角色使女性受苦受难成为符合父权制意识形态的景观，一切都是电影院编造的感官神话，而电影将这些女性特质包装成女性的本质不断灌输给大众。卡特敏锐地揭示了我们的社会和文化如何通过此类文化产品传输刻板的性别形象，它们又如何对真实生活中女性性别身份的建构发挥重要的作用。

朱迪斯·巴特勒认为，女性特质建立在模仿和表演的基础上。《新夏娃受难记》也认同这一观点，小说中的夏娃说："尽管我是女人，但现在却也是假扮女人，不过话说回来，许多天生的女人一辈子正是活在这种模仿中。"（Carter, 101）莱拉、母亲、零的妻子们以及电影明星特丽斯黛莎代表着不同类型的女性特质。莱拉是男性欲望的客体，母亲是阉割者，零的妻子们是服从的奴隶，特丽斯黛莎是完美女性特质的代表。这些女性角色都是从父权制意识形态映射出来的女性特质的"概念的阴影"[2]。她们因接受文化的错误观念而成为暗影。莱拉、母亲、零的妻子们以及特丽斯黛莎是新夏娃找寻自我的过程中应该避免的欺骗性的性别模式。

再次，《新夏娃受难记》契合了巴特勒所认为的（性别）身份的流动性和非本质性。特丽斯黛莎和伊夫林都是男性，却以不同原因表演了女性特质。一开始就与女性相认同的特丽斯黛莎相信女性特质是他/她的本质，而伊夫林/夏娃则经历了逐渐与女性相认同的转变。两人都具有双性同体的性质，这尤其体现在零强迫夏

---

[1] María Del Mar Pérez-Gil, "The Alchemy of the Self in Angela Carter's *The Passion of New Eve*," *Studies in the Novel*, 39.2 (2007), 223.

[2] María Del Mar Pérez-Gil, "The Alchemy of the Self in Angela Carter's *The Passion of New Eve*," *Studies in the Novel*, 39.2 (2007), 221.

娃和特丽斯黛莎结婚的戏剧性场面:外形上是女性的夏娃被打扮成新郎,而身为男性的特丽斯黛莎被装扮成新娘。在零让夏娃着男装时,小说写道,"乍看之下,我仿佛在往内翻转的镜子世界中变回了原先的自己。但这场化妆扮演并不止于表层。在男性面具下我带着另一副女性面具,但这面具我无论如何努力都无法再拿下,尽管我是个男孩扮成女孩如今再扮成男孩,就像伊丽莎白时代雅顿森林中的罗莎琳"(Carter,132)。尽管零迫使他们穿另一性别的衣服意在羞辱他们,但是在零戏仿牧师的仪式中,性别变成了流动的、可改变的过程,而非固定的特性。"就这样他让我们成了男人和妻子,尽管这是双重婚姻——两个人都是新娘,两个人都是新郎。"(Carter,135)在这场仿效的婚姻中,曾经是男人的夏娃着男装与完美演绎女性特质的男人特丽斯黛莎着女装结合在一起,这就使得性别话语与身体形成激进的分离,将性别身份化为表演行为。在这一点上,这一表演行为具有巴特勒所说的颠覆性,因为变装"反思了霸权性性别本身得以产生的模仿结构,质疑了异性恋的自然性和原初性"[1]。特丽斯黛莎和夏娃同时既是男人又是女人,两人在对方那里可以找到自己的影子,两人后来在沙漠中的自愿交合完成了柏拉图所认为的双性合璧。"他和我,她和他,是沙漠中的唯一绿洲……我们实现了伟大的柏拉图式的雌雄同体。"(Carter,148)只有在此刻消融了女性霸权和男性霸权之后,特丽斯黛莎和新夏娃才有可能产生爱的结晶。卡特通过塑造特丽斯黛莎和新夏娃,非常形象地阐释了性别身份的表演性和非本质性。

女性顺势引用男性社会规范成为该规范所认可的女性,但女性也可以偏离既定的男性规范,以此重建女性的主体性。由于权力关系可以改变,性别规范总是开放于解构之中。我们从小说的后半部分得知,伊夫林眼中莱拉所表演的女性特质其实是非本真的、不自然的。莱拉实际上有多个身份,她化身为索菲亚,是母亲为伊夫林实施变性手术时的看护者;她也是安息地领袖的女儿,真名叫莉莉丝,是游击队女战士。她告诉夏娃:"我的名字叫莉莉丝,在城里我自称莱拉,以掩藏我的象

---

[1] Judith Butler, *Bodies That Matter: On the Discursive Limits of "Sex"*, London: Routledge, 1993, 125.

征本质。若诱惑者显现出自己的本质,被诱惑者就会起戒心。如果你记得的话,莉莉丝是亚当的第一任妻子,他跟她生了一整个镇尼族。我所有的伤口都会神奇地愈合。强暴只会更新我的童真。我没有年龄,我会活得比岩石还久。"(Carter,174)在希伯来文化传统中,莉莉丝与亚当同诞生于伊甸园的红土中,她因而自认为与亚当有同等的地位而拒绝服从亚当的权威,不久她逃出伊甸园,栖居在红海边,与蟒蛇、魔鬼、男人不加节制地苟合,莉莉丝因此成为无节制的女性欲望的原型。但在有些女权主义者看来,莉莉丝是最早具有反抗男权意识的女性。在该小说中,莉莉丝故意伪装成莱拉,以引诱伊夫林落入圈套,引他到达母亲的地下之城。莱拉的女性特质是一种伪装,是不可靠的,具有表演性。莱拉/索菲亚/莉莉丝的形象同样说明了身份的表演性、流动性和非本质性,同时,也颠覆了所有认为女性特质是自然的观点。

《新夏娃受难记》主要探讨了女性特质的社会性塑造。当安息地的女战士索菲亚向刚变性的伊夫林/夏娃提及:

"你不认为,男人的独霸给我们大家都造成太多痛苦吗?"

"现在我变成女人,就会快乐了吗?"我质问。

"哦,不!"她说着笑了。"当然不会!这要等到我们大家全生活在一个幸福的世界!"(Carter,76)

幸福的世界究竟是什么样子?作者并没有给出答案,但可以明确的是,这个幸福的世界至少不是小说中所描绘的排除一切男性的母性世界,也不是零所代表的厌女的男性霸权世界,而应是男女霸权话语均得到消解后两性完美的融合。通过《新夏娃受难记》,卡特和巴特勒一样,对性别表达了反本质主义的观点,都认为性别身份不是本质的、自然的存在;无论是男性特质,还是女性特质,都是饱含意识形态内涵的述行性行为。她们激进地挑战了父权制意识形态对性别与性欲的文化假设。

第三节　压抑、挑战与再认知：论艾莉森·贝奇黛尔《欢乐之家》中的酷儿认同

美国当代女作家艾莉森·贝奇黛尔2006年出版了绘本回忆录《欢乐之家：一部家庭悲喜剧》（以下简称《欢乐之家》）[1]。作为贝奇黛尔的代表作，该作品2006年入围美国国家书评奖，2007年获得同志反歧视联盟奖、石墙图书奖、浪达同志文学奖和艾斯纳奖等。西恩·威尔斯曾称赞这本书为"一本先锋之作，将漫画和回忆录两种形式推向了多样的新领域"[2]。作为形式独特的绘本小说，该作品结合了文字与画面，更具表达力和创新性，同时小说采用了非线性回溯式的叙事手法，使得整个故事犹如一个迷宫，引人入胜、耐人寻味。整部作品也与很多经典文学作品互文，具有超越一般绘本小说的文学价值。这部作品的成功引起了学术界的广泛关注，学者们围绕叙述手法、绘本小说文类、同性恋性别认同、现代性等多种主题展开了多样且深刻的分析。

《欢乐之家》中，贝奇黛尔回忆了自己过往的生活，她的母亲海伦是一位演员和教师，父亲布鲁斯是一位高中英语老师，同时经营着家中的殡仪馆，书名"欢乐之家"（*Fun Home*）就是取自他们对自家殡仪馆的简称，全称实际上是"丧葬之家"（Funeral Home），她还有两个弟弟克里斯汀和约翰。小说主要呈现了艾莉森和已逝的父亲之间复杂的关系。作为一名女同性恋者，艾莉森在探索中逐渐认同自己的酷儿身份，并且在大学期间正式出柜。在她向家中出柜之后，母亲出人意料地告知了她父亲布鲁斯的同性恋身份。不久之后，父亲突然车祸身亡，留下了一个个谜题。父亲是否是自杀身亡？自己的出柜又是否间接造成了父亲的死亡？在试图解

---

[1] 本节所引用的小说版本是 Alison Bechdel, *Fun Home: A Family Tragicomic*, Boston: Houghton Mifflin Company, 2006. 文中引用将采用文内注。

[2] Sean Wilsey, "The Things They Buried," *The New York Times*, 2006.〈http://www.nytimes.com/2006/06/18/books/review/18wilsey.html〉.

开父亲死亡谜题的过程中,艾莉森通过拼凑回忆的碎片,更深入地了解到父亲隐藏的酷儿身份,同时进一步反思和揭示了性别规范的压迫性以及身份、性别和性这些概念本身的流动性和不确定性。通过对该小说文本的解读,本节试图关注酷儿所受到的压迫与排斥,分析酷儿对传统的性和性别观念的挑战,并进一步了解身份、性别和性等这些本质化概念的多元性、流动性和不稳定性,呼吁大家给予酷儿更多关注、包容与自由。

压迫与排斥

故事叙述者艾莉森·贝奇黛尔早年便对自己的性别身份存在困惑和质疑,意识到了自己与传统性与性别观念不同的一面。回忆中,艾莉森提及了自己四五岁时便对男性化的女性存在着认同感。那是在美国费城的一家小饭馆,艾莉森和父亲遇见了一个穿着男人衣服、留着男士发型的女人,看见她的那刻艾莉森便有种他乡遇故知的莫名欣喜,然而当一直要求她女性化的父亲质问:"你想变成那样吗?"她却违心地回答了"不想"。(Bechdel, 271)一直以来,尽管艾莉森对男性化的事物充满向往,但是以父亲为代表的社会对她符合女性特质的期望,让她不得不隐藏自己的性取向,这种潜在的性别规范的期望无形中对她造成了压迫与排斥。

这种压迫与排斥对成长期的艾莉森造成了不可磨灭的心理伤害。十岁时,艾莉森患上了强迫性神经失调,症状起初表现为计数,试图将生活中的一切划归到某种数字规律中,后来又表现出对不可见物质的在意,"这些物质在我身边不断地聚集、消散,我试图让它远离我,尤其避免吸入或吞食这些不可见物质",但是"当我清除身边的不可见物质的瞬间,它又会迅速恢复"。(Bechdel, 302)为了帮助艾莉森改掉这些强迫症行为,父母建议她写日记。然而,在记日记的过程中,艾莉森渐渐开始质疑自己写下的文字,"我想"(I think)这个短语频频出现在她的日记里。"这是一次认知危机。我怎么知道我写下的东西是绝对的客观的正确呢?我能表达的只是我个人的感受,或许这些也不能。"(Bechdel, 316)日记也逐渐变成了艾莉森强迫症行为的一部分,并且症状不断加重。艾莉森对自己周遭的事物抱着不确定的态度,这种不确定可能出于她对自己性别身份的质疑,那些不可见物质就像是传统的性和性别观念,尽管她在试图躲避,却始终包围着她。她内心对男性化的向往和社会对她女性化的要求产生了冲突,让她感觉到了被压迫与被排斥。她对自己的性别产生了质疑,这种质疑表现在了她的日记之中,她无法信任自己笔下的观点,无法确信自己的判断。

这种强迫症症状一直持续,直到艾莉森和父亲、父亲的园艺助手比尔还有弟弟们一起去往布尔潘山(Bullpen)野营。在去野营之前,有人给了父亲一幅裸女画像,尽管父亲以"脏"为理由叮嘱艾莉森不要偷看,但艾莉森还是好奇地打开了,在看到的那一刻她觉得"似乎自己被脱光了,感到像亚当和夏娃一样难以言表的羞耻"(Bechdel,255)。之后的下午,他们一起去了露天矿场,矿上的工作人员让他们上了工作车参观。巧合的是,车内也挂着一幅裸女图,在意识到工作人员似乎没有发现她是个女孩的情况下,艾莉森要求弟弟称自己为"阿尔伯特"以掩饰自己的女性身份,这种掩饰体现了她对自己女性身体的否认,似乎女性的身体使她无法融入这种男性的场合,给她带来了羞耻感。在后来的野营过程中,艾莉森和弟弟在小溪边偶遇了一条大黑蛇,在他们惊叫着喊来比尔之时,蛇却已经消失了。对于同行的其他人来说,这次野营只是一次有趣的经历,而对于艾莉森来说,这次野营却让她感到"自己在某种难言的入会仪式中失败了,生活的可能性不再是无限的"(Bechdel,265)。裸女画像让她觉得羞耻,自己女性的身体似乎把她隔绝在她向往的男性世界之外,而蛇作为男性的象征,它的出现与消失更让她意识到了某种可能性的消失。之后,艾莉森的强迫症似乎有所好转,她列下计划戒掉这些强迫症行为,但是戒除强迫症行为的过程似乎又发展成了一种新的强迫症。在这次经历之后,艾莉森不再仅仅是质疑,她原本期待的可能性被这次野营经历打破,态度更偏向了消极,在性别规范的约束下,拥有女性身体的她无法表达对男性气质的向往,她被排斥在自己所憧憬的男性世界之外,这种压迫和排斥让她失望至极,她不得不进一步隐藏自己的性取向,甚至将这种隐藏衍生到了日记中,试图使自己的描述符合同龄女性的心理。

传统的性和性别观念认为一个人的生理性别就决定了他的社会性别特征和异性恋的欲望,这种固定思维对性少数群体造成了压迫,使他们难以找到容身之处。艾莉森就受到了这种传统思维观念的折磨,生理性别与社会性别的背离给她带来了压迫,由于无法迎合这种所谓的"常态",年幼的她对周围事物和自己的判断都充满了质疑,并且在察觉到男性世界对女性自己的排斥之后,感到失望消极。

挑战和突破

十三岁艾莉森第一次在字典上看见"女同性恋"(lesbian)这个词时,就曾怀疑过自己是否也是同性恋,但内心的压抑使她无法敞开心扉去接受和认同这样的身份。1976年,父亲带十五岁的她和弟弟前往纽约观看美国建国两百周年庆典,这次的纽约之旅让她有机会接触到挑战传统的开放的同性恋文化,首次对自己所住纽约公寓周围的人有了不一样的看法,产生了他们是同性恋的猜想。对艾莉森来说,"这种可疑因素的揭露不仅是良性的,而且是有利的,事实上也是全方位渗透的"(Bechdel, 418)。她毫不费力地接受了这一切,惊讶于自己的包容力。"这是到处充满同性恋气息的一周"(Bechdel, 419),父亲带着他们去看了巴瑞辛尼科夫表演的芭蕾,并且跟着艾丽阿姨看望了她的两位朋友理查德和汤姆,尽管没有人解释这两个人的关系,艾莉森却自然地认为这是一对同性情侣。随后,他们又弄到了音乐剧《歌舞线上》的门票。剧中,一部百老汇音乐剧即将上演,剧院举行了公开的群舞演员面试,17人中只选择8人,每个面试舞者需要自我介绍,讲述自己过去的经历。其中,有个名叫格里高利的舞者,分享了发现自己是同性恋的经历,这一幕给艾莉森留下了深刻的印象。尽管此刻她还没有将这些与自己和父亲的性取向联系起来,但是这种挑战异性恋霸权的同性恋文化让她意识到了规范以外的可能,传统性别规范并不是一个不可打破的稳定结构,相反,它的稳定只是一种假象,突破规范,规范之外存在着无限可能。此行之后,艾莉森决定开放自我,做好了接受一切可能性的准备。

大学期间,艾莉森在书店里偶然拿起了一本介绍同性恋的书,顿悟并认同了自己是同性恋的事实。这本书之后,她接连不断地搜集和阅读了更多和同性恋有关的书籍,这些书籍公然挑战了异性恋霸权,暴露了性别身份的不连贯性和不稳定性,呈现了规范之外的其他可能,艾莉森在阅读中越来越确定自己的同性恋身份。值得注意的是,在艾莉森广泛搜集阅读的同性恋相关书籍中,包括了父亲推荐的一本柯莱特的作品《尘世天堂:柯莱特自传》,柯莱特文风独特,行事大胆,自己拥有过多位同性恋人,也交往过异性恋人,她的自传作品深深吸引住了确定身份但仍未公开出柜的艾莉森。在阅读了大量有关同性恋的书籍之后,艾莉森决定走出理论步入现实,进一步突破规范,她参加了一个同性恋联盟的聚会,尽管只是静静地在聚会里观察,但这在她看来已经等同于公开出柜,之后她终于决定将自己是同性恋的消息告知父母,摆脱规范的约束,公开自己的同性恋身份。

反思与再认知

在艾莉森向父母出柜四个月之后,父亲突然车祸身亡,在试图解开父亲死亡谜题的过程中,艾莉森通过拼凑回忆,对父亲隐藏的同性恋身份有了更深的了解,同时进一步反思和揭示了性别规范的压迫性以及身份、性别和性这些概念本身的流动性和不确定性。

艾莉森向父母出柜之后,母亲在电话里首次告知了她父亲的同性恋身份,在母亲打来电话的第二天,父亲寄来了信,信里默认女儿已经得知了自己的同性恋身份,并表达了自己对出柜的想法。"表明立场是勇敢的,但我并不是勇者。"(Bechdel,469)父亲并不十分赞同表明立场,公开挑战性别规范。他一生都藏身于柜中,甚至和母亲结婚,养育了三个子女,但是他对自己身份的隐藏并没有让他过得轻松,相反,在过去的日子里他痛苦地活在自我厌恶之中,对性别规范的迎合和屈服让他一直受到身心压迫。

小说一开始,艾莉森就讲述了父亲对装饰房屋的沉迷,他年复一年日复一日地改造着一家人的住所,将一座破破烂烂的房子修整成了外表华丽的别墅,像代达罗斯一般,他能够化腐朽为神奇,并且沉迷于这种力量之中。与之相应的是他与家人的疏离,他与妻子的相处看似合作实则全然不顾妻子的意见,而孩子仿佛只是他改造房屋的免费劳动力,在他心中更重要的是他的家具,以至于幼年的艾莉森"憎恶父亲对待家具像孩子而对待孩子却像家具"(Bechdel,44)。回忆中,艾莉森意识到这些装饰都是在掩饰父亲的自我厌恶,"他的羞愧感像老红木的麝香味一样无形且无处不在地盘踞在我们的房子里"(Bechdel,60)。除了对装饰房屋的沉迷,父亲还对文学满怀热情。"在父亲看来现实与虚构之间的界限确实很模糊。想要认识到这一点,只需要走进他的图书馆。"(Bechdel,146)在布置得有如图书馆一般气派的书房中,他沉浸在文学的海洋,像自己热爱的作家菲茨菲尔德塑造的角色盖茨比一样,活在虚构的精神世界里,营造繁荣的假象,逃避难以面对的现实。实际上,他对装饰的沉迷、对家人的疏离和对文学的迷恋都是对现实的逃避,他选择了隐藏自己的同性恋身份,也就等同于放弃了面对现实,这种长期藏身于柜中的状态造成了他的自我厌恶,他企图从表面上迎合规范,却最终被规范带来的心灵折磨带向了灭亡。父亲的经历进一步揭示了性别规范的压迫性和排斥性,异性恋霸权下要求生理性别决定社会性别,而社会性别又决定了欲望的指向,男人只能欲望女人,女人也只能欲望男人,同性恋的父亲在这种异性恋霸权下受到压迫,他试图迎合异性恋霸权选择结婚实际上让他遭受了更多的折磨。从父亲的经历中女儿意识到"隐藏性欲事实的一生可能会有累积的否认自我的效果。对性欲的羞愧这本身就是一种死亡"(Bechdel,508),这让她更坚信自己的选择,说出事实,公开自己的同性恋身份,认为"父亲的终点是我的起点,或者更准确地说,他谎言的终点是我真实的起点"(Bechdel,268)。这种截然不同的选择也是在暗示只有对性别规范做出反抗,才有可能跳出异性恋机制的霸权控制,才有可能获得自由。

回忆中艾莉森与父亲似乎是截然相反的存在,艾莉森是男性化的女人,而父亲是女性化的男人,两人都是"社会性别表现与自身的生理性别不符"(Bechdel,224)。小说的第一章中就突出了这一点,"我代表的是斯巴达、现代和男性化,相对于父亲代表的雅典、维多利亚和女性化"(Bechdel,46)。父亲有着女性化的喜好,诸如家居装饰、园艺等,艾莉森形容父亲为"娘娘腔",而艾莉森则对男性化的事物充满了向往，以被称呼为"假小子"为荣。父女二人都是性别规范下生理性别与社会性别冲突的矛盾体，他们必须迎合所谓的男性气质与女性气质，时常借助对方的身体来表达自己的内心向往，父亲干涉女儿的着装，要求她戴发卡项链等，通过将她打扮得女性化来表达自己对女性气质的认同，而女儿也通过给父亲提出着装意见来表达自己对于男性气质的憧憬。他们这种生理性别与社会性别不统一的情况实际上暴露了性别规范内部的不连贯性，性别身份的连贯性和稳定性不过是文化上的幻象。

父亲去世后，艾莉森在家中找到了父亲的一张女装照片，照片中父亲像女子一般优雅，而她自己也在年幼时穿着父亲的衣服扮作男人，长大后着装也偏向男性化。这种扮装体现了两人身体与内心的差异，男性身体的父亲却拥有着女性内心，而女性身体的艾莉森却拥有着男性内心。在巴特勒看来，这种扮装是一种对社会性别的戏仿，暴露了社会性别本身的模仿性结构，而解剖学上的身体与被表演的性别之间的差别，则说明了生理性别与社会性别的一致性关系是建构的。扮装揭示了异性恋规范的不稳定性，挑战了传统的性别规范，打开了重新意指的空间，粉碎了本质化或自然化的性别身份。二者身上所呈现出来的生理性别、社会性别和性欲之间错综复杂的关系证明了异性恋机制的脆弱和不稳定，这也一定程度上启发了艾莉森，让她重新解读了当年遇蛇的情境，曾经在布尔潘山，蛇作为男性象征的出现与消失让她感到了失望，"蛇显然代表了男性，但是我们却很难找到代表女性的更古老和统一的象征"（Bechdel，266），但是再回首时她意识到"也许这种不加区分和非二元性才是重点"，与蛇对应的女性象征的缺失也许恰恰是对两分思维的否定，是对"干净明了"的划分的拒绝，它强调的是身份的开放性与不确定性，在传统的两分的男女性别身份之外还有更多的可能。

"当我坠落时，父亲总在那儿接住了我。"（Bechdel，516）小说的结尾表明父亲最终还是守护了艾莉森，他的死亡推动艾莉森反思父亲和自己的过去，认识到父亲隐藏的性取向为家庭和自我带来了痛苦，进一步揭示了性别规范的压迫性。同时，通过对自己与父亲之间故事的重新讲述，她更深入地了解了父亲隐藏的酷儿身份，反思了两人过往的经历,对身份、性别和性这些概念有了新的阐释和认知,揭示了这些本质化概念的虚构性、流动性和不确定性。

结　论

小说主人公艾莉森·贝奇黛尔经历了性别规范带来的压迫和排斥,年幼的心灵遭受了折磨。随后在接触了挑战规范的同性恋文化之后,她开放了自我,做好了接受一切可能性的准备,最终在认识到自己的同性恋身份之后,勇敢地突破规范,公开了自己的酷儿身份。父亲的死亡又推动了她重新审视自己与父亲两人身上生理性别、社会性别和性欲之间的错杂关系,从而进一步揭示了性别规范的压迫性,对身份、性别和性这些概念有了新的阐释和认知,揭示了这些本质化概念的虚构性、流动性和不确定性。

通过分析我们认识到传统的性和性别观念给性少数群体造成了压迫,艾莉森和其父布鲁斯都曾饱受这种观念的约束与折磨,尤其是父亲布鲁斯,在"石墙"运动前更为保守的氛围下成长,选择了一辈子藏身于柜中,度过了痛苦的一生。在传统的性和性别观念中,异性恋霸权认为性欲的表达由社会性别身份决定,社会性别身份则又由生理性别决定,而《欢乐之家》中对酷儿身份的书写正挑战了这种传统观念,否定了中心与边缘的两分法,质疑了异性恋和同性恋的两分结构与男女两分结构,挑战了具有压迫性的异性恋规范,也证明了巴特勒的看法——性别的内在能力、本质或身份的概念不过是一种重复的实践,人的性别身份是多元的、流动的和不稳定的。同时,小说对于酷儿身份这一主题的呈现也是在呼吁读者与社会给予少数群体更多的关注,改变自己的思维方式,摆脱传统观念的束缚,包容差异,拥抱多元,为酷儿提供自由生活的空间,创造新的人际关系格局和生活方式。

第四章　从述行到危脆：巴特勒的生命政治

> So it is, I would suggest, on the basis of this question, who counts as a subject and who does not, that performativity becomes linked with precarity.
>
> "Performativity, Precarity and Sexual Politics,"
> *AIBR*, 4.3 (2009): iv
>
> 因此，我想说明：正是基于谁可以算作主体，谁不算主体这个问题，述行性与危脆相联系。

谙熟欧陆哲学的巴特勒在2000年以后逐渐从抽象的哲学推理转向实践哲学。政治学和伦理学是实践哲学的两个分支，两者侧重点不同。政治哲学以国家、主权、平等、自由等为关键词，伦理学则试图表明社会规范的性质。一个政治主体可能支持像核武器或全球资本主义这样的非正义现象，而一个伦理主体基于良心支持"在道德上正确"的问题。当然，当一个伦理主体公开反对社会规范的假定时，她/他也可能是政治主体。由于战争冲突是国内、国际政治的重要问题，巴特勒对政治哲学的关注主要集中在国家暴力给脆弱不安的生命带来的巨大伤害。近年来巴特勒要求政治应走向伦理，这主要是因为她看到国家权力所宣布的紧急状态往往悬置法律和道德。由于巴特勒思考的是公共领域的伦理问题，因此她的伦理观不可避免地与政治、法律问题联结在一起。从2000年《安提戈涅的声明》开始，巴特勒逐渐关注政治冲突引发的国家暴力问题，尤其是国家的治理技术给边缘群体所造成的巨大伤害，因而本书第四章、第五章主要讨论巴特勒对政治哲学领域问题的思考，第六章将阐述巴特勒的非暴力伦理思想。本章将重点讨论巴特勒的生命政治观。

第一节　生命政治简论

生命政治这一概念的用法涉及范围很广,从生物知识和技术对延缓生命的作用到艾滋病防治、人口政策、难民政策等,是一个由国家治理、经济利益和伦理关怀共同构成的宽泛的概念。最近一二十年,由于许多全球性危机仍然符合生命政治走向死亡政治的逻辑,生命政治已成为当代政治哲学领域的一个热门词汇。生命政治作为一种维护人口生命安全和国民幸福的现代政治技术,是法国思想家米歇尔·福柯在20世纪70年代中期的一个主要研究课题,后来受到晚近的学者们不同的回应和阐释,因此对生命政治的探讨无论如何绕不开福柯的研究。

福柯的生命政治

生命政治这一词语并非福柯首创,它最早出现于20世纪上半叶,当时的瑞典政治学家鲁道夫·克耶伦(Rudolf Kjellén)受生命哲学思想的影响,认为国家本身是一个有机体,一个"超个体的生物",[1]因此政治行动必须依赖生物学规律,对政治结构和进程的分析需要行为科学、社会生物学和进化论等方面的知识。这种仅通过类比将民族国家比作一个有机体不仅在学理上有待论证,而且将人的生物学本质作为政治思考的出发点使政治向生物学还原,忽略了形成政治结构的其他因素。针对于此,福柯提出了一个具有历史性的生命政治概念,他分析了"生命"作为政治策略的对象所出现的历史过程,从而与那种从生物学中得出政治结构的做法相脱离。因此要想理解福柯的生命政治,首先要了解他对权力的不同形式,即主权权力、规训权力和生命权力所做的历时性区分。

福柯认为,主权权力以君王为绝对的权力中心,以镇压和消灭为机制,对不服从的异己进行血腥镇压。为了保障自己的君王和领土地位,主权权力以打压和消

---

[1] 转引自 Thomas Lemke, *Biopolitics: An Advanced Introduction*, New York & London: New York University Press, 2011, 9.

灭为手段,但是到了17、18世纪,随着君王权力的衰弱,权力开始脱离至高的国王的位置,逐渐渗透和出没于社会的各个细微层面,福柯将这种弥散的、微观的权力形式称为规训权力。规训权力替代了之前的主权权力,它的出现意味着绝对的、自上而下的、至高性的权力瓦解了,因为这种规训权力不再对人进行残酷的惩罚,它的机制也不再是镇压和消灭。规训权力直接作用于个体的身体,以规训个体的身体为目标,它旨在生产温顺、服从、有用的身体,因此这种权力既是压迫性的,也是生产性的,它服务于资本主义的具体运作过程。与此同时,福柯认为,另一种权力形式也随之出现,即以针对整体的人口为对象的生命权力。如果说规训权力针对的是个人的身体,福柯因此称之为"身体的解剖政治",那么旨在国家治理层面上对整体的人口进行调节和干预的权力,福柯称之为生命权力,或"人口的生命政治"。[1] 这是因为,在17、18世纪的西方欧洲国家,政治经济学与一套新型管理科学技术正在交错产生,人口统计与普查、人口的健康管理、卫生和医疗、城镇规划等新的知识构型逐步形成,出现了以控制人口为目的的各项技术,统计学、人口学、公共卫生与防疫等学科也逐步出现。现代国家对生命的治理正是在互为补充的规训权力和生命权力两个层面的作用下产生:规训权力旨在制造出有用的个体身体,而生命权力则关注繁殖、出生率、死亡率、国民健康水平和寿命的变化。针对个体身体的规训技术主要通过各种机构,如学校、军队、监狱、医院、疯人院等来操作,而针对物种的人口的运作则主要通过国家的安全配置。不管怎样,作为个体的人和作为物种的人都被纳入了政治领域。规训权力和生命权力共同对生命及其一举一动进行干预、监视、扶植和优化。

福柯对以生命为对象的权力的两个维度,即规训权力和生命权力作了区分,并认为这两个维度是确立资本主义民族国家的前提,换言之,生命政治的诞生标志着资本主义的出现。在《性史》第一卷《认知的意志》最后一章,福柯建立了生命政治与资本积累之间的关联,认为生命权力是资本主义发展中一个必不可少的要素。

---

[1] 米歇尔·福柯,《福柯集》,杜小真译,上海远东出版社,1998年,第374页。

资本主义的发展要求增强对身体的规训和人口的调节,让他们变得更加有用和驯服。它必须拥有能使各种力量、能力和一般意义上的生命尽可能完善的权力手段。如果说作为权力机构的那些庞大国家机器保证了生产关系的维持,那么作为权力技术的解剖政治与生命政治体现在社会肌体的每一层次,并被家庭、军队、学校或警察局等形形色色的机构所利用,在经济过程及其发展和维持经济发展的力量等方面发生了效应。它们也充当社会隔离与社会等级化的要素,确保宰制关系与领导权的存在。

此外,福柯还认为,规训权力和生命权力管制和治理生命的一个重要连接点就是性,因为对性的管理既是对身体的规训,也是对人口进行调节的手段。性不仅孕育生命,与个人的健康、享乐相关,而且与种族和人口的繁殖密切相关,因此正是通过《性史》最后一章,福柯指出了规训权力和生命权力管制身体和激发生命的特点。规训权力和生命权力这两种权力形态成为现代社会管制人口更显而易见和更加有力的形式。

可以看到,生命权力与以往的主权权力不同:主权权力让人死,有生杀予夺的致死的能力,而生命权力使人活,它旨在保存生命、优化生命。当权力转向治理人口的生命层面,它不再以杀人为目标,而是以改善、投资、调节、延长生命为目的,以求让国民生活得更好。在福柯看来,进入18世纪中期以来,国家治理与国民整体的健康和福利密切相关。欧洲社会最核心的目标就是要保障国民的健康和安全,因此现代国家的权力致力于关注人口、领土和环境之间的关系,尽力控制战争、疾病和传染病的发生,减少自然灾害所造成的伤亡,以提高国民的总体幸福感。这样,如何对资源进行安全配置就十分重要,针对整个人口而进行的预防和应对突发事件的安全机制成为现代治理术的重要方面。至此,西方治理史从城邦安全、君主和领土安全转向了人口安全。

现代国家要提升自己的力量,必须对人口、资源和环境进行综合治理。人的能力是增强国力的重要因素。提高整体的人口的寿命和国民的生活质量,将在很大程度上决定一个国家的实力。福柯发现,对个体进行整合的权力技术,即治安手段到了18世纪下半期,转变为对人口的治安。人们的居住和交往空间、市场中物品的买卖与流通等一系列城市问题和商业问题成了国家最重要的治理领域。而且,这种新的治理术依赖的是政治经济学,即按照经济规律来组织政治技术。以提升国家力量为目标的各种政治技术,如拓宽道路、治理江河、稳定物价、保证货物供给和公平贸易、保障国民健康与安全,都是治安的手段。

福柯在《生命政治的诞生》中,大篇幅讲述了自由主义的起源,因为对福柯而言,生命政治是在作为治理技艺的自由主义框架之下诞生的。他说:"一旦我们知道了称之为自由主义的治理体制是什么,我觉得我们就可以掌握什么是生命政治了。"[1] 自由主义就是关于治理的节制性和合理性问题,它谋求最低限度的治理,是使人口治理活动合理化的方法,因而它是生命政治的总框架。这个时期所注重的人口安全的治理,已不再依赖君臣的等级关系,也不再诉诸法律等禁令形式,而是需要调控一系列相互作用的气候、环境、商贸、物质条件等变量,以提高国民的整体利益。自由主义意义上的自由,实际上建立在生命权力所分布的安全装置之上,并且以其为限度,这就是自由主义的"治理术"。各种安全技术旨在降低人口所面对的各种外在与内在的危机或风险,并用总体平衡来确保整体人口的安全。

然而,生命政治虽然旨在优化和扶植生命,但它还完全可能毁灭生命。权力在培育、保护和改善生命的同时,也在监禁、隔离、驱逐和杀戮生命。在福柯看来,犹太大屠杀恰恰是现代生命政治的极端后果。18世纪中期以后的战争并不以保护君主或领土的名义进行,而是以保护人民的名义进行。国家以保护国民的生命安全为名,以消除对国民的外在威胁而发动战争,其根本目的是为了自己能更好地存活下来。这也正是20世纪最骇人听闻的犹太种族大屠杀的逻辑。福柯在《必须保卫社会》最后一章对希特勒种族主义的生命政治进行了分析。国家社会主义基于种族主义偏见将一切社会关系归因到生物学上,对人口进行优生学控制,用生物学知识制造种族间的等级关系:自认为高贵的日耳曼民族感到犹太人对他们种族纯

---

[1] 福柯,《生命政治的诞生》,莫伟民、赵伟译,上海人民出版社,2011年,第19页。

正性的侵蚀,为消除种族退化的威胁,纳粹德国采取了隔离和屠杀犹太人的行动。为了保护一个种族的安全和纯洁而对另一个种族进行残酷的灭绝,这说明保护国民安全的生命政治导致了走向死亡的死亡政治(thanatopolitics)。福柯利用生命政治具有毁灭生命的特点,很好地解答了纳粹德国为什么发动屠杀犹太人的行动,但是他并没有详细解释纳粹德国是如何实施这一骇人听闻的屠杀计划的,这一工作后来由意大利政治哲学家乔治奥·阿甘本(Giorgio Agamben)完成。

在福柯看来,现代政治已经颠覆了亚里士多德对政治的定义。亚里士多德曾言,人天生是一种政治的动物,人只有积极主动地参与政治,才能实现其人性。对此福柯认为,千百年来,人的确是一个有政治生存能力的动物,但是,到了现代,人不是积极主动地行动去从事政治生活而获得人性,相反,在现代,政治开始介入人的生命本身,对人的生命进行治理和管制,政治对作为物种的人口进行干预和改造,人口的生物性通过政治反映出来。这样,由于人是各种权力技术的被动客体,是权力技术的捕捉对象,某类人就非常可能沦为不受政治和法律保护的赤裸裸的生物性生命。这就像纳粹德国在生物学—遗传学—优生学思想的指导下,对犹太人所进行的干预、矫正、甚至屠杀,使犹太人的动物性生命变成种族主义生命政治的核心,让他们一步一步走向死亡。死亡政治、种族大屠杀是生命政治的另一个维度。

总体而言,福柯对生命政治的态度是暧昧、模棱两可的:他一方面认为生命政治作为一种新的治理方式具有积极的一面,另一方面又对生命政治将人还原为赤裸生命的毁灭性力量苦恼不已。福柯的摇摆不定也使得后人对生命政治的批判沿着两条截然不同的道路发展。

对福柯生命政治理论的继承和发展

从福柯的生命政治理论可以看出,生命政治具有保护生命和毁灭生命的双重特点。生命政治可以是导致生命死亡的否定的、消极的政治,也可能是保护、优化和延长生命的积极的政治。福柯本人摇摆于生命政治所导致的双重后果之间,而对福柯的生命政治批判，也正是沿着这两条主线，出现了两种倾向。其中迈克·哈特（Michael Hardt）和安东尼奥·奈格里（Antonio Negri）的理论代表积极意义上的生命政治，而乔治奥·阿甘本的生命政治理论则代表消极意义上的生命政治。相比较而言，巴特勒对生命政治的分析既不属于积极意义上的生命政治观，也不属于消极意义上的生命政治观。她的生命政治观更像罗伯托·埃斯波西托（Roberto Esposito）的理论，因为他们既批判生命政治的消极一面，又展望和重新设想政治共同体。这一点将在下面两节得到更为详细的论证。

在当今的全球化时代，资本跨出国界，全球性的经贸联系不断增强，民族国家的边界因此出现松动，在此背景下，哈特和奈格里的《帝国》一书对全球政治秩序进行了审视，力图从帝国的权力范式和生产形式中思考产生革命主体的可能性，从而建立"大众"的乌托邦，开启后现代社会革命的宏大叙事。下面首先分析一下哈特和奈格里通过《帝国》一书对帝国（empire）及其权力范式的解读。

对于哈特和奈格里而言，虽然处于主导地位的民族国家仍然非常强势，但它们已不再是最终的主导力量。他们认为，帝国是表达全球化政治秩序的核心概念，是一种全球性的、去中心化的、新的主权形式。民族国家的没落、殖民主义的结束、帝国主义的衰亡，都表征着后现代帝国主权范式的到来。这种新的帝国主权与主要由欧洲列强、美国和日本在现代历史阶段创立的帝国主义（imperialism）有着本质的区别：现代帝国主义的基础是居于强势地位的民族国家的主权，这些民族国家将其国家主权扩张到附属的其他国家。它们虽然都有全球野心，但实际上每个国家都只能主导世界的一部分。最终，这些现代帝国主义国家之间产生直接的冲突，并导致了骇人听闻的世界大战和无数其他暴行。与帝国主义的世界版图所具有的明显的民族国家色彩不同，帝国不强行建立权力中心，不依赖于国家主权和固定的疆域，它是一个无中心边缘之分的统治机器。帝国的主权基于一种复杂的构成之上，是由世界上君主式力量与贵族式力量的不断融合而构成的。举例来说，常常采取单边行动的美国五角大楼就像是全球军事事务中的君主式力量，而一些重要的资本主义公司，如世界银行、国际货币基金之类的超国家经济组织就好像是世界上的贵族式力量，它们共同形成帝国主权这样一个发散形的网络。帝国无中心，它有数目不定的关节点，通过各种不同的方式联系在一起。主导性的民族国家、重要的资本主义公司、超国家的机构，以及其他全球性主导力量都可以构成帝国主权网络中的关节点，它们在不同的运动过程中以不同的方式结合，共同产生作用。没有任何一个民族国家能够单独主宰帝国。作为一个无中心、无疆界的统治机器，帝国致力于扫除主权的现代形式，是帝国主义的替代物。帝国撑起生产全球化之网，它支持领土去界，使现代主权走向没落。哈特和奈格里试图用"帝国"这一概念突显全球化秩序下君主式和贵族式力量的不断协作和融合，但是，从当今世界美国推行的霸权主义来看，帝国主义仍然大行其道，因此帝国其实并不是一个已经存在的事实，而只是一种趋势。

针对全球主权变化，哈特和奈格里提出了帝国这一概念，他们同时也敏锐地观察到当今世界生产过程中所出现的新的变化。在哈特和奈格里看来，推进权力范式和社会形态转变的根本动力在于非物质劳动（immaterial labor）。知识、信息、交通、关系，甚至是引起情绪反应的情感劳动，如微笑服务，都属于非物质性劳动。创造性和象征性的劳动、人际交往的情感性劳动，是非物质劳动的主要类型。在后工业时代，非物质性的生产已经取代了以前的工业生产的霸权，正在对其他形式的生产构成一种霸权。

毋庸置疑，非物质性劳动改变了生产方式。非物质性劳动的表现，如领会知识的天赋、协作和组织的能力、交往的能力等，并不需要固定的场所。试看一下非物质性劳动范式下工作日的变化：在工业劳动范式下，工人在工厂的时间内几乎完全用于生产。但是，当生产的目的是解决一个问题或创造一种想法或关系的时候，工作时间就可能扩展到生活的全部时间中。你不一定在办公室里，你可能在洗澡，甚至躺在床上胡思乱想的时候，一个想法或一个形象就会蹦入你的脑海中。创意性劳动的工作时间与娱乐时间的分界变得越模糊了。资本越来越渗透到人的生活中，对劳动者的榨取已不限于特定的时间和空间。用传统的劳动时间来丈量财富的尺度已经失效。而且，在信息、通讯交流日益发达的网络技术支撑下，社会主体间的协作以灵活性和流动性为特征，不稳定的劳动关系成为必然。

当代资本主义因为"图像、信息、知识、感受、符码和社会关系"而主要是关于主体性的直接生产。传统的物质生产是外在于生命的工具化生产，而以生产信息和文化内容为核心的非物质性劳动是主体内在欲望的自我生产。这就是说，生产的对象不再是物，而是主体。非物质劳动"不仅创造物质商品，而且还创造关系并最终创造社会本身"[1]。协作关系、通讯交流和协同融合关系的建立是内在化于生产过程本身的，因此，它们必须依赖于劳动主体。而且，生产通讯交流、情感关系和知识的劳动更能够直接扩大我们共同享有的领域。生产更加明显而直接地变为主体的生产和社会本身的生产，这也是为什么哈特和奈格里又将这种非物质性劳动称为生命政治的生产。

非物质劳动是"帝国生产方式的经济学概念"[2]。作为有别于传统工业的新型劳动，它体现着生命权力的运作。生命权力是发动帝国这部机器的原动力。帝国不同于帝国主义的统治方式是它对生命和社会生活本身的控制："生命权力是一种从内部监管社会生活，对社会生活进行跟踪、解释、吸收、重新接合的权力形式。只有权力变成一种不可或缺的、至关重要的功能，以至于每个个体都自愿地接受它并将其激活，权力才能实现对人口的全部生命的有效控制。"[3] 生命权力直接施加于生命之上，通过对人们生活的指导和管理来获取接受和指导，从而实现对生命的有效控制。与福柯所强调的现代规训社会不同，哈特和奈格里声称后现代社会是一种控制社会："控制机制通过人们的大脑和身体传播，行使权力的机器通过通讯交往系统、信息网络等直接组织人的大脑，并通过社会福利系统、活动监控系统等直接作用于人的身体；这样，与统治要求相符合的社会接纳和排斥行为也越来越内在

---

[1] Michael Hardt & Antonio Negri, *Multitude: War and Democracy in the Age of Empire*, New York：The Penguin Press，2004，109.

[2] 周穗明，《〈帝国〉：全球化时代的无政府主义思潮与战略》，《国外社会科学》，2007年第1期，第77页。

[3] Michael Hardt and Antonio Negri, *Empire: The New World Order*, Cambridge：Harvard University Press，2000，23-24.

于主体自身,由此控制显得越来越'民主',越来越内在于社会领域,从而人们被置于与自己的生命和创造欲望的自动疏离之中。"[1] 控制社会通过灵活多变的网络系统实施控制,它虽较少使用强制和强力,但民众却更容易内化控制机制。对民众身体和意识的控制,贯穿后现代社会的全部社会关系。

哈特和奈格里剖析了现代生命政治向后现代生命政治的转型。在他们看来,后现代社会的生命政治涉及经济与政治之间、生殖与生产、人与机器之间界限的消解。在后现代社会,生产与生活趋向于融合。生命的创造不再局限于繁殖领域,繁殖和生产就意味着某种主体性政治体制的建构。而且,对生命的改造决定着生产本身。当代社会的生物技术使得对身体的拆解和重组成为可能,因为在某种意义上,死去的人并没有真的死,死者的器官、血液、骨髓等可能在他人的身体内继续存在,接受死者身体器官捐献的人的生命因此得到改善和延长,对生命的改造和再生产成了资本主义经济中开发新产品和服务的基础。资本的逻辑已深刻深入到个体生命和社会生活中。生命政治生产即为社会生活自身的生产。

如果按照哈特和奈格里的论述,生命政治生产的终极核心不是为主体生产物质性商品,而是生产主体性本身,那么生产什么样的主体就至关重要。哈特和奈格里试图从生产过程的变化中寻找革命的潜能。他们认为,面对后现代社会的控制机制,承载生命的个体并不是无所作为、消极被动的。我们在生产、创造,参与社会,与别人交流的过程中产生主体性。如果生命权力代表了控制生命的权力,那么这种生命本身就形成了种种抵抗的力量。虽然社会的一切被纳入资本主义之下,但哈特和奈格里将看上去暗淡的前景与一种革命希望联系在一起,从而以积极的态度阐发了福柯的生命政治。他们从生命政治生产中看到了主体性的新形象,认为劳动者的脑子和身体已不再是生产的麻木工具,而是针对资本主义统治的武器。生命政治领域关乎的是新的主体性的生产,这既是反抗,也是通过拒绝和出走去主体化。在帝国内部,"大众"(multitude)组成具有反抗力量的新的革命主体,一群与

---

[1] Michael Hardt and Antonio Negri, *Empire: The New World Order*, Cambridge: Harvard University Press, 2000, 23.

帝国相对立的另类。与民族国家相连的"人民"概念不同,"大众"不体现与国家的认同,它可以用来指反叛帝国的所有不同质的人,是无法化约为一的多样性存在。"大众"也不同于传统意义上由产业工人组成的无产阶级,它是一个包容性的概念,不排斥雇佣工人以外的群体的加入,因而不能简单地将其定义为弱势群体。由于在资本全球化的今天,资本不断向外渗透扩张,个体身份在资本家和无产阶级之间摇摆,因此他们没有共同的阶级属性,但是他们共同的一点是都致力于构建全球性的民主。

正是新的剥削形式产生了新的对抗主体。生命政治语境下,"大众"所采取的阶级斗争方式是"出走"(exodus),即"通过实现劳动力潜在自主性的方式,从与资本的关系中退出的过程。因此出走不是拒绝生命政治劳动力的生产力,而是拒绝资本对生产能力所日益加强的制约因素"。[1] 出走并不意味着向目的地逃离。停留在原地,但却能找寻到一种逃逸线,从而改造生产关系和社会组织的模式,这也是出走的含义。

从以上分析可以看出,哈特和奈格里看到了当今时代经济全球化的迅猛发展对民族国家主权的强烈冲击,认为主要民族国家已不是唯一的权力,它们不能单边地发挥作用,这无疑是正确的。而且,他们看到,在后现代社会,生产的核心已经改变。在今天,劳动的价值来自社会主体化过程,来自一种共同性和联合性的行动。他们从反抗的立场来考察革命问题,的确有其进步的一面,但是他们对帝国的构想低估了民族国家对抗资本全球化的作用。而且,笔者也不认同哈特和奈格里的帝国主义已经被帝国所取代的观点,因为说帝国会带来全球民主的说法在当代国际战争的事实面前显得苍白无力。哈特和奈格里幻想全球统治模式从帝国主义转变为帝国,其实是一种无政府主义的幻景。当今世界的帝国主义的本质并未改变,改变的是其征服世界的方式。它打着"人道主义干涉"的旗帜,进行资本和文化扩张,实际上是一种新型的帝国主义。

---

[1] M.哈特、A.内格里、王行坤,《从危机到出走的阶级斗争》,《马克思主义与现实》,2014年第6期,第112页。

如果说福柯强调生命政治是一种现代治理技术,那么阿甘本对福柯的这一观点进行了修正。阿甘本的基本观点是:自古以来所有西方政治的特点都是生命政治。阿甘本认为,政治领域中的主要差别是人类生物性自然存在(zoe)和人类的政治法律存在(bios)之间的差别。福柯认为,现代人已沦为生物性生命,是各种权力技术的捕捉对象和被动客体。正是福柯的这一观点,对阿甘本产生了重要影响。通过对权力的发展形式的历时性分析,福柯强调生命政治绝非自古就有,而是一种伴随现代性而到来的政治形态,但阿甘本并不这样认为。阿甘本发现,自古以来有两种截然不同的生命形式:一种是有公民权利的生命,因而受到保护,另一种是没有政治价值的生命,因而不值得保护。生命要么被国家法律政治化,要么被国家法律秩序所排除。将人变成动物一般的生命,在古罗马时期就已经存在。古罗马时期有一种人叫"牲人"(homo sacer)。他们可以被随意杀死,但却不能用于祭祀,而杀人者也无须对此负责。这是因为牲人同时脱离了神法和人法而只能成为动物性的存在。他们被剥夺了人的一切政治权利,不享有任何政治和法律的保护,是政治权力拒斥和放逐的对象。阿甘本还从词源学上对生命一词进行了追溯。在古希腊语中,有两个词都可以用来表达生命:一个是 zoe,指的是动物性生命,另一个是 bios,用来指享受城邦生活的政治性生命。政治生命(bios)以排除动物性生命(zoe)为前提。因此在阿甘本看来,生命政治早已"镶嵌在人类共同体之结构当中"[1]。生命政治并不是现代性的产物,它从人类共同体一开始就始终在场。

阿甘本将人建构为政治性存在,但认为存在例外的状态。这一观点实际上是对福柯思想的进一步阐释,因为阿甘本所言的例外的、无身份的身体反过来印证了生命与主权的依附关系。身体与主权连接,形成福柯所说的生命政治另一面向,即主权权力或司法权力具有毁灭生命的倾向。阿甘本的生命政治在根本上是对纳粹种族主义的回应。如前所述,如果犹太人是日耳曼种族的一个外在威胁而必须消灭,那么纳粹如何才能达到目的呢?对于这一点,福柯没有给予令人满意的答复,

---

[1] 吴冠军,《生命政治:在福柯与阿甘本之间》,《马克思主义与现实》,2015 年第 1 期,第 95 页。

而阿甘本继续福柯的这一思路,对纳粹如何达到这一目的进行了深入的剖析。首先,犹太人被剥夺了公民身份。纳粹德国先是颁布了一些让犹太人成为次等公民的禁令,然后利用纽伦堡法案(Nuremberg Code)剥夺了犹太人的法律权利,并剥夺了犹太人的公民身份,使他们仅仅是"国家居民"。接下来利用臭名昭著的"水晶之夜"(Crystal Night)剥夺了犹太人的基本人权,从而让犹太人沦为赤裸生命。一个单纯的生物性生命只有获得一个公民身份才可以获得权利,反过来说,一个人若是没有了公民身份,便失去了普遍人权,成为任人宰割的赤裸生命。屠杀犹太人的技术性前提就是"将18世纪奠定的权利、公民身份和身体的连接线索扯断,从而让身体—生命变成一个脱离了权利和历史语境的赤裸生命,变成了一个纯生物性生命"[1]。犹太人正是失去了公民身份而变成了牲人,失去了基本人权,成为不值得活的赤裸生命而遭到肆无忌惮的大屠杀。

为了让自己更好地生存,必须让对方毁灭,这也是当代反恐战争的逻辑。阿甘本认为,监狱营(prison camp)是现代生命政治的策源地。监狱营是规则与例外之间的疆界消失的场所。例外状态下悬置法律的结果是赤裸生命的出现。福柯提出生命权力,是为了标识主权权力的没落,但到了阿甘本这里,置人于死地的主权权力重新兴起,与生命权力共同治理生命。阿甘本重新聚焦被福柯放弃的主权权力,而更加关注法律与中心化的权力之间的关系。法律的运行与正常状态有关。当我们作为政治生命(bios)而存在时,我们受到法律的保护,生活在一种公民权利之下。但如果法律直接和主权权力挂钩,由主权权力颁布法令宣布例外状态,那么正常状态下的法律秩序就会失效。例外状态悬置法律,或者说,法律在例外状态下无法实施。例外状态的存在导致正常状态下起作用的法律被悬置,最终在法律被悬置的状态下,生命被剥掉了法律的保护而成为赤裸生命。阿甘本接续卡尔·施密特对主权者的定义,即主权者可以决断例外状态,认为在"9·11"之后的当代美国,布什政府所宣布的例外状态使当代美国社会恢复了主权权力。通过分隔出例外状

---

[1] 汪民安,《什么是当代》,新星出版社,2014年,第102页。

态,某些生命不再具有"公民状态",不再受到法律的保护。生命权力没有走向福柯所说的扶植生命、优化生命,反而重新回归到例外状态下主权权力的致死能力。阿甘本所关注的生命政治正是如何将人的政治存在还原成任人宰割的赤裸生命。因此对他来说,生命政治是一种死亡政治。

阿甘本试图从主权起源的地带对生命的控制和杀戮做出解释,他对生命政治走向死亡政治的分析说明了当代自由民主制无力应对现代民主国家中的赤裸生命问题。一部分人的民主总是意味着另一部分人的被排斥。一部分人的人权正是基于对赤裸生命的界定的基础上形成的。生命政治在力图保护一部分人的生命时,也在大量生产赤裸生命。阿甘本指出,只要法律+法律之例外状态不被打破,就会持续产生赤裸生命,他们只能是权力所捕捉和征用的对象,现代政治的典范也只能是集中营。如果说福柯的生命政治强调的是健康人口的生产,那么阿甘本的生命政治强调的则是赤裸生命是如何得以制造的。

另一位意大利政治哲学家罗伯托·埃斯波西托也发展了福柯的生命政治。他认为,现代西方政治思想受到免疫范式的支配;现代的安全、财产和自由等概念只有放在一种免疫逻辑之中才可以得到恰当的阐释。免疫就是要把非自我从自我中分离开。政治共同体是一个生命有机体,就像人的身体一样,具有抵御外来威胁的免疫能力。在生命政治的逻辑下,国家这一共同体的危险无处不在。在《免疫体》一书中,埃斯波西托认为,人的有机体在和病毒的对抗中培养自己的免疫能力,同样,各个国家共同体也通过排斥外界"病毒"的入侵而培养自己的免疫力,从而保护自己的国民。而且共同体的问题之一是,它总以否定的形式出现。以否定形式出现的共同体总是通过排除、威胁和杀害他者的方式来保护自己。它以保护生命的名义实施武力。埃斯波西托将这种否定形式的共同体称为免疫体。这个免疫的共同体通过驱赶和排除它所认为的威胁而保护自己。

生命政治一方面可以促进和发展生命,另一方面却能毁灭生命,免疫范式使得人们对生命政治这两个对立方面的理解成为可能。纳粹的种族主义计划是免疫共同体最极端的表现:为了让自己活得更好,为了让自己安全,就要把外在的危险都消除掉,这是生命政治走向死亡政治的一条路径。埃斯波西托认为,纳粹德国就是这样一个免疫共同体,它崇尚一种"生物政治(biocracy)",即国家元首扮演医生的角色,祛除寄生虫,保证国家的卫生和健康"[1]。国家社会主义通过优生学对人口进行改造,以增进国家这一生命有机体的活力;犹太人、吉卜赛人、残障人士等被视为国家肌体里的寄生虫,只有加以消除,才能保障日耳曼民族所代表的国家有机体的健康。

同样,现代免疫共同体将他者视为病毒或危险的传染物。例如,在当今世界,美国和阿拉伯世界互为免疫:美国人将穆斯林视为病毒,为了防御他们的入侵,美国使用各种技术手段如安检、窃听、监视等来防范阿拉伯人。对外来危险的过度敏感和恐惧使美国时时刻刻给自己注射防范性的疫苗。我们知道,疫苗本身是药也是毒。疫苗可以防范病毒,但同时也会对自己的身体造成伤害。如果一个国家对自己民众的健康保护得太过,太慎重保护自己的民族安全,也可能对这个国家自身构成伤害。正是对穆斯林他者的过度防范引发了"9·11"事件,免疫的美国共同体在试图进行自我保护的同时也遭遇恐怖袭击,导致了自我损害。而阿拉伯国家也为了抵御美国等西方国家的反恐袭击,对西方的一切进行免疫,造成剑拔弩张的日益紧张的国际局势。和福柯、阿甘本一样,埃斯波西托认为纳粹主义是现代政治思想连续统一的一部分,纳粹德国的死亡政治实际上继续塑造着当下的国际政治局势。

如果用简单的一句话概括阿甘本的生命政治,就是"我必须把别人杀死,我才能过得更好"。而用一句话概括埃斯波西托的免疫体,则是"我要想过得更好,就要把我自己杀死"。这两种都是从福柯的生命权力推论出来的不同的模式,强调的是现代生命权力如何转变成致死的权力。这也是今天世界上很多战争、屠杀,包括监视等很多现象都可以在福柯的生命权力这个逻辑下进行解释的原因。表面上看,所有的国家都是打着为了自己国民的幸福和安全的旗号,实际上正是因为这个意愿而导致了各种各样的伤害、屠杀。

---

[1] 吴冠军,《"生命政治"论的隐秘线索:一个思想史的考察》,《教学与研究》,2015 年第 1 期,第 55 页。

第二节　从生命政治到死亡政治：对边缘群体的治理术

> I would like to suggest that the current configuration of power, in relation both to the management of populations (the hallmark of governmentality) and the exercise of sovereignty in the acts that suspend and limit the jurisdiction of law itself, are reconfigured in terms of the new war prison.
>
> *Precarious Life*, 2004: 53
>
> 我想暗示：权力的当今构成，既与人口的管理（治理术的标志）相联系，也与主权的实施相联系，而这种主权悬置并限制了法律本身的立法性。这种权力的当今构成以新的战争监狱的形式得到重组。

> One way of "managing" a population is to constitute them as the less than human without entitlement to rights, as the humanly unrecognizable.
>
> *Precarious Life*, 2004: 98
>
> "管理"人口的一个方式是将他们划为非人，不给他们权利，让他们在人的范畴上成为不可辨识的。

福柯认为，从18世纪起，权力形式转变，现代国家权力的最高表现，不再是展现生杀大权的杀戮行为，而是采用治理术（governmentality）[1]彻头彻尾地控制生命。以往的惩罚性权力针对的是个人，它以治人死罪为控制手段，而现代统治者针对的是整个国家的人口，其行使权力的方式是让人生存下去，即通过科学技术等手段调节人口繁殖，使其生命国家化。这种调节人口的方法开启了生命政治学。管理整个国家人口的机制使国家的治理方式以整套的部署方式进行。统计学、医学、

---

[1] 治理术是理解福柯分散的、多价的权力运作方式的术语，这尤其体现在现代权力如何通过国家与非国家的机构及话语管理人口。

生物学、人口普查、公共卫生、社会福利、保险等各种新技术全面展现统治者对生命的控制。在心理学、宗教、教育、医学、生物学等知识的控制下，个人生物性的身体被嵌入国家之中，成为国家权力运作的场所。因此福柯所言的权力关系并不是一种司法性的由上而下的统治与被统治的二元对立，而是无所不在地存在于各种关系之中，形成一种广袤的关系网。

如果依福柯所言，权力转变为微观的、不可见的，却是全面监控的统治，那么权力策略如何动员和利用关于生命的知识控制人口呢？为什么有些生命的身体所承受的苦难受到政治、医学、科学和社会的关注，而有些生命则受到无视和忽略？种种形式的宰制和排斥如何镌刻在身体之中，又如何改造身体？谁从对生命改造的监管和优化中获利？又是谁承担了代价而经历贫困和疾病等形式的困扰？为什么有些生命形式被认为有价值，而有些生命却被认为是无效的、不值得的？以上这些正是巴特勒一直持续关注的问题，它们直接指向生命政治实践过程中所产生的不平等结构。

巴特勒对生命与死亡的关注基于福柯的生命政治理论，但她参与生命政治的讨论是从被现有世界秩序排斥在外的边缘化群体的角度来思考的。在当今世界，被政治权力遗弃的赤裸生命持续存在。难民、战俘、无家可归的乞讨者、在战火中丧生的平民百姓、经济上的弱势群体都可以看作是动物性的存在。巴特勒吸收汉娜·阿伦特的"纯粹生命"（mere life）以及乔治奥·阿甘本的"赤裸生命"（bare life）的概念，提出"危脆"（precarity）这一术语。对阿伦特而言，纯粹生命指被剥夺了公民权的生命，它不可能有最基本的人权。阿甘本认为，当紧急状态发生时，有些主体被剥夺了他们作为主体的本体地位。他们沦为赤裸裸的生命，他们没有死亡，却也没活着。阿甘本用"赤裸生命"这一概念，指出一种没有任何国家身份、置于任何历史语境与意义关系之外，处于赤裸裸的任由他人宰割的例外状态。战俘、集中营的囚犯、难民、非法移民者等就属于这样一种例外状态。这些被排除的、没有身份的生命等同于无权利的动物身体，阿甘本称之为动物性生命；而作为政治存在的享有公民权的身体，则是政治性生命。在阿甘本眼中，赤裸生命既是主权生产的产物,又是主权展现权力的对象。一方面他被主权排除,因而不受法律保护,另一方面主权也可以将惩罚与暴力加诸其上,展现权力统治的合法性。同样,巴特勒所关注的正是那些由于战争冲突和国家暴力而产生的处于例外和脆弱不安状态中的身体。她思考的是那些在政治和法律上被剥夺了一切权利,但各种法律皆可随意处置的危脆的生命。

20世纪90年代,巴特勒的政治行动主义主要围绕女性主义和性少数群体的权益问题,但最近十年来,巴特勒越来越关注国际政治、经济局势。"9·11"事件以后,巴特勒对美国的国家主权权力以"全球民主"之名,实行无限期战争的国家暴力予以反思和批判,尤其关注政治冲突引发的国家暴力给普通公民带来的巨大伤害。如果"脆弱不安"(precariousness)指所有人在面临他者时的脆弱状态,那么巴特勒所使用的"危脆"一词则专指由政治和国家暴力而引发的脆弱。"脆弱不安"这一概念更具有存在主义的意味,它强调所有人存在于世的共同状态,"危脆"一词则更具政治意味。[1] 当巴特勒说生命是危脆的时,她强调的是政治引发的条件。在这样的条件下,一些人口不再得到社会和经济网络的支持,暴露于伤害、暴力和死亡中。这些人口更有可能面临疾病、贫穷、饥饿、流亡等风险,对暴力的威胁毫无防御能力。对巴特勒而言,危脆是治理的一种形式和结果。她的"危脆"概念已成为对后福特时代政治、经济状态进行理论化的一个核心术语。

巴特勒从生命政治的角度思考危脆性。她思考的不是什么人变得危脆,而是他们如何变得危脆的。在当代社会,什么样的机制允许和产生这种危脆的状态呢?导致治理人口的差异性分布的机制和策略是什么?

规范暴力:主权权力作崇下的认知框架

巴特勒的著作一直体现着她对规范及其所造成的伤害的省思。规范是可理解性的网格图,它使可理解的社会生活成为可能。规范的概念来源于"正常的"(normal)

---

[1] Judith Butler, *Frames of War: When is Life Grievable?* London & New York: Verso, 2009, 3.

一词,是一个超法律意义上的经验概念,它内在于社会群体,产生于社会群体的社会实践。规范之所以重要,是因为它对一个人的主体性具有构成性作用。规范暴力(Normative Violence)则指社会的种种规范对不符合规范的人所造成的暴力。在巴特勒的著作中,规范暴力是根本性的,是暴力的主要形式。异性恋规范定义了在社会上、文化上可以被承认的人,而不遵循此规范的人则不具有文化上的可理解性,是被拒斥的生命。早在1990年,巴特勒的《性别麻烦》就讨论了异性恋规范所产生的暴力对性少数群体造成的伤害。在1999年《性别麻烦》的再版序言中,巴特勒谈到她所体验到的性别规范的暴力:她的叔叔因为他解剖学意义上不正常的身体而受到监禁;她的同性恋表亲被迫离家出走;她自己16岁那年的出柜风暴,以及后来在成年生活里所遭受的失掉工作、爱人和家庭等状况,所有这些都让她深刻体会到规范暴力所带来的种种伤痛。

性别规范本身给不符合这些规范的人造成身体上和心理上无法挽回的伤痛,但更为严重的是,规范暴力不仅给身体和心灵造成伤害,而且它试图抹除这些伤害,久而久之让人们感到这些伤害不再是伤害,认为这些伤害是对不符合规范的人的惩罚,是天经地义的。巴特勒所做的工作正是要揭示规范暴力的这种擦除的效力,让规范带来的暴力变得可视。在谈到性别规范带来的暴力时,巴特勒说:"要使这种暴力进入大众的视野很难,因为性别在被暴力地管制的同时,经常被认为是理所当然的。"[1] 由于异性恋规范生产并维持自然化的性别,因此揭露这种规范暴力所带来的后果的一个重要步骤是对性别的去自然化。我们看到,这正是《性别麻烦》的主旨之一。对生理性别的去自然化的努力绝不像某些批评家所言,只是一种文字游戏。巴特勒称这种努力来自一个要生存下去的欲望,一个要让生命成为可能的欲望。

乍看起来,"规范暴力"这一术语有些奇怪,因为我们通常所理解的暴力与武力相关。对暴力的这种直觉式的理解,巴特勒持不同看法。她认为,规范作为社会中

---

[1] Judith Butler, *Gender Trouble: Feminism and the Subversion of Identity*, New York: Routledge, 1999, xix.

的主流话语，它界定了什么样的生活是可行的、可理解的生活，什么样的生活是不可行的、不可理解的生活。只有主流话语范围内的人才被承认，成为真正意义上的人；不被社会规范所接受和认可的人不具有人的资格，也就没有主体性。巴特勒"规范暴力"的概念将我们的注意力引向话语对形成主体的重要作用，强调话语中的暴力，这与德里达在《论文字学》中提到的"文字的暴力"（violence of the letter）十分相像。[1] 两者都强调话语所产生的暴力远比武力所产生的暴力要强大得多。话语的建构及其流通所产生的暴力才是根本性的，武力所产生的暴力只是派生性的。在巴特勒看来，规范暴力产生于我们通常所理解的武力暴力之前，它促成武力暴力的发生。因此对巴特勒而言，"规范暴力"是其核心的政治概念之一。

最近数十年，各种疾病、战争冲突为我们带来了沉痛的丧失，女性、难民等边缘群体时刻面临暴力的威胁。"9·11"事件以后，巴特勒将对规范暴力的关注延续到对美国推行的外交政策之上。"9·11"之后的美国充满哀悼、恐惧、焦虑和愤怒，暴力的伦理充斥着当今政坛。大多数的美国人想当然地认为，"9·11"事件是恐怖主义在美国领土上实行的武力暴力事件，但巴特勒认为，"9·11"事件及其之后的虐囚事件实际上为我们提供了更好地了解规范暴力的机会。对关押在关塔那摩和阿布格莱布监狱的战俘施行的肉体上的暴力与已经播散的规范暴力是并行一致的。

让某些人口差异性地暴露于暴力的机制是认知框架。我们能否接受某种观点、某个事件，关键在于理解和认知的框架。感知是权力的工具。权力操控感知，让人们形成固定范围的视野，使其只能看到权力想让人们看到的东西。这种感知经济让某些人清晰可见，却使另一些人在社会上变得不可视。"9·11"事件以后，在美国的主流媒体叙事中，穆斯林处于现代性的时间维度之外，被认为是野蛮、不受文明束缚的、充满暴力的。恐怖主义的敌人受到叙事的"框定"。他们被系统地描述为"兽性大发、精神不正常、随时可能爆发的极度危险的人物"。例如，穆罕默德·阿塔或本·拉登的故事暗示人们：个人病态在发挥作用。他们的暴力无极限，

---

[1] Samuel A. Chambers and Terrell Carver, *Judith Butler and Political Theory: Troubling Politics*, London & New York: Routledge, 2008, 78.

所以只能用战争强行加以制止。这种以暴制暴的逻辑不仅旨在清除恐怖主义分子,而且允许伤及无辜百姓的附带伤亡。只要能制服恐怖分子,美国将不惜一切代价。

巴特勒说:"战争的框架是部分产生战争的物质性的东西。"[1] 在《战争的框架》中,巴特勒指出,"to be framed"一词在英语中具有多重意思:我们可以给一幅画加框,让观者只关注框子里面的画面;美国俚语中也可指警察对犯罪嫌疑人的陷害,也就是设计诬陷清白之人。[2] 美国主流话语设定的框架将他者排除在外,让人们无法认识到他者生命的丧失或身体所受到的伤害,这本身就是一种权力运作,因此我们无法在权力运作之外思考生命的存在。作为主流话语的框架就像上面俚语中的警察,为了有利于自己,而将对手妖魔化。虽然战争总是区分敌我,我们不再将敌人看作人,因而进行杀戮,但巴特勒要我们看到的正是战争暴力得以实行的逻辑。正是这些认知框架导致战争的爆发。

美国的外交政策所依赖的正是这种话语所产生的暴力。在美国主流话语的层面上,某些生命根本就不被考虑为生命。阿拉伯穆斯林被西方话语划分在"人"的范围之外。大众媒体中无法看到有关阿拉伯平民惨遭杀害的报道,他们的死亡不可见、不可哀悼。这种悲伤的层级性分配是由于他们被主流话语排除在外。

巴特勒以剖析美国士兵的虐囚事件来说明主权权力是如何使战俘成为赤裸生命的。《战争的框架》中的一篇文章《折磨与摄影伦理:与桑塔格一起思考》主要分析阿布格莱布监狱的照片。2003 年秋季,美国媒体曝光了美国女兵在阿布格莱布监狱里虐待伊拉克战俘的事件,世界哗然。照片中的美国女兵林迪·英格兰(Lynndie England)像牵狗一样牵着伊拉克战俘;让他们穿女人内衣;强迫他们裸体,叠成金字塔形状。主流媒体对虐囚事件的态度可由 2004 年 5 月《新闻周刊》刊载的伊凡·托马斯(Evan Thomas)的文章副标题得到体现"一个柔弱的假小子在

---

[1] Samuel A. Chambers and Terrell Carver, *Judith Butler and Political Theory: Troubling Politics*, London & New York: Routledge, 2008, 29.

[2] Judith Butler, *Frames of War: When is Life Grievable?* London & New York: Verso, 2009, 8.

阿布格莱布的行为怎么会像一个魔鬼？"言下之意，道德约束下的女人绝不会做出这等事情！一些右翼分子趁机大肆攻击女性主义，宣称林迪·英格兰的行为是"美国女性主义文化的产物，正是女性主义鼓励了女性的这种野蛮行为"[1]。而美国官方发言人则认为这些照片体现的是一些士兵变态的个人行为。对此，巴特勒认为，虐囚事件绝不是病态的个人行为。

巴特勒指出，代表国家权力的话语促成了武力暴力。兰德尔·施密特（Randall Schmidt）中将所做的调查报告（2005年12月20日）显示，2002年美国国防部长拉姆斯菲尔德曾批准对关塔那摩监狱的"9·11"事件嫌疑人默罕默德·卡赫塔尼（Mohammed Qahtani）实施人格侮辱式的无限制审讯。他在2002年12月2日曾批准16项针对卡赫塔尼的非人道审讯，包括强迫裸体、心理压迫、移走宗教物品等。在54天中，卡赫塔尼有48天每天遭受18至20小时的审讯。审讯人员强迫他在女兵面前裸体，穿女性内衣，脖子上系狗绳，并辱骂他为同性恋。施密特报告称，拉姆斯菲尔德虽然没有明确指出更多"有创造性的"审讯手段，但是他所批准的无限制审讯策略和缺乏监督的日常审讯，导致了虐囚行为的发生。可见，正是由于代表国家权力的军方领导人批准的法令法规成为默许美军士兵虐待囚犯的依据。关塔那摩监狱的前负责人杰弗里·米勒少将（Geoffrey Miller）以及阿布格莱布的虐囚者查尔斯·格莱纳（Charles Graner）和林迪·英格兰才因此认为，他们是在军方条例允许的范围内对囚犯如此进行审讯的。

人类生命共同的脆弱不安的状态并没有得到承认，相反这种状态成为强势的国家权力统治弱势人口的借口。这些弱势的生命不被视作生命，他们首先被框架界定到可消灭的、不可哀悼的范畴中，然后再施以武力加以毁灭。美国的主流媒体再现也遵循国家权力所设定的框架，使用"嵌入式报道"（embedded reporting）[2]的

1　Timothy Kaufman-Osborn, "Gender Trouble at Abu Ghraib?" in Terrell Carver and Samuel A. Chambers eds., *Judith Butler's Precarious Politics: Critical Encounters*, London & New York：Routledge, 2008, 206–207.

2　Judith Butler, *Frames of War: When is Life Grievable?* London & New York：Verso, 2009, 64.

方式服务于国家权力。这些记者的视角局限在主权权力规定的范围内，他们只报道特定的场景，播报特定的人或事。例如，美国媒体很谨慎地避免播放战争中敌我双方伤亡的画面，尤其是美军士兵阵亡的消息，理由是这种再现只会削弱战争所做出的努力，从而危及国家。控制视角、监督内容，这是国家主权控制战争可视性的有力手段。这种嵌入式报道同样体现在阿布格莱布的照片中。

用以区分可理解和不可理解的生命的"框架"不仅组织认识者的视觉经验，而且产生特定的主体形式。当相机聚焦某一现实时，相机框架里面的内容已被决定为是重要的东西。照片不仅再现现实，它同时影响着看照片的人。阿布格莱布监狱的虐囚照片是战争犯罪的证据。没有这些照片，我们无法知道监狱中发生的真实情况。然而巴特勒指出，即使最透明的纪录片也是按照一定的框架拍摄的。因此，对于这些照片，我们要问的是：是谁，出于什么目的拍下了这些照片？拍照片的人是要曝光虐囚的事实呢，还是要表达美军取得胜利的沾沾自喜的心情呢？我们看到，照片中的美国士兵并不是以个人的姿态出现，相反，虐囚是一种集体的行为，因为有些士兵相拥着摆出胜利的手势。他们的形象符合美国国家权力试图大规模毁灭伊斯兰对手的决心。拍照片的记者并没有阻止虐囚事件的发生，而且有些照片正是虐囚的美军士兵自己拍摄的。照片中的伊拉克战俘被遮蔽了面孔，而美军士兵在镜头前则十分放松，丝毫没有罪恶感。他们完全将这些照片看作"纪念品"。实际上它们捕捉到的是美军战胜敌人的"胜利"时刻。从这一角度看，这样的虐囚照片似乎在暗示，只要国家的主权权力仍采用战争的框架，这样的虐囚事件就会继续发生。

巴特勒认为，列维纳斯的伦理观对当代社会的文化分析十分有用。媒体对"敌人"面孔的再现抹除了列维纳斯的面孔中最具人性的部分，他们变得无脸、无人性，成为邪恶的象征。当他们的生命被剥夺时，他们的生命变得不可哀悼。美国的主流媒体生产的是被消灭的邪恶的恐怖分子形象。巴特勒指出，这些虐囚照片发挥了以下几种功能：对监狱里的美军看守而言，这些照片起到煽动残暴行为的作用；对伊拉克战俘而言，它们是耻辱的威胁；这些照片是记载战争罪犯的载体；它们是无法接受的折磨行为的证据；它们还是网络、博物馆等公共空间收藏的对象。[1] 这些照片可能违背拍摄者的初衷流传到其他空间，被更激进的人士所征用。因此巴特勒认为，必须在具体语境中对这些照片进行阐释。

此外，必须看到，在男性中心主义的军事主义文化中，无论她们是作为受害者、犯罪者，还是处于两者之间，女性的身体都是父权制规范的向量，成为推行国家暴力的手段。虐囚事件是美国国家权力使用"去势逻辑"（the logic of emasculation）侮辱伊拉克士兵的手段。巴特勒认为，照片总是聚焦某个方面而将其他事物排除。照片的伦理力量映射的是希望我们看到的东西——谴责变态的女性。是的，林迪·英格兰的所作所为让我们对女性的预期产生强烈反差，但巴特勒敦促我们要学会看到框架以外的东西。父权制社会的厌女症，尤其是将女性再现为性商品的倾向，在监狱里成为国家权力贬低敌人的一种手段。像对待女人一样对待敌人，这便是美国军方侮辱敌人人性的策略。武力产生的暴力不仅让伊拉克士兵感到脆弱，更让他们感到自己沦为纯粹的生命，毫无人的尊严。

生命是脆弱不安的，每个人都如此，但是主权权力的政治决定让某些人比其他人更加脆弱。权力的另外两种形式，即规训权力和生命权力，并没有让主权权力消失，相反，主权权力通过治理术重新兴起。福柯曾将君主时代的法律与主权权力等同起来，认为法律体现主权者的意志，是否定性的主权权力惩罚抗命者的工具。而在现代社会，法律更多地以规范的方式发挥功能，日益被整合到一连串发挥生命权力调节作用的医疗、行政等机构之中。与过去的主权式法律相比，现代社会的法律在性质和逻辑结构上发生重大变化。以偷窃罪的处理为例，君权时期的法律通常以绞刑、放逐的方式惩罚犯法者；规训权力时期的法律则除了惩罚，还可能将罪犯收押，以监视和规训为手段，以改造该罪犯为目的；而在生命权力的治理时代，法律除了惩罚与规训，还可能关心的问题是：此类犯罪的平均犯罪率是多少，治理偷盗的费用是多少，严格的惩罚和宽松的惩罚哪种花费更多，等等。法律从"君主之剑"

1　Judith Butler, *Frames of War: When is Life Grievable?* London & New York：Verso，2009，92.

变成"人民公器",呈现出日益温和但隐藏了背后的治理策略,使治理术披上法律的民主外衣,将权力的触角拓展到生命的各个层面。在法律与现代权力的交错共生之下,法律已不再是保护个人自由与权利的武器,而是一个使生命陷入精打细算权力策略中的规范化装置,因此必须在有关生命的交通、生育、户籍、移民、财产、环境等治理机制中来分析法律与非法律的话语、制度之间的相互作用。法律不可避免地生命政治化了,沦为生命政治的工具。在主权权力作祟的认知框架下,个人不再是自治和道德自主的理性主体,而是治理实践所任意摆布的棋子。

"9·11"事件以后,美国军方对古巴关塔那摩监狱(Guantanamo Bay)和伊拉克阿布格莱布监狱(Abu Ghraib)的囚徒下达了"无限期扣押"的命令,他们被排除在人的范围之外,根本不受国际法保护,没有正常的军事审判,甚至遭遇美军士兵虐囚事件。不使用军事法庭审判这些战俘而下令对他们进行无限期扣押,这违背了国家宪法,使最终决定权成为总统的特权。对关塔那摩监狱 680 名囚犯中的哪些囚犯应实行无限期扣押,决定权又落在某些"官员"身上。没有法律的依据,这些官员将主权权力聚集在他们身上。尽管福柯认为主权与治理术可以并存,在现代战争的关押战俘的监狱中,还需具体分析这种并存采用何种特定的形式。国家通过悬置和忽视法律来获得权力,以安全的名义剥夺对手的基本人权。对战俘实行管理的官员行使主权权力,这种权力的运作无法用法律进行阐释。通过没有法律约束的官员对战俘身体的任意处置,丧失的或受到伤害的国家主权重获威严。巴特勒批判的正是国家权力或司法权力以国家安全为名悬置一切法律,任意处置例外的身体的做法。

卡尔·斯密特(Carl Schmitt)曾认为例外状态意味着法律的悬置。他对主权的著名定义是:主权就是决断例外状态。阿甘本发现通过对法律的悬置,例外状态成为秩序和失序之间的临界。在古罗马刑罚中,主权者通过悬置神法和人法而设立临界状态,制造赤裸生命,将牲人置于自己的生杀大权之下。从古罗马时代到现代国家的西方政治传统,主权者通过设置例外状态这一临界空间,制造了大量赤裸生命,并对其施以生杀大权。现代民主时代的"君主"完全可能是某个总统、元首、政党或议会。例如,在希特勒的统治下,失去法律、政治外衣庇护的犹太人直接暴露于主权暴力之前。在纳粹政权的全权统治下,例外状态已经成为政治常态。近年来,阿甘本延续这一思路,阐述了国家社会主义乃至当代主权国家终结生命的暴力。阿甘本认为,死亡集中营建立在制造不受法律约束而可以随意消灭的人口之上。产生这些"不值得活"的生命是因为主权权力宣布了剥夺他们公民权的法令。随着某些体制机构的失效,失去保护的某些人口被施行了暴力。

分配社会物资的决定会强化或减弱人的危脆,而这种决定往往是由政治条件引发的。这种依赖性进入权力的社会网络,并由这一网络操控这种依赖性。生命并不仅仅依赖物质条件,这种与生俱来的脆弱可能通过权势集团的决定而得到强化或减弱。有些群体因这些决定而受到保护和庇佑,有些人则暴露于暴力和危险中。纵观国际局势,我们看到美国在霸权思维的控制下,坚守"领袖地位",蔑视国际合作,将联合国等国际组织视为次要的协商机制,始终以自卫的名义标榜自己的暴行,视铲除恐怖主义为高尚事业,却丝毫不为逝去的无辜生命承担自己的责任。在美国的霸权思维控制下,当代国际政治将自然生命纳入主权权力统治的政治结构中。例外状态已成为当代国际政治的常态和困境。

对此,巴特勒指出,美国的帝国主义行径是美国遭到袭击的根本原因,没有帝国主义背景,袭击就不可能发生。美国需要反思自己的政治投入与政治行为如何造就了充满愤怒与暴力的世界。以暴力对待暴力只能产生暴力的循环,无益于政治问题的解决。美国必须摆脱刚愎自用的防御性叙事视角,虚心听取某些解释,思考我们的生命同他人生命之间的深刻联系,从而承担伦理责任,阻止暴力进一步蔓延。巴特勒反思美国如何为他人造成遭受暴力的痛苦,呼吁建立新型的公共文化和公共政策,从而使突如其来的暴力、丧失、以暴制暴等不再成为政治生活中司空见惯的事情。美国应当在全球政治中发挥更积极的作用,创造条件制止类似针对美帝国主义的反抗行动。这要求美国担负伦理责任,创造更为公平的国际环境,促进平等,尊重主权,公平分配资源。

哀悼的差异性分布：关于情感政治（Affective Politics）

作为女同性恋者，巴特勒对被排除的生命所承受的暴力深有体会。《性别麻烦》、《至关重要的身体》和《权力的精神生活》讨论规范的异性恋霸权如何发挥功能，限制性少数群体公开表达他们对已故伴侣的悼念。在《安提戈涅的声明》中，巴特勒通过解读安提戈涅，更集中地讨论了哀悼与政治之间复杂的关系。波吕尼克斯因为攻城而被视为城邦的死敌，城邦的代表克瑞翁国王因此下令禁止埋葬他。任何哀悼波吕尼克斯的人都会被视为违背国家的律法。通过安提戈涅冒生命危险埋葬哥哥的故事，巴特勒促使我们思考，当我们试图公开哀悼一个不可哀悼之人时，我们为什么会面临安提戈涅那样的困境。

面对全球政治伦理的发展，巴特勒越来越表现出对哀悼的兴趣。2001年的"9·11"事件以后，巴特勒写了数篇反思政治的论文，收录在2004年的专著《脆弱不安的生命：哀悼和暴力的力量》之中。她尤其关注的是，当美国"强调民族主义话语，扩大监督机制，搁置宪法权利，发展各种公开和隐蔽的审查制度时，美国实际上已经失去政治机会的状况"[1]。那么，美国失去的是什么样的政治机会呢？巴特勒认为失去的是"承认人类之间是相互依赖的机会，反思人类的脆弱与暴力之间关系的机会，以及思考悲伤的政治组成的机会"[2]。

我们通常认为哀悼属于私人行为，但巴特勒却强调哀悼的政治性。丧失亲人可能是由于亲人自身机体功能的衰退，但巴特勒强调的是战争等政治灾难所导致的丧失。丧失暴露的事实是，为了生存，人类之间必须相互依赖。无论是个人导致的暴力，还是国家引发的暴力，它们都将生存逼入险境。为了反对这种暴力，必须发展一种与所遭受的苦难相认同的思想。为了承认人类的脆弱，我们必须接受丧

---

[1] Judith Butler, *Precarious Life: the Powers of Mourning and Violence*, London & New York: Verso, 2004, xi.

[2] Judith Butler, *Precarious Life: the Powers of Mourning and Violence*, London & New York: Verso, 2004, xii.

失,并进行哀悼,因为哀悼"意味着接受一种你事先无法知道其全部结果的改变"[1]。接受意味着首要承认所丧失的他者,那么为什么有的他者不被承认,因而不可哀悼呢?巴特勒使用"规范暴力"和"认知框架"这些术语解答了上述问题。

被规范排除在外的生命不能以"活着"指称其状态,他们的生活不可理解,是一种生与死之间的状态。当被规范排除在外的人死去时,他们的生命不可哀悼,因为他们从未被理解为人。可哀悼的生命说明其生命很重要。失去所爱的人的生命让我们意识到他们对我们是多么重要。不可哀悼的生命说明其生命不重要、不算数。如果我们不再珍视某一生命,那么当这一生命丧失时,我们不会哀悼。可哀悼性说明丧失的生命值得珍视;否认可哀悼性,就等于否认了生命。"9·11"事件中丧生的美国公民的生命是珍贵的、有价值的,可以在公开场合进行哀悼;性少数群体、艾滋病人等被主流规范排除在人权范围之外的生命个体不被承认,因而不可哀悼。战地记者丹尼尔·珀尔(Daniel Pearl)的牺牲得到隆重的哀悼;《三藩市年鉴》拒绝为被以色列士兵杀害的巴勒斯坦妇女、儿童刊登讣告。某些特定生命的不可哀悼性使他们被排除在人的范围之外,遭受规范暴力带来的苦痛。巴特勒批判了可哀悼性的差异性分布,认为这种差异说明,由于某些生命不被看作是生命,主权权力堂而皇之地让他们承担饥饿、失业,剥夺他们的法律权利,甚至让他们承受暴力与死亡。

丧失与哀悼虽是人类共有的经验,但在政治领域它们形成政治群体的基石。哀悼的经历激励人们在政治上采取行动。例如,在战争中失去儿女的父母可能成为反战运动的积极分子。巴特勒本人列举了两个有力的例子。第一,她提到,美国民众看到在越南战争中被固体汽油烧死的越南儿童的照片,这些照片所产生的"震惊、愤怒、悔恨和悲伤"让美国舆论开始反对越南战争。[2] 美国民众与脆弱相认同,表达了对越南儿童所遭受的非人待遇的伦理上的愤怒。巴特勒建议人们汲取越南

---

[1] Judith Butler, *Undoing Gender*, New York: Routledge, 2004, 18.
[2] Judith Butler, *Precarious Life: the Powers of Mourning and Violence*, London & New York: Verso, 2004, 150.

战争的经验教训,将悲伤作为一种政治资源,从自己脆弱的经历中推知他人因军事入侵、占领、突然宣战、警察暴力而遭受的脆弱感。第二,她列举了美国黑人妇女的反战运动。她们在诸多城市进行的静坐反映了她们与巴特勒所提出的伦理相认同:当妇女在营地遭受强奸、折磨,当姐妹们失踪、被杀,家园被毁,她们如何能漠视那些妇女所遭受的痛苦呢?因为她们也可能面临同等悲惨的命运。因此在巴特勒看来,伦理判断来自承认共同的人类脆弱性,必须在承认脆弱的基础上提倡对他者的责任伦理。

需要指出的是,巴特勒并不对哀悼话语本身感兴趣。实际上,她想通过这些话语揭露生命脆弱不安的状态,以及我们在面对他者时的脆弱。悲伤与哀悼是人类存在相互依赖状态的症候。在悲伤与哀悼的行为中,我们认识到我们与他者是一种什么样的关系。我们与他者之间的纽带反过来又帮助我们思考我们是谁。失去他者,失去这种纽带,我们就会变得脆弱。巴特勒认为,丧失和脆弱是作为社会构成的人的共有经验。丧失不仅让我们失去情感,更让我们感受到一种"被剥夺"的感觉(dispossession)[1]。"我"不仅失去了"你",在某种程度上,"我"也失去了"我自己"。当失去相互依赖的他者时,"我"已不再是原来的"我"。正是这种自我与他者之间相互依赖、相互渗透的关系成为我们建立与他者之间伦理关系的源泉。

在《暴力、哀悼、政治》一文中,巴特勒将对哀悼的思考引向新的方向。她不仅思考哀悼的传统如何由权力关系所构成,她还认为,"哀悼的经验可以在政治领域内开辟对另一种规范的渴望"[2],也即,一种以更加伦理化的模式重新思考政治的机会。哀悼不是政治目标,但是丧失哀悼的能力,我们就没有办法反对暴力。虽然对某些人而言,回应哀悼的途径是暴力,但是暴力无法维系脆弱不安的生命,只能导致无尽的政治愤怒。因此巴特勒认为,政治必须考虑什么形式的社会和政治组

---

1 Judith Butler, *Precarious Life: the Powers of Mourning and Violence*, London & New York: Verso, 2004, 28.
2 Judith Butler, *Precarious Life: the Powers of Mourning and Violence*, London & New York: Verso, 2004, 26.

织最能在全球范围内维系那些脆弱不安的生命。

权力与情感的交叉界定了巴特勒"9·11"之后的著作倾向。巴特勒认为,受到伤害意味着有机会对伤害作出反思并发现伤害散布的途径,意味着明白还有谁受到了威胁:边界渗透、意外暴力、褫夺权利、恐惧,它们如何让人类遭受苦难。如果国家主权遭到了挑战,这并不意味着国家可以不择手段,以牺牲公民自由、镇压政治异见为代价维护主权。

第三节　承认共同的脆弱:展望积极的生命政治

> The body implies mortality, vulnerability, agency: the skin and the flesh expose us to the gaze of others but also to touch and to violence... The body has its invariably public dimension; constituted as a social phenomenon in the public sphere, my body is and is not mine. Given over from the start to the world of others, bearing their imprint, formed within the crucible of social life, the body is only later, and with some uncertainty, that to which I lay claim as my own.
>
> *Undoing Gender*, 2004: 21

> 身体意味着生命可以终结,是脆弱的,具有能动性;皮囊与血肉不仅使我们暴露于别人的观察,也使我们暴露于接触和暴力……身体有其稳定的公共的一面。我的身体是作为公共领域的一种社会现象构成的,它既属于我,又不属于我。身体从一开始就被交给了他人的世界,打上了他们的印记,在社会生活的熔炉里得到历练;然后我才不那么肯定地宣称,身体是我自己的。

脆弱:社会、政治和伦理关系的本体条件

对巴特勒而言,2011年的"9·11"事件显示了一个广泛的人类困境——国家保护状态下的不安全感。这一事件挑战了霍布斯的政治理论,即如果脱离不安全

的自然状态形成政治社会,人们就获得了和平与安全。"9·11"事件提醒我们,在当代政治社会中,我们面临无法回避的脆弱感。这种脆弱是一种集体的状态,是我们社会和政治本体的构成性特征。作为社会的人,我们无疑会暴露于各种熟悉或不可知的力量中。只要作为主体的我处于与他者的关系中,我的生命就是脆弱的、岌岌可危的。因此,巴特勒使用"脆弱不安的生命"(precarious life)一词来指称所有人的存在状况。这一词语旨在说明,我们所有的身体都是脆弱的,我们与他者之间是相互依赖的关系。巴特勒说:"如果我为自足而斗争,是否无需我为其他的什么而斗争呢?群体中的我自己的概念,以他者带来的印象为参照,反过来也对他者产生影响。这种相互的影响不完全在我的控制之内,也无法清晰地进行预测。"[1]作为社会性的存在,从一开始,我们的身体就超出我们自己,受制于他人。如果我们承认这种相互依赖的共生状态,承认人类的脆弱,就可能避免暴力的发生。反之,否认人类共同的脆弱,以暴力之心相互对待,便会引发循环的暴力给双方带来的伤害。

巴特勒强调我们每个人处于脆弱、不稳定的生命状态,我们以脆弱的身体存在于世,我们时刻可能暴露于他人的侵犯与攻击中,我们需要得到保护、支持和庇佑。她强调人与人之间不可避免的依赖关系,从而对抗自由主义自足的主体概念。人类无从避免的相互依存状态应成为全球政治共同体的基础,因此应放弃自足的自我幻想。巴特勒认为,由于所有的主体都在规范、权力和他们无法选择的社会关系中形成,主体在权力面前具有不可避免的脆弱性,而且主体永远不可能自足地产生,必须依赖于处于权力网中的他者。我们身体的脆弱意味着我们以无法选择的方式受到他人的影响。这种无法选择的脆弱来源于我们共同生活于这一世界,因而必须相互依赖的事实,而这种依赖性恰恰说明,我们无法自足地存在。巴特勒将脆弱理解为产生其他社会关系的本体条件,它是形成社会、政治和伦理等关系的基础。因此是否能理解和承认人类的这种共同的脆弱感,对形成不同的社会关系和

---

1 Judith Butler, *Precarious Life: The Powers of Mourning and Violence*, London & New York: Verso, 2004, 27.

政治局势至关重要。面对人的脆弱状态，我们既可以产生怜悯、重视和爱护的情感，也可能产生鄙视、疏远和毁灭的敌意。当今社会种种战争冲突的缘由便是由于后一种对待脆弱的方式引发的。脆弱无法被消除，但是，它却可能被利用，被鄙视甚至被毁灭。在政治思想中，秩序意味着存在，而无政府状态意味着非存在，即毁灭。无法消除的脆弱状态说明，在他者掌控中的存在持续受到毁灭的威胁。即使是在政治群体中，也不可避免地遭到死亡的威胁。巴特勒揭示，由于和他者的复杂关系，当今社会没有完美的安全感。"9·11"事件揭穿了作为主体的美国人是自足的、强大的、安全的这一神话。美国对待恐怖主义的策略只能招致对手更恶意的报复，引发暴力的循环。

巴特勒共享的脆弱政治观与罗伯托·埃斯波西托的观点类似。埃斯波西托说："人类的共同点，使他们之间比别的什么更类似的，是他们可能被杀害的宽泛力量，即任何人都可能被另外的什么人杀死的事实。"（《共同体》，13）这种人人都可能受到杀害的可能性引起了一种免疫反应，即"为了保持生命而牺牲生命。在保存生命和牺牲生命的交合中，现代免疫到达了毁灭自己的顶峰"（《共同体》，14）。对埃斯波西托而言，免疫范式自霍布斯以来已成为现代政治思想的基石。在福柯和阿甘本的阐述基础上，埃斯波西托认为纳粹的生命政治，尤其是其集中营，已成为通过驱赶内部威胁来保护政治身体的现代自由主义政体的范式。美国倡导的"先发制人的战争"就像是一种自我免疫，通过允许死亡、制造死亡和促成死亡来保护自己国民的安全。在生命政治体制下，对主体生物健康的保护总是以消灭被视为流行病病源的他者为代价，这便是免疫共同体的一个特点。

巴特勒对共同体的概念持一种矛盾态度。她反对建立在民族、领土、语言或文化之上的"归属性共同体"，因为这样的共同体总是通过身份与承认的互动来维系疆界，换言之，不属于这一民族的人总是遭到排斥。这种排他性共同体的责任也是建立在成员身份之上，并可能以流放或伤害非成员的方式来保护成员。被规范排除而不被承认的贱斥物和埃斯波西托语境中的免疫反应相类似。

埃斯波西托倡导推翻免疫模式，建立承认人类基本脆弱的共同体的一种积极的生命政治。免疫是保护生命的否定形式。正是由于看到免疫共同体具有致死的、伤害自身的特点,埃斯波西托呼吁重新想象共同体。他提出一种肯定性的生命政治(affirmative biopolitics),意图改变生命政治走向死亡政治的路线,即设法将作为防御机制的免疫体变成欢迎他者、互为合作的共同体(Communitas),从而使生命政治变为一种"不再控制生命,而是属于生命的政治"[1]。埃斯波西托重新设想的共同体是一个不断进行礼物馈赠的地方,共同体成员有馈赠礼物的义务,但这个礼物不属于共同体成员。积极意义上的共同体之中有一个原初的缺乏,需要处于其中的每个人共同营建这一共同体,在埃斯波西托看来是一种义务,一种永远不会是互惠的礼物;而在巴特勒看来,这种缺乏是可哀悼的丧失,只有承认和哀悼丧失,才有可能展望积极的未来。尽管巴特勒对哈特和奈格里多元异质的"大众"概念持肯定态度,但她对"大众"所蕴含的集体内涵持谨慎态度,因为集体经常以压迫者的姿态出现,是排除和进行层级分布的规范和话语的工具。同时,她又对阿甘本刻画的消极的政治前景略有微词,并思考法律的积极作用。她更倾向于承认生命政治的双重特点,既批判生命政治的消极一面,又展望和重新设想政治共同体,在这一点上,她更接近于埃斯波西托。两人都致力于翻转对共同脆弱的免疫反应,呼吁建立承认人人脆弱的新的共同体。

有些学者质疑巴特勒倡导承认脆弱的政治有效性,毕竟美国这样的安全国家诉诸武力的借口恰恰在于煽动人口招致暴力后对脆弱的否定情绪。如果脆弱是杀戮的借口,那么它又如何能成为政治抵抗的基础呢?福柯认为生命政治起源于主权权力衰亡之时,这意味着生命政治是现代现象。生命政治伴随君主体制,它的产生更为久远。正是由于主权权力采纳生物种族主义,因此肯定性的生命政治试图抵抗捕捉生命的主权权力。巴特勒呼吁承认脆弱和丧失,重新想象人类共同体。这一新型共同体的基础正是承认个体或集体的脆弱性。也就是说,要想建立积极意义上的共同体,就必须首先承认所有人的脆弱不安。巴特勒倡议,在承认脆弱的

---

[1] Roberto Esposito, *Bios: Biopolitics and Philosophy*, Minneapolis: Minnesota University Press, 2008, 11.

基础上重新想象共同体。这样的共同体能哀悼所有生命的丧失，而不仅仅让有限的人口享有哀悼的权力。

巴特勒介入生命政治议题的哲学影响力（philosophical heft）在于：她对认知框架设定的可视与不可视的关注凸显了人的范畴的争议性，挑战了自由主义的人权话语。而且，某些人的不可辨识性再次呼应了黑格尔所关注的承认问题。如果承认是一种社会实践，那么拒绝承认的行为就建立在构成承认场景的社会规范之上。这些规范设定谁可以算作人，谁不能算作人。它们保证某些人享有特权，或者至少可以称作是正常的人，而不被规范所承认的人则被病态、偏离的画笔所涂抹。巴特勒超越了对战争暴力这一物质性行为的思考，而从更高层次上询问为什么某些群体可以施展常规化的暴力，自由主义的主体如何与支持战争的政策共谋，从而违背了他们普适的承诺。

第五章　和平的承诺：巴特勒的世俗离散主义

The notion that statelessness is primarily a Jewish problem was a pretext used by all governments who tried to settle the problem by ignoring it. None of the statesmen was aware that Hitler's solution of the Jewish problem, first to reduce the German Jews to a nonrecognized minority in Germany, then to drive them as stateless people across the borders, and finally to gather them back from everywhere in order to shift them to extermination camps, was an eloquent demonstration to the rest of the world how really to "liquidate" all problems concerning minorities and the stateless. After the war it turned out that the Jewish question, which was considered the only insoluble one, was indeed solved——namely, by means of a colonized and then conquered territory——but this solved neither the problem of the minorities nor the stateless. On the contrary, like virtually all other events of our century, the solution of the Jewish question merely produced a new category of refugees, the Arabs, thereby increasing the number of the stateless and rightless by another 700,000 to 800,000 people.

　　Hannah Arendt in *Who Sings the Nation-State?*, 2007:51

　　无国状态是犹太人的一个主要问题，这个观点是所有企图通过忽略来解决这个问题的政府使用的一个前文本。那些政客没有一个人认识到，希特勒对犹太问题的解决办法，即首先将德裔犹太人贬低为在德国境内不受承认的少数群体，然后迫使他们跨越边界成为无国之人，最后从世界各地将他们召集，以便将他们运送到终结生命的集中营，有力地向世界展示他们是如何真的"清除"所有关于少数群体和无国之人的。

"二战"以后的情况是：曾被认为是无法解决的犹太问题确实得到了解决，即通过先殖民后征服的领地，但是这个办法既没有解决少数族裔问题，也没有解决无国之人的问题。相反，正如我们这个世纪所有其他事件一样，犹太问题的解决办法只是产生了难民的一个新的范畴，即阿拉伯人，由此又增加了 70 万到 80 万的无国籍和无权利之人。

第一节　反对犹太复国主义是反犹主义吗？

> 谁是反犹太者？那些过于憎恨犹太人的人。
> ——匈牙利犹太人的谚语
>
> 每个人都是某人的犹太人。而今天巴勒斯坦人是以色列人的犹太人。
> ——普里莫·莱维（Primo Levi），《第二宣言》（il Manifesto）

反对犹太复国主义是反犹主义吗？要回答这个问题首先要明确什么是反犹主义、什么是犹太复国主义，以及在什么语境中两者会被认为是一致的这些问题，然后再来讨论反对犹太复国主义是否就是反犹主义。本节的行文基本上也按照这个逻辑展开。

反犹主义（anti-Semitism），英文本意为反闪族主义。虽然犹太人与阿拉伯人同属闪族，但通常反闪族主义指的是反犹主义。反犹主义是排斥、仇视和迫害犹太人的种族主义思想和政策，表现为对犹太人的歧视、限制和隔离，乃至排斥、驱逐和灭绝。根据张倩红的研究，反犹主义可以分为古代、中世纪、近现代三个时期。第一个时期是基督教诞生之前的古希腊罗马时期，犹太人因为独有的一神教信仰和饮食法安息日等习惯区别于其他民族，使得其他民族对犹太人产生了反感，且"这一时期的反犹实质是反对犹太人的上帝（God）"[1]。根据历史记载，早在公元前 12

---

[1] 张倩红等，《犹太史研究入门》，北京大学出版社，2017 年，第 220 页。

世纪中叶,古代犹太人就进入迦南(即如今的巴勒斯坦地区)并定居于此。公元 135 年,盛极一时的罗马帝国征服了这片土地使其成为行省。罗马帝国皇帝哈德良在镇压了犹太人的一次叛乱后,将犹太人驱逐出了巴勒斯坦,使大部分犹太人流落到欧洲、中东、非洲,犹太历史由此进入长达几个世纪的大流散(Diaspora)时代。第二个时期是基督教诞生到启蒙运动之前的整个中世纪,这段时期的反犹特征是"反犹太教(anti-Judaism)"。由于宗教信仰不同和不肯放弃自己的民族身份,犹太人在这些地方总是受到歧视、排挤和迫害。而第三时期是近代世俗化进一步推进,反犹主义突破了宗教范畴,受到民族主义和资本主义的双重推动,此时,系统的反犹主义才真正形成,其本质是"反对犹太人的民族性"。[1] 在欧洲,近代反犹主义发展到极致的标志性事件即 20 世纪 30 年代开始到"二战"结束期间,犹太人在希特勒的大屠杀(Holocaust)政策中成为最主要的受害者,遭到种族清洗和屠杀。

要杜绝类似大屠杀的悲剧再次发生,就要明确近代的反犹主义产生的真正内在原因,而不是仅仅保护历史上被反犹主义伤害的犹太人。汉娜·阿伦特在 1950 年的《极权主义的起源》中提出了她的前瞻性思考,她认为"当犹太人同样地丧失了他们在公共事务中的作用和影响,除了财产之外一无所有时,反犹主义就达到了巅峰"[2]。她认为反犹主义并非民族主义的情绪爆发,而是人们在社会和资本的现代化进程中"认识到权力应有的作用和广泛用途的理性本能,一方面使人服从和容忍真正的权力,另一方面使人仇视那些无权却有钱的人。即使是剥削和压迫,也仍能使社会运转,并能建立某种秩序。唯有那种无权但是有钱,或者高高在上而提不出政策的人,才使人感到是寄生的、无用的、反叛的,因为上述情形割裂了人与人之间的一切联系"[3]。阿伦特认为近现代的反犹主义并非人们以为的那样历史悠久,而是近代犹太人经济上积累了大量财富,但政治上没有起到重要作用而招致仇视。由此可见,近代的反犹主义与犹太民族属性并无必然联系,换句话说,近代的反犹

---

[1] 张倩红等,《犹太史研究入门》,北京大学出版社,2017 年,第 220 页。
[2] 汉娜·阿伦特,《极权主义的起源》,林骧华译,生活·读书·新知三联书店,2014 年,第 38 页。
[3] 汉娜·阿伦特,《极权主义的起源》,林骧华译,生活·读书·新知三联书店,2014 年,第 39 页。

主义并非只是针对犹太人而发起的,而是因为在传统的经济结构和权力失衡情况下,人们对政治地位和经济状况不匹配的愤怒,而犹太人恰好在这一时期拥有了这种特质。归根结底,反犹主义的根源在于欧洲长久以来盛行的唯我独尊的思想,因而将拥有财富却没有强大政治权力的犹太人视为他者排斥在外。

在19世纪末期的欧洲,出生于德国犹太家庭的西奥多·赫茨尔(Theodor Herzl)观察到了反犹主义现象日益严重。1894年,赫茨尔目睹了"德雷福斯事件(Dreyfus Affair)"。在"德雷福斯事件"中,法国军队的一名犹裔军官德雷福斯被控告犯有"为德军作间谍"的叛国罪,尽管之后该事件被证实为误判,但还是掀起了社会中的反犹浪潮。有感于犹太人的悲惨遭遇,赫茨尔1896年写下了《犹太国》(The Jewish State)一书,在这本书中他说明了犹太人需要在政治上建立一个实际的国家,该书的问世标志着"犹太复国主义"[1](又称锡安主义)的诞生。此后赫茨尔发起了犹太复国主义运动,开始寻找同样有此志向的同伴建立犹太复国组织,号召全世界犹太人回归历史上的巴勒斯坦故土,恢复本民族的生活方式。随着各地复国主义运动组织的成立和运作,从20世纪初开始,就有犹太人陆续回到巴勒斯坦定居。从1948年以色列建国到现如今,这个运动的精神依然深深影响着以色列和散布在世界各地的犹太人。

犹太复国主义思想经历了一个历时的发展过程。在美国范围内,从1880年到1930年,许多美国犹太人持反复国主义的观点,支持复国主义的人只占少数,因为他们认为在巴勒斯坦建立犹太国家的主张会威胁在美国同化犹太人的计划。他们关心的是犹太复国主义对美国化计划的影响。但是,第二次世界大战期间欧洲反犹主义的兴起削弱了反复国主义的倾向。犹太人所经历的大屠杀和1948年以色列建国进一步将反复国主义的阵营边缘化。战后到20世纪60年代许多人对复国

---

[1] "犹太复国主义(Zionism)一词的词根是 Zion,原指位于耶路撒冷城中的锡安山。先知们把它作为耶路撒冷的精神象征与别称,并把耶路撒冷与犹大国的居民称为'锡安之女'。第一圣殿被毁之后,锡安具有了特殊的含义,被用来表达对故土的怀恋之情及回归之愿,也成为散居犹太人宗教生活中的一个核心概念,被当作犹太历史遗产的一部分。"参见张倩红等,《犹太史研究入门》,北京大学出版社,2017年,第34页。

主义仍持有矛盾态度,但到了20世纪60年代早期,犹太复国主义逐渐成为主导。1967年六日战争结束后,复国主义成为大部分美国犹太人的信仰和教义。至此,非复国主义和反复国主义成为不言自明的异端。一些小的左派小团体曾对以色列占领巴勒斯坦领土过程中的非正义发出抵抗的声音。以波士顿为根据地的布雷拉(Breira)团体认为以色列是侵略势力,但却因不敌犹太人的权势集团而很快解散。直到今天,美国的犹太人权势集团仍是顽固的复国主义者,他们排斥非复国主义和反复国主义,并将反复国主义与反犹主义划为等号,因为两者即便是意图不同,但在效果上是等同的。犹太人要想成为一个好的犹太人,就意味着必须是一位复国主义者。

巴特勒因2012年的著述《殊途：犹太性与犹太复国主义批判》(以下简称《殊途》)而被看作当代反犹太复国主义左派的代言人。她的著作一经出版,便引发大部分犹太教众和许多持激进的复国主义观点的犹太知识分子的质疑,并将她看作犹太人的敌人。巴特勒原定于2014年2月在曼哈顿的犹太人博物馆进行的关于卡夫卡的演讲[1]不得不取消,因为犹太人的权势集团强烈反对巴特勒的思想,而将持有不同观点的学者巴特勒拒之门外。印第安纳大学学者索尔·马吉德(Shaul Magid)认为,巴特勒的诋毁者"混淆了对犹太复国主义的批判和反犹主义之间的区别……他们的反应类似一种新形式的开除教籍"[2]。由于反复国主义已经被等同于反犹主义,巴特勒被视为威胁,被犹太人的公共领域所排斥。

今天,犹太复国主义已成为犹太教的替身。由于当今犹太世界信奉犹太复国主义就像信奉犹太教那样,巴特勒思考的问题是:如果拒绝犹太复国主义,是否就否定了犹太性的所有方面？反对犹太复国主义,批判以色列的国家暴力是不是就是反犹主义？《殊途》谴责了将两者等同起来的观点。通过阐释汉娜·阿伦特、瓦尔特·本雅明、伊曼纽尔·列维纳斯和普里莫·莱维等人的观点,巴特勒提出了自

---

[1] 讲座题目为"希望你在这里：弗朗茨·卡夫卡"。
[2] Shaul Magid, "Butler Trouble: Zionism, Excommunication, and the Reception of Judith Butler's Work on Israel/Palestine," *Studies in American Jewish Literature*, 33.2 (2014), 237.

己的反复国主义的世俗离散主义思想。

巴特勒的世俗离散主义

在以色列的话语场中，无论是哪种批判都需要考虑一个问题：对犹太复国主义的批评是否能被公开地讨论而不被认为是对犹太人和犹太性的攻击？关于反对犹太复国主义是否是反犹主义的问题，实质上就是反对犹太复国主义是否是对犹太教和犹太性的攻击和否定，犹太复国主义是否表达了真正意义上的犹太性，这是许多批评家围绕犹太复国主义的争论最为投鼠忌器的要点。巴特勒通过对几位犹太哲学家和思想家观点的梳理和解读，实现了否定性的论述。她在第一章从萨义德对摩西的新解读、列维纳斯的面孔和无面孔的道德责任以及汉娜·阿伦特对民族和个人的爱的不同维度的理解等三个方面，论述了目前在犹太复国主义影响下的犹太社会还有许多亟待解决的问题，它们没有妥善的处理方式和合理的解释，从而解释了为什么她会提出需要重新思考与定义犹太性这个不可能却很有必要的任务，也因此引发了她对犹太性的重新思考和定义。

巴特勒认为，犹太性并不仅仅包含宗教上的犹太教，它还是一个文化、历史和政治的范畴。在犹太教之外存在世俗的犹太性，犹太人的世俗的一面也应是犹太性的一部分。和阿伦特一样，世俗与政治处于巴特勒重塑犹太性的中心。如果致力于社会正义与公平是犹太人世俗、社会、宗教传统不可分割的一部分，那么犹太人批评以色列的国家暴力、殖民征服、驱逐和褫夺巴勒斯坦人就是其世俗性的社会正义的体现。虽然以色列宣称代表所有的犹太人，但并不是所有的犹太人都与以色列的现状认同。1948年大规模驱逐巴勒斯坦人，1967年占有土地以及频繁没收巴勒斯坦土地，种族隔离的高墙和居住区的扩张，所有这些政治复国主义的集中体现都促使很多犹太人像巴特勒一样，在情感上关注以色列却批判和质疑其现有的形式，希望能建立更加正义的结构。巴特勒说："宣称存在一个主张公平和正义的犹太传统，必然会引发对以色列国家的批判，我冒着将复国主义归入犹太价值观以及间接宣称犹太性中例外的伦理成分的风险，确立了一个非复国主义，甚至反复国主义的犹太视角。"[1]如果像巴特勒这样的犹太知识分子为社会正义努力,却被看作是一种反犹主义,这的确是一个让人心痛的嘲讽。

必须将犹太教与复国主义相分离,因为如果犹太教与复国主义联系在一起,就会认为批判复国主义就是反犹主义。"除非在犹太人国家这个空间里,否则犹太人就不应存在"这样的观点说明犹太复国主义者自诩代表所有的犹太人,或者说所有的犹太人都必须是犹太复国主义者。这样,任何对复国主义的质疑都将被视为反犹太主义。犹太属性不能等同于复国主义,如果复国主义继续控制犹太性的内涵,那么就不会有犹太人批判以色列,也不会有犹太后代质疑以色列代表全部的犹太价值观。从犹太资源衍生出公平、正义、共居等宽泛理解的原则是可能的,但如果是在抹去或贬低属于其他宗教、文化传统和实践的评价模式的前提下强调犹太价值,便无法做到这一点。

目前的占有局面是复国主义得以系统实施的产物。复国主义在反对他者的行动中抛弃了普遍主义的律令,因此不能具现犹太性的核心价值。如果拒绝犹太复国主义,是不是犹太性的所有方面都将被拒绝呢?巴特勒认为,犹太教和复国主义不能相互等同,两者之间的空隙应由离散的犹太性来填补。在离散中共居是巴特勒的后世俗范式。离散意味着与他者共居,与他者共同生活就是在政治和伦理上承认他异性。要定义犹太性就要考虑到犹太人自古以来就和阿拉伯人共居相处的历史特点。与非犹太人共居的犹太价值观是离散犹太性的伦理实质的一部分。如果与非犹太人的伦理关系问题成了"犹太人"的定义,就意味着关联性取代了本体,因此巴特勒认为,重点不是稳固犹太或犹太性的本体,而是理解与他异性关联的伦理和政治内涵。如果没有他异性,我们就不能理解"公平"、"正义"这些概念。为了论述这一观点,巴特勒在《殊途》中重读了列维纳斯的他者伦理思想。

首先,巴特勒在《殊途》第一章论述了列维纳斯理解的欧洲意识的本体优先倾向,即希腊传统。"海德格尔在《什么是哲学》中说,哲学的本质就是希腊的,它是内

---

[1] Judith Butler, *Parting Ways: Jewishness and the Critique of Zionism*, New York: Columbia University Press, 2012, 2.

在于西方—欧洲的历史进程的。哲学就是由希腊一直延伸到我们,由柏拉图、亚里士多德一直延伸到黑格尔、尼采的辩证运动。尽管西方哲学经历了很多变化,但是,它也保证了自身的同一性。"[1] 欧洲的希腊传统认为和平来自能统一不同分歧的"知识",也因此欧洲传统的这个"和平"的概念力争"团结",在积极克服不同和差异从而达到同一,并且认为这个共同体中的每一个个体都能找到安宁。但列维纳斯认为这种自负的希腊想法无法为他们历史上对其他民族做出的血腥暴力做出解释,人与人之间的关系不是仅有这种希腊的模式。巴特勒认为要生存于任何地方就是要被在那个地方的他者所打断和定义的。如果他者迫害自己,迫害这个民族主体,这不意味着这个国家主体可以不需要对他者负责了;恰恰相反,责任正是从这种迫害中产生了。责任引导出的正是对非暴力的争取,也就是反对复仇伦理,遭遇并尊重他者的斗争。拯救他者就是对自己的拯救。因此,巴特勒在第二章里详细介绍了法国犹太裔哲学家列维纳斯的他者伦理。她指出,基于犹太教的思想传统和"二战"中对哲学的伦理维度的关切,列维纳斯在20世纪40年代提出的他者伦理颠覆了西方哲学中一直以来的本体优先思想,也就是欧洲中心主义思想。列维纳斯对于西方思想中的本体优先性和自我同一性的批判对于理解历史上犹太人和欧洲民族的关系以及围绕以色列建国问题和巴勒斯坦人的矛盾冲突具有深刻的指导意义。

列维纳斯认为,对"他异性"(alterity)的压制是贯穿整个西方思想的典型特征。根据列维纳斯的解读,在西方思想史中,西方的思想中一直以同一性(Same),也就是自己的生存为最高的追求和目标,且一切行为和发展都是围绕这一目标展开:凡是能有利于或促进这种价值的就是善,否则就是恶。即便遭遇到他者(Other),即那些在西方理解之外的民族,他们的做法也是以自己的方式去理解实际上与他们全然不同的民族。在西方思想的概念中,他者性(或他性)是作为一种暂时的干扰,当它被归纳进或者被还原成同一性时就将被消除。中山大学哲学系朱刚教授曾总

---

[1] 张旭,《伦理学作为第一哲学:论列维纳斯》,参见杨大春等主编,《列维纳斯的世纪或他者的命运》,中国人民大学出版社,2008年。

结道:"存在史,尤其是人的存在史,就是一部'自由,自主,将他者还原为同一'的历史,对他者(包括他人)进行统治的暴力史。这一点在现代人的存在中尤其登峰造极。"[1] 对于无法理解和同一化的群体就被归为绝对的他者,就可以被任意地对其施加暴力。

相反,对列维纳斯来说,他者绝对处于我的理解之外,并且应当保持其全部不可还原的陌生性。列维纳斯认为与他者的相遇即是伦理的,他致力于使他者不受同者的攻击,致力于分析他者在我们的生活中出现的可能性与条件,并且努力表明与他者相遇所具有的伦理意义。[2] 列维纳斯认为伦理是我们无法逃脱的对他者的责任,他人的存在是无可忽视的最高准则。因此,列维纳斯认为传统的以自我为中心的西方哲学应该重新反思,使得尊重他者为原则的伦理学成为"第一哲学"。

犹太人离散的特性使犹太人具有反对"国家暴力"的伦理义务。犹太复国主义希望建立国家,从而否定离散,但巴特勒认为,离散是犹太教特有的特点,它不是暂时的状态,而是犹太特性的核心价值。离散意味着具有与他者处于伦理上共居的特点。"成为犹太人是远离了自我,被扔进一个非犹太人的世界,注定在一个不可逆转的异质性中摸索前行……我希望展示为什么将流散的概念带到巴勒斯坦——这意味着,鉴于在那里已经实施的多种方式——或许有助于找到一种思考共居,一国两族,批判国家暴力的方式。"[3] 思考在 21 世纪建构非犹太复国主义或反犹太复国主义的离散的犹太属性意味着什么?犹太人和非犹太人应如何共存,共同生活在以色列这片土地上,思考这个问题意味着犹太人应从伦理的角度反对国家暴力。

随着以色列建国和其国力日益强大,犹太人的处境已经不再像当初一样岌岌可危。而这种对于过往历史的惧怕,使得许多对以色列建国以来以国家机器行使的对巴勒斯坦地区的暴力的批判被犹太复国主义者认定为是反犹主义的,尽管批

---

[1] 朱刚,《伦理学作为第一哲学如何可能?——试析勒维纳斯的伦理思想及其对存在暴力的批判》,《南京大学学报(哲学人文社会科学版)》,2006 年第 6 期,第 24—32 页。
[2] 西恩·汉德,《导读列维纳斯》,重庆大学出版社,2014 年。
[3] Judith Butler, *Parting Ways: Jewishness and the Critique of Zionism*, New York: Columbia University Press, 2012, 15.

评的动机可能非常多样。然而,这种简单的画等号显然不是对批判的内容仔细考量后的结果。有些人批评的是犹太人自 1948 年以来的占领的主权是否合法和具有破坏性;有人批评以色列政府的军事行动,例如对 2008 至 2009 年间对加沙地带的攻击;也有人批评以色列在西岸不断增长的居民点,或者批评目前以色列右翼统治的政策,等等。因为所在的地方和交谈对象的差异,反对犹太复国主义的观点被听到和正确地理解的范围很有限。而在很多情况下反对犹太复国主义常被听者等同于反犹主义。巴特勒认为有些针对以色列国家暴力的批评确实是以反犹主义的观点来论述的,这种批评无疑应该被反对。但是很大一部分关于此问题的批评并非带有反犹主义的立场。且犹太人对犹太复国主义的批评自西奥多·赫茨尔宣布犹太复国运动以来就从未中断,犹太复国主义自诞生之日起就饱受争议。

正是在这种情况下,巴特勒提出了她对犹太复国主义的批评,在她的论述中,她批判了这种将反对犹太复国主义和反犹主义简单对等的做法,并提出:之所以要批判犹太复国主义正是因为反犹主义的核心误区没有得到重视;没有从中吸取教训,甚至是相反,继续以犹太复国主义之名犯着相同的错误,如果不反思现在的这种倾向,那么类似的悲剧就很难说不会再次上演。

犹太人因为宗教等方面的原因一直被排除在同一性之外,但这并不意味着曾经以他者身份遭受暴力的犹太人有权在身份转换之际去实施同样的暴力。这种作为主体的群体可以因为他者的他者身份而对其实施暴力的思维方式本身就十分危险。从主体的角度去定义使他者同一的做法,是对他者最残忍的暴力。当我们回顾犹太人的历史的时候,也许会觉得欧洲民族对犹太人实施的暴力过于残忍,然而这种传统的欧洲本体论的思维的可怕之处就在于在不同的语境中同者和他者的身份并不是固定不变的。只要客体不再占据同者身份,就会被他者化,就会被同者肆意对待。由历史上犹太人和欧洲民族之间的关系来看当下犹太人和巴勒斯坦人民的关系,不难发现其中的共同之处。

特拉维夫大学历史系教授施罗默·桑德(Shlomo Sand)在他的著作《虚构的犹太民族》(*The Invention of Jewish People*)中揭示了以色列建国 60 多年以来受到犹

太复国主义特殊民族性观念支配下做出的不合理的行为。时至今日,"以色列国在立国60年之后,仍然拒绝将自身视为服务其公民的一个共和国。1/4的公民没有被归为犹太人,而且国家的法律暗示以色列不是他们的国家,他们也不拥有这个国家。这个国家不但避免将当地居民整合进它所创造的上层文化之中,而且故意地排斥他们。以色列也拒绝成为一个组合民主(像瑞士或比利时)或多元文化民主(像英国或荷兰)国家,就是说,一个接受其多样性同时服务其居民的国家。相反,以色列坚持把自身视为属于世界上所有犹太人的一个犹太人国家,即使他们不再是受迫害的难民,而是自愿选择定居国家的正式公民。这种严重侵犯现代民主基本原则,并对部分共鸣进行恶劣歧视的种族统治的借口,端赖于最终必然会聚首在其祖先土地上的一个永恒民族的那个始终发挥着影响的神话。"[1]因此,我们可以看出,反犹主义和犹太复国主义在某方面是共通的,即对本民族国家人口的异质性的排斥。这正是为何巴特勒等学者反对犹太复国主义的重要原因,犹太复国主义正在逐渐成为一种新的"反犹主义",即为了犹太人的利益而以他者思维去对待巴勒斯坦人民和其他非犹太的民族。受到迫害的一方并没有去加害的权力,位置的调换并不能真正解决暴力带来的悲剧和深刻伤害。只有在根本上摆脱这种民族国家的思维方式,接受共居理念,才能真正解决不同民族之间的暴力冲突。

当然,公开对一个国家的价值导向进行批评是具有风险的,这种风险正是许多批评者反对对犹太复国主义进行批评的重要原因。这种风险主要来自两个方面:其一,这种对以色列的国家暴力的批评经验可能被用于批评其他国家也在实行对少数族群人口的占领和暴力统治(占领,侵略,对生活基础设施的破坏)。其二,这种公开批评可能被用于对犹太国家的批评,犹太性可能成为靶子被指责为所有国家暴力所造成的悲剧的罪魁祸首。普遍的一种担心是反犹主义在驱动这种对以色列国家暴力的批评。但是这种担心不是《殊途》中关于合法性的讨论,而

---

[1] 桑德,《虚构的犹太民族》,中信出版社,2017年,第32页。

是转移到了其他方面。在这本书中，巴特勒关心的是，对任何国家来说，坚持一个宗教或者民族群为人口中的主要构成来造成不同公民阶层中的多数和少数的区别，这种做法都是不正义的。以犹太人为例，在公共义务教育课程和公共话语中，对以色列国家的定义以阿什肯纳兹犹太人[1]（Ashkenazi Jews）为核心而忽略西班牙系犹太人[2]（Sephardic Jews）和米兹拉希犹太人[3]（Mizrachi Jews）的做法就很不可取。因为存在如上所述的这些风险，对以色列国家暴力的公开批评可能会被以色列遵循犹太原则的拥护者误解或者质疑，他们会控诉这些批评者轻视犹太人过往的苦痛和现在正遭受的来自反犹主义的威胁，更进一步，他们认为很多反对犹太复国主义的批评者没有考虑到巴勒斯坦在与以色列的斗争过程中对犹太人的暴力伤害。对于这个论述，巴特勒的答复是，对殖民地占领的抵制运动肯定会越来越成熟有序。现在很多人谈论巴以冲突总是预先假定双方在平等的位置上对话和博弈，实际上这个预设并不成立，以色列和巴基斯坦的这些立场从来没有平等，把以色列和巴勒斯坦之间的关系视为冲突的"双方"是没有道理的。那些承担以色列和巴勒斯坦的平等贡献的模式，将平等建立在他们的解释模型中，从而消除实际的不平等。一旦建立了平等的政治条件，我们才可以开始在平等的方面进行谈话。

巴特勒认为犹太性和犹太教之间并不完全对等，而无论是宗教框架内的还是非宗教框架内的犹太性，公开批评这种国家暴力行为都是其义务性的伦理要求。

1　阿什肯纳兹犹太人（Ashkenazi Jews），指的是源于中世纪德国莱茵兰一带的犹太人后裔（阿什肯纳兹在近代指德国）。其中很多人自10世纪至19世纪期间，向东欧迁移。从中世纪到20世纪中叶，他们普遍采用意第绪语或者斯拉夫语言作为通用语。其文化和宗教习俗受到周边其他国家的影响。

2　西班牙系犹太人（Sephardic Jews），台湾地区翻译为"塞法迪犹太人"，是指凡是采用西班牙系犹太教礼拜仪式的犹太人通称西班牙系犹太人，他们大多为中世纪以来因迫害而流亡定居在西班牙和葡萄牙的犹太人及其后裔。西班牙系犹太人在礼拜仪式宗教习俗方面与德系犹太人显著不同，他们持守巴比伦犹太教传统而不依循巴勒斯坦犹太教传统。

3　米兹拉希犹太人（Mizrachi Jews），为居于中东、中亚和高加索地区的犹太人的后裔，在现代用语中，用于描述一切出身北非及西亚的犹太人。除了在源头上与塞法迪犹太人不同，米兹拉希人的宗教仪式与其几乎完全相同。

关于这个问题，阿伦特在她早期的著作中已经表明了她的观点，即犹太教和犹太性本身并不会必然导致犹太复国主义这种意识形态的崛起，而犹太性和犹太教也并不完全相等。[1] 强行将这两个部分联系在一起会使解决问题的方案变得难以实行。关于犹太性和宗教之间的关系，巴特勒在《殊途》第五章进行了分析。她认为，谈到"宗教"要先谨慎判定其在具体的不同语境中的含义，因为这个词承载了太多的历史事件和痕迹，所以不如"公共生活"含义稳定。宗教如何成为个人信仰，这个私人化的进程是否真的成功是她的关注点。由此，她提出，如果认为宗教是私人领域的事情，那么首先需要明确两个问题：其一，公共领域和私人领域中的宗教分别是怎么样的？其二，这种私人领域的宗教，哪些对世俗生活是威胁性的？哪些是对世俗生活起支持作用的？正如新教影响下的公共领域，公众生活被提前假定，并一再将宗教的习惯重申为世俗的。事实上，一些宗教早就参与并定义了公共生活。至此，巴特勒提出，在谈论宗教及其影响之前，要先定义什么是宗教和公共生活，宗教和信仰并不完全等同，将这两者等同是很多人会犯的错误。和其他民族不同，犹太人这一群体总是被视为包含世俗和宗教领域的双重身份，而现在要讨论和批判的犹太复国主义之前必须明确这里的批判不是针对宗教领域。

汉娜·阿伦特曾在她的早期作品中提出，犹太性并不是完全等于犹太教，随着她对以色列国的政治立场的演进，她进一步认为，犹太教和犹太性并不会必然导致犹太复国主义。阿伦特认为，重要的不是定义犹太人，并让他们与其他民族区别开来，而是理解犹太人与非犹太人的关系，从而在犹太教中将宗教和公共生活合理配置，从这种离散的历史和经验中提取出一种新的政治正义观念。这种观点需要一个对难民权利公平的文件，和对那种支持占领和剥夺巴勒斯坦土地的民族主义国家暴力的批评。同时，这还需要一种共居的理念，这种理念若付诸实际则可以结束定居者的殖民主义（settler colonialism）。正是在这种共居理念的基础上，对不合理的国家暴力的批评才能也必须开始。她认为，公开批评这种暴力本身就是犹太

---

[1] Judith Butler, *Parting Ways: Jewishness and the Critique of Zionism*, Columbia University Press, 2012, 116-117.

框架的伦理要求,无论是在宗教语境还是在非宗教的语境。因此这种要求也是为反对这种国家暴力提供了后盾。

在批评以色列的时候总是有人强调其历史的特殊性,但是从国际正义标准来看,这种例外和特殊是违反自由民主主义的。阿伦特呼吁重新考虑联邦政权或一国两族主义(binationalism),要求该地区在政治上体现共居原则,摆脱暴力导致该地区的任何人口遭到毁灭。她认为,在维护巴勒斯坦人民的生活不被摧毁的情况下,犹太人的破坏行为无法自证正义。如果破坏行为应当被阻止的观点没有成为普遍共识,那么人们就很容易去实施对"他者"的破坏,并且认为只有通过这种破坏才能使自己生存下去。但事实依然是,破坏巴勒斯坦人的生命和生计只能增加对自己这边的破坏的威胁,因为这种行为使得暴力和非暴力的抵制运动得以一直延续。

巴特勒认为反对犹太复国主义并不等于反犹主义。在《殊途》第一章中,巴特勒论述了经典的左翼立场(即对公民身份的要求不应基于种族、宗教、文化),是如何被错误地等同为恐怖主义和大屠杀的。"解构"犹太人最早是纳粹的说法,因此当现代批评家用"解构"这个词来批评犹太复国主义的非正义统治的时候,唤醒了人们对纳粹的恐怖回忆,从而将这个词的愤怒恐惧转移到了反对犹太复国主义的人身上,左翼立场就被归为了纳粹,被归为了恐怖主义。但巴特勒认为这种控诉并不恰当。要求以色列正视自身正是为了其未来考虑,因为没有国家能在暴力统治中维持长久。真正的左翼立场不是要颠覆犹太民族和以色列,而是要求以色列国考虑采取正式的行动,让平等在内部分配得更均匀,终结现在的歧视、有差别的暴力和对巴勒斯坦人民的日常骚扰。这些观点就要求建立新的公民观念、新的宪政基础,彻底重新划分土地和分配违法的财产,甚至还要求构建一种能最大限度包容犹太、阿拉伯以及基督居民的多元文化论。

反对犹太复国主义不仅没有威胁到犹太性,反而是对其的一种捍卫。萨义德号召犹太人警觉他们自己的被剥夺财产和土地的经历,从而和被以色列剥夺财产的人们走向联合。他的呼吁假设,也许或应该会有反对以色列的犹太人使得犹太民族可能走向不同的历史轨道，而不是以色列现在所追随的。即使我们承认，正如我们必须承认，犹太人被压迫的历史，这也不意味着犹太人在每个政治场合都是受害者，也不意味着他们的暴行总能被视作自卫。事实上，承认一段历史的独特性，是含蓄承认了所有类似历史的独特性。重点是要确保犹太复国主义不要像纳粹主义，或是犹太人对待巴勒斯坦人的方式不要像无意识重复纳粹对犹太人一样。这种类比没有考虑到塑造国家社会主义和政治犹太复国主义的征服、剥夺财产和处理死亡的不同模式。重点是怎样能从一套历史情况中推断出一些特定的原则来理解另一方，这需要一个拒绝将一方经历同化给另一方的政治解读，这种拒绝也是一种否认解读原则的任何可能性的普遍主义，这些原则包括在剥削史的基础上解读难民的权力。事实上，它可能成为纳粹犹太大屠杀中留下的一个道德和政治遗产（这个大屠杀是针对许多少数族群的），是对所有形式的国家种族主义和其暴力形式的反对，是重新考虑和其他人群一样自我确立的权利，即或者保持着永远的少数民族（在以色列），或者被占领（西岸和加沙地区），或者被剥夺土地与权利（1948—1967年间流散的巴勒斯坦人）。

由此，我们可以得知，反对犹太复国主义并不是反犹主义的，反对犹太复国主义并不是要全盘否认犹太性，因为犹太性与导致犹太复国主义之间并无必然联系，反对犹太复国主义甚至是对犹太性的捍卫，防止犹太人这个群体因为过度的紧张和对悲剧源头识别不清，犯下与加害者同样的错误。如果我们同意所有对以色列的批评实际上都是反犹主义，那么我们每次的沉默就是认可了这种特殊的对等。反对将对以色列的批评与反犹太主义对等的唯一方法是，在集体支持下，立场鲜明地、反复地表明对以色列国家暴力的批评是正义的，同时任何形式的反犹主义，同其他种族主义一样是绝不可接受的。只有当这种双重立场在公共话语中清晰可辨，才有可能"理解"犹太左翼分子、非复国主义者，这样一个犹太/非犹太左翼分子才被认可为"和平的伙伴"。

第二节　犹太资源：与阿伦特、本雅明对话

> 即使八千万德国人都像你一样，这也不能成为你的借口。
>
> ——汉娜·阿伦特

巴以冲突的问题一直是国际政治上的焦点话题，关于以色列和巴勒斯坦各自的政治较量，已经有许多政治学意义上的分析，而巴特勒在《殊途》中更多的是从哲学角度来批评以色列的犹太复国主义，试图超越政治的短视，让巴以问题不再从根本上无可避免地重复历史的悲剧。下面主要分析巴特勒如何借鉴犹太裔哲学家阿伦特和本雅明的观点，深入讨论并佐证她对犹太复国主义的批评。

汉娜·阿伦特对民族国家的批判

汉娜·阿伦特是20世纪反对犹太复国主义的最活跃的犹太批评家。她认为以色列国的建国是不合法的，但她对以色列的国家暴力的批评并不是想要发动对这个政权的颠覆，而是希望能对这个政权实施的国家暴力进行正义的反思和纠错。阿伦特已成为反对犹太复国主义的源泉之一，而她反对犹太复国主义的思想甚至早于犹太复国主义的历史起源。很难将阿伦特简单分类，她既是哲学家却又对政治十分感兴趣，这一点体现于她在20世纪30年代和40年代的著作中对政治的持续批评。尽管阿伦特在19世纪30年代被认为是犹太复国主义者，但她在1972年的一个采访中明确表示："我不属于任何群体，我曾经唯一加入过的只有犹太复国主义者的队伍。但很容易理解这只是因为希特勒，而且仅在1933到1943年间。在那之后，我就与他们分道扬镳了。"[1]

巴特勒在《殊途》中用两个章节分别讨论了阿伦特的两个主要观点，其一是对

---

[1] Judith Butler, *Parting Ways: Jewishness and the Critique of Zionism*, Columbia University Press, 2012, 38.

民族国家的批判,其二是对共居(cohabitation)和多元化(plurality)的扩展。

阿伦特对民族国家和殖民主义的批评更早于对以色列国的批评。她调查了一些历史上不同的无国籍(stateless)状况,从而形成了1951年《极权主义的起源》中对民族国家的批评。她认为,无国籍的情况并不仅仅是犹太人面临的问题,而是20世纪以来在民族国家反复出现的困境。希特勒对犹太人的灭绝政策并非偶然情况,而是控制少数群体人口的一个典型例子。她试图表明,出于结构原因,民族国家会因为对本民族同质性的追求而使得大批非本民族身份的本国公民成为难民。基于这个事实,阿伦特反对任何旨在减少或拒绝其人口异质性的国家,包括以犹太主权原则建立的以色列。她认为这将会陷入无休止的冲突并加剧自身的危险,并将永远缺乏基于民意的民主的合法性,特别是考虑到继续依赖"超级大国"维护该地区的政治权力。

她对以色列建国的尖刻批评已经汇编到《作为贱民的犹太人:现代时期犹太人的认同与政治》(*The Jew as Pariah: Jewish Identity and Politics in the Modern Age*)这本书中,它们作为《汉娜·阿伦特的犹太著作》(*Hannah Arendt's Jewish Writings*)由绍肯出版社(Schocken)出版。尽管她是犹太人,但她坚持认为以色列不应该是犹太国家。她认为以色列通过国家暴力来使其主张合法的努力是种族形式的殖民主义,这种形式会带来永久性的冲突。她同样反对以色列在1948年的战争中的立场,因为她认为政体只会建立在受欢迎的民主对自由的践行的基础上。1948年巴以分治的解决方案,即犹太人作为非该地居住的权力代表将当地的阿拉伯群体从该土地分离开的做法,恰恰与她《论革命》中描绘的民主革命相反,在这本书中,她写了大量关于通过努力来建立一个合法的联邦政治秩序的文字。阿伦特在早期的政治思想中试图强调民族国家的政治悖论。她认为如果民族国家保障公民的权利,那么民族国家对公民来说是必需的;但是,如果民族国家依靠的民族主义总是会产生大量的无国籍的人,民族国家就必须被反对。她在早期的著作中甚至指出了"没有领土的国家"(nation without territory)的想法,即一个没有领土的国家。阿伦特更倾向于犹太-阿拉伯联邦国家的提议,而不是当时在犹太主权原则基础上建立以色列国的主流观点。事实上,民族国家总是意味着统治者群体可以拒绝和其他群体共居,例如吉卜赛人、同性恋者、犹太人等,而在以色列国,则是巴勒斯坦人。拒绝多元化(plurality)有利于同质化(homogeneity),而这在极端情况下可能导致类似纳粹的种族政策。但这并不是说犹太复国主义的主张和纳粹等同。关键在于,即使背景和征服权力的形式明显不同,从纳粹灭绝犹太人的种族政策中也可以得出普世的社会正义的原则,可以而且必须警醒我们妥善处理当下的斗争。犹太复国主义的核心价值导致以色列成为一个犹太国家,而这将导致对少数群体的不公正,特别是巴勒斯坦人。

巴特勒认同阿伦特对民族国家的批判和多元性是人类存在的根本的观点。但是巴特勒认为,阿伦特没有给出一个这种依赖民族主义维系的国家的替代品,或者说解决方案。至此,巴特勒提出了她的疑问:阿伦特是否解决了民族国家问题的出路?阿伦特批判以色列的犹太主权原则,但是她并没有否认犹太人应该像其他民族一样拥有自己的国家和国籍身份,甚至于她认为犹太人可以建立没有领土的国家。而巴特勒的观点正与她不同,她认为犹太性的特质就是让犹太人永不建国而散居在不同的社区。

对于阿伦特来说,法律可以代表正义并被正确地行使。她认为国家的权威可以在适当的范围内合理施行,因为法院有义务且有能力追求正义,法律和国家这一形式赋予了它这种权利和权威。她认为通过这两种方式国家的权力可以得到限制:其一,通过将任何单一国家置于国际体系内,即多个国家之间对其进行约束;其二,通过将国家的范围狭义地界定并限制在公共事务范围内,从而将其排除在私人领域之外。阿伦特认为在这个限制性框架内,国家的权威和正义便可以在适当的地方施行。对阿伦特而言,权力被视为个人作为一个政治共同体行事的能力,可以阐明法律并能够建立追求正义的法院。

相反,受米歇尔·福柯的深刻影响,巴特勒和阿伦特的观点有所不同,阿伦特认为正义与法律是相互排斥的,她认为法律只是一种国家表达的积极的权力运动。而巴特勒对正义的理解与本雅明(Walter Benjamin)对神圣暴力的理解类似,具有

| 第五章　和平的承诺：巴特勒的世俗离散主义 |

弥赛亚的地位，并且位于理性审查和正常的政治之外。在关于阿伦特的章节中，巴特勒没有着墨于阿伦特关于正义的看法，而是重点讨论了国家法律必然导致的腐败，且国家法律始终不可能构成正义。对于巴特勒来说，国家权力因为它与国家密切相关所以是先验的嫌犯，且任何积极的法律都必然是恶意的表现。

实际上，阿伦特对集中主权（centralized sovereignty）是有条件地怀疑，而巴特勒对任何主权都无条件拒绝，甚至包括在现代民主中是国家合法性和任何合法制度来源的人民主权（popular sovereignty）和民主政治组织。阿伦特反对将种族国籍卷入政治，但她并没有完全否定：她把这些视为私人领域的事情。相比之下，巴特勒将阿伦特对族裔的理解又激进了一步，特别是对于犹太人的身份问题，她认为民族身份只在分散的社区存在，犹太人唯一真实的状况是流亡。对于巴特勒来说，真正的犹太人必然是散居的，即真正的犹太人是流散的犹太人。巴特勒拒绝像阿伦特所称的那样犹太人拥有"像其他国家一样的国籍"。巴特勒拒绝同一性的犹太性不仅只是拒绝建立实际拥有领土的国家，还更进一步拒绝任何即使是散居在外的"抱团的"犹太人组织。阿伦特质疑以色列的政治和犹太复国主义的基本思想；然而，与巴特勒不同的是，她并没有完全拒绝国家这一概念。对于巴特勒而言，任何法庭都无法成功代表正义。

在《极权主义的起源》中，阿伦特论述了她认为的理想的现代国家秩序，并描述了民族主义的出现和民族国家的愿望是如何破坏了这种秩序的。然而，对巴特勒来说，自由主义的民族国家和极权主义的种族国家实际上是没有区别的，巴特勒模糊了19世纪的民族主义国家和20世纪的德国，并套用了这个结论来谴责犹太复国主义民族国家的建设，然而这并非阿伦特的主张。

在《艾希曼在耶路撒冷》（1963年）中，阿伦特反对把艾希曼当作替罪羊，认为他没有义务为集体犯罪承受死刑。她认为应该有对纳粹集体犯罪的审判，并深刻反思独裁统治下的道德责任。艾希曼声称他顺服纳粹的权威是依据康德的哲学要义，认为"元首"所认可的屠杀行动是绝对律令，而他的服从受到这一绝对律令本身的摆布。艾希曼的逻辑是：我所扮演的角色纯属偶然，任何人都可能取代我的位置,因为几乎全体德国人都潜在地犯有同样的罪孽。如果所有人或者几乎所有人都有罪,那么任何人都没罪。对此阿伦特针锋相对地进行了反驳。她认为康德的道德哲学同人类判断力休戚相关,而且排除了盲目服从。法律约定俗成地认为,犯罪行为主体必定有清楚明白的犯罪意图,但毫无批判立场的艾希曼支持法西斯主义专制的屠杀行动最直接的原因是顺从"元首"的命令。他是执行的工具,完全丧失了阿伦特积极生活意义上的思想能力。只行动而不会思考、不会判断的艾希曼并没有运用康德的实用理性,因而他根本不是他自己所宣称的康德主义者。艾希曼缺乏批判能力,错在没能抵制法律和政府对他施加的影响,因而他的顺从是错误的。阿伦特认为,大屠杀的事实铁证如山,艾希曼罪大当诛,原因在于他自认为可以决定与谁共存于世。任何人都无权决定谁应该或不应该在地球上生存。与谁共栖于世、与谁共同生活在地球上,这是我们任何一个人无法选择的命运。正是这项试图从地球表面抹除某一种族的罪行,让阿伦特宣判了艾希曼的死刑。

巴特勒在《汉娜·阿伦特宣判的死刑》一文中对阿伦特的讨论集中于对她关于艾希曼的论战,特别是阿伦特的结论"没有人可以选择与谁在同一个地球生存"之上,巴特勒认为这是一种强大的道德立场。一方面巴特勒赞同阿伦特对以色列的批评,即以色列借由审判来建立他们的法律权威;另一方面,巴特勒把阿伦特对纳粹随意处置其他种族的生存权的谴责转化为对共居的提倡,提出了她共居的非暴力伦理。

本雅明的暴力批判

瓦尔特·本雅明(1892—1940)是德国著名犹太哲学家和文学家,被誉为"欧洲最后的知识分子"。本雅明的思想徘徊于犹太神秘传统与犹太复国主义、欧洲与巴勒斯坦之间,后期则从犹太神秘主义传统转向马克思主义。

关于本雅明,巴特勒在《殊途》中用两个章节讨论了他最有代表性的暴力批判和弥赛亚主义。首先是本雅明对法律暴力的批判。本雅明认为,法律不是对暴力的替代。其次,是他对历史是前进的上升的这一观点的批判,他认为弥赛亚重新配置了历史,并且在时间和空间上为被压迫者寻找突破现状的可能性。本雅明从犹太和非犹太的历史资料中都进行了考据,一部分犹太神学资源启发了他对国家暴力的批评和他对历史、压迫的看法。本雅明同时沿着神学和政治两条轨迹进行著述,一方面阐述了使得整个法律制度瘫痪和解体的总罢工的条件,另一方面,阐述了神的诫命对强制性法律而言不能被削减。众所周知,本雅明的文章非常晦涩难懂,为了能较为清晰地展现本雅明的观点和巴特勒对他观点的展开,下面将采取提问形式逐层深入。

在讨论巴特勒对本雅明的观点之前,要明白几个最基本的问题:什么是本雅明对暴力的批判?在《暴力批判》("Critique of Violence")开篇本雅明指出:"暴力的批判的任务,可以总结为阐述它与法律和正义的关系的任务。"[1]批判不应该被局限理解为一种负面的评价或谴责,在这里本雅明的批判是指继承康德批判传统的判断和审视。巴特勒认为对暴力的批判是对暴力的触发条件的审视,而法律的暴力是国家通过制定法律和维护法律对其对象的约束力的地位来实施的。

法律中的暴力为什么需要批判?本雅明对自然中存在的暴力不感兴趣,他更关心在社会和国家的框架内的暴力。本雅明认为暴力在许多方面都是通过军事的制定和捍卫法律的双重执行能力得以展现。法律的基础是手段(means)和目的(ends),而暴力只存在于手段而非目的中。传统的法理认为如果合理的手段被用于公正的目的,就是正当的;只要能达到公正的目的,暴力也能成为正当的手段。本雅明对一些非暴力的可能手段进行了探讨,但最终他认为不存在不通过暴力能解决人类利益纠纷的方式。"对于人类的利益纠纷的每一个可想象的解决办法,从迄今为止所有世界历史上存在的生存条件来看,要在原则上完全排除暴力仍然是不可能的。"[2]而且鉴于法律的自我公正性质,暴力的属性怎么定义最终成为权力问题而不是正义问题。对于本雅明来说,只要权力等同于武力和暴力,权力和正义的概念就是相互排斥的。因此本雅明对传统法理观点提出了质疑,他坚持暴力是

---

[1] Walter Benjamin, "Critique of Violence," Trans. Edmund Jephcott, *Telos* 135(1978), 277.

[2] Walter Benjamin, "Critique of Violence," Trans. Edmund Jephcott, *Telos* 135(1978), 293.

必须被批判的且暴力并不因为服务于正义的目的而具有正当性。[1]

法律中是怎么体现暴力的？本雅明从法律的暴力性质为切入点提出了两种法律暴力的形式，即法律规定（law-instating）和法律保护（law-preserving）暴力。法律规定的暴力，在政体形成和制定法律之后就形成了，典型的例子就是立法和战争之后确立边境线，一旦确立这种暴力就已经完成。而法律保护就是普通的认知形式里的那种暴力，通过日复一日的重复实现对客体的约束力。法律保护暴力在很多方面是这种法律制定暴力的副产品，因为所保护的法律正是已经规定了的法律。只有通过重申其约束力才能保护法律。这样一来，法律保护的暴力和法律规定的暴力便形成了循环论证。以上两种暴力都被归为神话暴力（mythical violence）的范畴。

法律在设定之前的合法性来自哪里？本雅明在这里引入了另一种暴力的概念来回答这个问题。一部分犹太神学资源启发了本雅明对暴力的批评，本雅明理解的诫命是对法律暴力的批判的基础。在 1921 年出版的《暴力批判》中他认为弥赛亚力量和法律暴力分离，他在法律规定和法律保护中都假定了一个"神圣暴力"（divine violence），这种暴力是反对之前两种暴力的，且自身就是非强制性的且本质上是非暴力的。神圣暴力的主要特点是它不是达到目的的手段；它在法律之外，因为它既不是法律的基础，也不维护法律。无论如何，它与法律没有关系，反而是破坏法律的。我们必须清楚地认识到，法律确立之前是没有法律的。主体先受到法律的约束，然后才出现法律框架来为法律的约束性辩护。神圣暴力反对这种法律框架的强制性约束力量，反对将某一主体与特定法律制度绑定。本雅明认为，当某一个法律制度被主体反对而必须被颠覆时，法律对主体的约束性就要被打破，通常情况下，这就意味着必须停止遵守这套既定的法律，而这么做的合理性正是来自这种神圣暴力。

---

[1] Cf. L Guzmán, "Benjamin's Divine Violence：Unjustifiable Justice," *CR: The New Centennial Review*, 14.2, (2014)：51-52.

| 第五章　和平的承诺：巴特勒的世俗离散主义 |

本雅明区分了两种神圣暴力：一方面是纯粹的直接暴力，另一方面是革命暴力。它们的差异是暂时的。前者在和平年代会偶尔发生，可以理解为对现行法律的修正。后者的出现使得整个国家的法律体系全部被颠覆，神话暴力的循环完全被打乱。这种革命性的暴力是神圣暴力的最高表现。因此，这种革命暴力的可能性在于目前存在偶尔的直接暴力。只要这些行为不断发生，发生最高级的神圣暴力的可能性就仍然存在。

为什么这种神圣暴力不能直接被实现（actualized）？本雅明认为这样一来，它将不再是正义或神圣的暴力，它将会与作为手段的普通暴力等同，破坏法律以制定新法律的暴力行为就陷入了神话暴力的循环。这样就再次回到了最开始本雅明批判的暴力。所以神圣暴力的实现就是它自身的灭亡。革命暴力具有可能性是因为它是对当前对法律的攻击的预测和阴影。[1]

巴特勒认为本雅明的这种观点是深受乔治·索雷尔（Georges Sorel）在《反思暴力》中的总罢工（general strike）理论影响。根据索雷尔的说法，总罢工并不试图在一个特定的社会秩序中实施改革，而是要取消某一国家的整个法律依据。神圣暴力不仅使人从一种强制的法律和国家暴力的义务的责任里释放出来，而且这种释放可以立即赦罪和反对强制性暴力。但本雅明认为所有的法律制度都应该被反对，仅仅是政治大罢工是不够的；只有原则上的法律，以及国家权力本身被破坏，才能克服法律的暴力。但是本雅明的这个观点有个缺陷，即使正义是不可及的，但这并不意味着人的行为不能表达神圣的正义。

本雅明对法律暴力的激进批判，引起了许多人的担心和反对。雅克·德里达在他的"法律力量"中深入讨论了这个问题，汉娜·阿伦特在"暴力行为"中对这个问题也颇有争议。显而易见的是，对于本雅明来说，弥赛亚与法律框架本身的破坏有关，这是神话权力的一个明显的替代。

在《暴力批判》一文中，本雅明区分了两种暴力，即实施并维持法律的神话暴力和打破国家暴力循环的神圣暴力。齐泽克对两者进行了阐发："如果说神话暴力是

---

[1] L Guzmán, "Benjamin's Divine Violence: Unjustifiable Justice," *CR: The New Centennial Review*, 14.2, (2014), 53.

立法的，神圣暴力则是毁灭法律的；前者确立疆界，后者无情地摧毁疆界。神话暴力带来罪与罚，神圣暴力则带来救赎……神话暴力是一种出于自身目的统治纯粹生命的血腥权力，神圣暴力则是为了生命目的而统治生命的纯净权力。前者要求牺牲，后者则接受牺牲。"[1]神圣暴力掌握在人民手中，它不是复仇行动，也不达成具体的政治目的。它不是实施国家权力的手段，事实上，它不服务于任何手段，它以暴力行动致力于动摇旧社会的基本制度，搅乱旧社会秩序的肌理，清除旧世界的碎屑，从而建立新社会。制法暴力和护法暴力均属神话式的暴力。神圣暴力是外在于法律的纯粹暴力，这种弥赛亚式的暴力一旦转化为革命暴力，就会摧毁现存的宪政秩序。在2008年出版的专著《暴力》中，齐泽克认为，符号暴力和体系性暴力等客观暴力更值得受到重视。符号暴力指在语言符号中的一种基础性的暴力形式。每个符号秩序都建立在某种暴力的伦理-政治性的抉择上。决定事物是否为暴力的符号暴力正是最高状态的暴力。体系性暴力是齐泽克批判的主要目标，它与经济政治紧密相关，是"我们经济和政治等系统平滑运行时经常带来的灾难性后果"[2]。可以看到，美国繁荣富足的背后是全球性掠夺的不公正现实：美国对外对发展中国家实施剥削和压迫，对内持续盘剥经济上的弱势群体。针对美国的暴力事件，无不起因于上述非正义性事实。

暴力是否都应该受到谴责？在齐泽克看来，神圣暴力和"什么都不做"的暴力是正当的、解放性的。齐泽克尖锐批判资本主义的体系性暴力，并主张通过神圣暴力和"什么都不做"（I prefer not do）的暴力来颠覆全球资本主义秩序。如果抵抗意味着与权力共谋，那么从抵抗中退出，放弃这一无效行为，是一种真正的政治行动。真正的暴力指的是转换社会关系，彻底改变社会现实的行为。革命恐怖是无法避免，又是不可或缺的。必须用革命的暴力彻底颠覆既定秩序。

本雅明提到的无政府主义或破坏不仅被理解为另一种政治国家，也不能被认为是积极法律的替代品。相反，它不断重演，作为积极的法律条件和必要的限制。它并不表示一个未来的时期，而是构成各种法律暴力的基础，构成了破坏这一主体

1 　Slavoj Žižek, *Violence: Six Sideways Reflections*, New York：Picador, 2008, 197.
2 　Slavoj Žižek, *Violence: Six Sideways Reflections*, New York：Picador, 2008, 1.

受到法律约束的每一个行为的潜在破坏。在这一点上,似乎仍然担心本雅明是否为所有合法性之外的真正战争提供了理由,还是为了自发地起诉和攻击指定的犯罪者。他最后提到一个神圣的执行,似乎也是以一些神圣权力的名义,提出出现不法分子身体暴力的类似形象。这个本雅明是否骑着"反议会浪潮",使他危险地接近法西斯主义,还是所谓的神圣执行攻击只是积极法律的总体要求?他已经声称,神圣的或者神圣暴力行为不能被一个目的所证明,尽管他似乎声称这位演员和神圣者之间的具体关系是与神的暴力有关的。

在《历史哲学论纲》中本雅明提出,无限连续进步的历史是资产阶级统治者为追求自己的利益而虚构的历史观念。它应该被打断,因为以往的历史是胜利者构造的历史,它歪曲了过去,是对受难者的掩埋和遗忘。而弥赛亚将被压迫者的历史从强制的遗忘中拯救出来。弥赛亚主义要求赋予历史上的受害者以话语权,从而以间接方式结束当前在受害者的道德和身体上施加的暴力政权。本雅明越来越清楚对压迫的历史的抹杀必须得到抵制,这恰恰不是为了增加世界的恶。相反,有罪的是那些仍然支持法律和暴力的人,这些法律和暴力旨在掩盖其曾经造成且现在仍然在造成的破坏。因此,弥赛亚就是探索特定的年表和历史的一种方式,以历史上的分散的剩下的受害者的名义恢复那些残缺的形式,它们以间接的方式使我们结束在道德和身体上施加暴力的政权。

本雅明对历史的进步的解构,为巴特勒提供了一个给巴勒斯坦人民呐喊的角度,作为被压迫的一方,历史仿佛不再为他们书写,过往的苦难被轻松揭过,历史倾向于遗忘和淡化痛苦。巴特勒将本雅明的这个反思与萨义德的观点结合起来,考虑两个民族散居融合在巴勒斯坦地区的可能性。巴特勒在第一章已经指出了犹太人与巴勒斯坦人民密不可分的历史,并思考这些历史是否可能为难民的权利至为重要的那些土地产生新的政治体系,在这其中没有人会因为减少异质性而将被排除在公民身份之外。

虽然巴特勒提出反对犹太复国主义的批评本身就成为一个具体的犹太人批判的实例,但《殊途》是否真的能够成功树立犹太人批评以色列政策的传统?巴特勒的《殊途》有一个不可忽视的重大缺陷:尽管阿伦特、本雅明、列维纳斯等人的思想都十分深刻且具有启发性,她在本书中用了大量篇幅讨论四位思想家的主要观点,但却厚此薄彼忽略了深入定义和讨论她所批判的犹太复国主义的重要性,仅仅通过与四名犹太思想家进行思辨对话来构建这样的批评并不令人信服。这作为一个想要从学术上论述一个牵扯政治、历史和宗教等多方面的复杂现实问题显然是不够有说服力的。如果仅仅看这本书,读者可能无法意识到犹太复国主义的历史有多复杂,以及它的各种影响之间的差异。一些其他的犹太复国主义者的主张并没有考虑到,例如有承诺自由的犹太复国主义者倡导世俗的以色列宪法会使阿拉伯人完全平等,倡导宗教与国家完全分离。可以看出巴特勒接受了犹太复国主义的简化定义,即部分阿拉伯人认为的种族主义和以色列的右翼理论家所支持的意识形态。

巴特勒在《殊途》中的中心论点,即犹太复国主义是反对犹太性的这个博大的论点,要求对犹太复国主义的实质和其在不同角度的体现、当下的发展等方方面面逐一批判;并对犹太性和犹太传统的历史和当下进行更加丰富的论述和描绘。只有这样,巴特勒才能提供比在《殊途》中所提供的更深的立足点。笔者认为,巴特勒的《殊途》与其说是对犹太复国主义是反犹太性的深刻批判,不如说是对一些犹太思想家思想中反对犹太复国主义的线索和可能性的一个探索,以此来对当下以色列和全世界其他地区的犹太人社区中盛行的越来越强烈的犹太复国主义的民族主义倾向敲响悬崖勒马式的警钟。

第三节　一国两族:巴以冲突的可能出路

关于巴以冲突的可能出路,各方学者都给出过自己的思考和结论。激进派认为,以色列占领这块土地是完全违法和不人道的,鉴于现在巴以双方矛盾和仇恨已经到达不可调和的地步,要解决巴以冲突就该在物理上阻绝两个民族亲密接触的机会,即以色列应该举国搬迁到其他地方,将这块土地还给巴勒斯坦人民;但考虑到历史的进程和操作起来的成本,更多的学者还是倾向于接受犹太人已经定居于此的现实,尽量让两个民族在这块土地上和平共处,其中具体操作的主张又可分为

"两国方案"和"一国方案"。"两国方案"认为以色列和巴勒斯坦应该确立好双方都认可的国界线分别建国，并分别得到联合国和国际舆论的承认，从此以后以两个独立的主权国家身份展开经济政治交流。基本上所有非巴以的其他国家都持这种看法，且一直为美国所大力推崇。但由于种种政治考量，对如何将这块地区分给巴以两地的细节分歧始终难以调和，且自从奥斯陆协定以来时断时续的暴力冲突不断加深着巴以两国彼此的不信任，两国方案的出路遭遇了长达几十年的瓶颈。"一国方案"则认为在巴勒斯坦地区建立一个一国两族的二元联邦制国家是个更好的选择，只有将两个民族置于一个国家之中，地区之间经济发展不均衡及可能导致的两国民族对立情绪才能得到真正的解决。出于对自身安全性的考虑，这也是以色列一直以来期望达到的目标。在20世纪40年代，阿伦特和马丁·布伯（Martin Buber）都赞成一国两族，使犹太人和阿拉伯人都能在共居的基础上保持自己的文化自主权。以上是目前国际上关于巴以冲突出路的三种主要看法。

　　总结来说，巴特勒对巴以冲突的可能出路可概括为成立一国两族的联邦国家从而实现共居。而要实现这个目标，一个前提状况必须得以实现，即以色列必须深刻批判犹太复国主义，不再以犹太性定义未来的一国两族国家，接受多元文化主义[1]（multiculturalism）的观念，真正将巴勒斯坦人民置于同等地位而非被边缘化的少数族裔考虑，这种"一国方案"才可能得到良好的预期效果。在《殊途》中她试图对犹太性重新定义并且对犹太复国主义做了深刻批判，她拒绝以色列从建国以来对巴勒斯坦地区的占领和不人道的制裁和剥夺。而关于具体怎么做到成立一个一国两族的二元联邦制国家，巴特勒认为，首先，正如历史学家桑德的观点一样，要去除犹太复国主义的民族主义色彩，就要批判它作为一种广为传布的史学话语[2]。要实现这个目标，就要将犹太复国主义和搅动犹太人神经的犹太性分离开讨论。

---

[1] 多元文化主义（multiculturalism），是社会用以管理文化多元性的公共政策，它采取官方手段，在一个国家内部强制推行不同文化之间的相互尊重和宽容。多元文化政策的观点是，移民族群可以保留自身的文化，并且同其他的文化和平地交流。多元文化政策强调不同的文化各有其独特性，事关接纳其他民族时尤其重要。这个词最早在1957年用来描述瑞士的政策，在1960年代末期被加拿大接纳，并且扩散到其他国家和地区。
[2] 桑德，《虚构的犹太民族》，中信出版社，2017年，第32页。

萨义德重新考虑《圣经》的起源为我们提供了一个新的思考角度,他研究历史后认为摩西是非欧洲的犹太人,也就是阿拉伯犹太人。摩西作为犹太人祖先,其形象中的"阿拉伯"与"犹太"就是无法分离的。这个事实暗示着不仅能抛开欧洲渊源来重新考虑犹太人的历史,而且因此能把米兹拉希犹太人与西班牙系犹太人作为中心,还能理解"阿拉伯犹太人"构成的连接、交叉和共居(被理解为与相异性紧密联系),这些是犹太生活的基本原则[1]。

其次,需要深刻批判被分离出犹太性光晕的犹太复国主义。过去百年间的历史证明,在犹太复国主义精神指导下的残酷的事实已经发生,并形成了特殊的殖民主义历史形式,这种行为往往是通过军事暴力实现的,且这种军事暴力催生了巴勒斯坦人民暴力和非暴力的反抗运动。因此,需要抗议复国主义对巴勒斯坦人的殖民征服。以色列通过驱逐巴勒斯坦人建国,认为分散在其他地方的犹太人不能很好地理解殖民统治为什么必须要在民主的名义下继续的各种原因。有人认为外人不能评价以色列国内的事情,这种观点企图将各种讨论限制在以色列民族主义的框架内。但如果看一看"内部",就会发现"其他地方"已经融于地区内了,并起到塑造作用。巴勒斯坦既在国家边界内又在边界外,边界自身与土地和人民建立了永久的联系。这种联系主要以暴力驱逐、监视和以色列对巴勒斯坦人流动、土地、政治自我决定等权利的绝对控制为主。所有这些关系通过边界得以巩固,这简直糟糕透了。离散框架对巴特勒共居和一国两族的理论化至关重要。在以色列殖民征服的状态下没有可行的"共居",因为殖民征服不会认可这样的政治条件。因此,共居方案只能以政治复国主义的解体为开端。只有通过结束坚持认为以色列建立在犹太主权原则上的政治上的犹太复国主义,正义的边界原则才能实现。反对政治上的犹太复国主义,在巴勒斯坦的土地上建立基于巴勒斯坦人和犹太人平等的政体,在以色列境内反对公民身份的种族主义形式,叫停或反转几十年来的以色列的土地占有和殖民统治,支持巴勒斯坦自决权,反对滥用武警和军事力量维持非法占领、剥夺国际公认的公民权。

1　Judith Butler, *Parting Ways: Jewishness and the Critique of Zionism*, New York: Columbia University Press, 2012, 30.

在批判犹太复国主义之后,我们难免要提出一种替代叙事,这个问题具体来说就是法国历史学家马塞尔·德蒂安(Marcel Detienne)提出过的一个问题,即"我们如何才能在民族史中去民族化?我们怎么才能停止在主要由民族幻想伪造的材料所铺就的道路上继续向前推进呢?"[1] 有人以黎巴嫩和伊拉克的内战为例来反对这种一国两族的构想。但这种简单的反对并没有深入内部,之所以这两个建立了多民族国家的国家却被内战困扰的原因就是没有正确给出一个各民族都接受的意识形态的问题。但一个现实的问题是,对于巴以冲突的可能出路的问题,巴特勒并没有谈到巴勒斯坦方面应该做出怎样的努力来协调。在《殊途》中,巴特勒毫不留情地批评了犹太人的犹太复国主义情结并同情巴勒斯坦人民的遭遇。但是要解决巴以问题就意味着需要让双方都能达成共识而非一方单纯地改变。假使共居概念只限于以色列而非巴勒斯坦范围内被接受,那么贸然实现一国两族的联邦制国家的后果就很可能是两个民族仍然会借助人口比例在议会展开博弈,最终难逃一方压制另一方的政治斗争。若这种情况果然发生,那么对于现实的不满又会投射到共居理念之上,使得这个一国两族的联邦制国家瓦解。虽然巴特勒没有强调巴勒斯坦人民应该做出什么样的努力,但是在批评以色列的犹太复国主义的同时,不能忘记巴勒斯坦也应该积极参与对自身民族国家情结的批判,只有双方都深刻意识到民族主义的危害性,才可能建立一个巴以双方和谐共居的未来。尽管以色列是率先对巴勒斯坦实施暴力的一方,但如今的巴勒斯坦也早已不再是历史上被第一次施加暴力的巴勒斯坦了。双方都在长达几十年的暴力冲突和对峙中,犯下了许多罪行。不应该因同情而忽视在这段历史中巴勒斯坦对以色列造成的伤害。

笔者认为,巴以问题如何得到解决,内在的因素错综复杂,但究其根本,无论是巴特勒所支持的一国两族的联邦国家或两国分别建立独立国家,能和平解决并达成共识的前提都是以色列和巴勒斯坦双方都须总结历史教训,深刻批判民族主义的危害,双方才能形成列维纳斯所言的对他者负有伦理责任的共居理念。巴特勒认为,在批判犹太复国主义的时候,我们必须清楚意识到,巴勒斯坦和以色列如今的情况

---

[1] 桑德,《虚构的犹太民族》,中信出版社,2017年,第33页。

并非处于对等的立场。在现阶段解决巴以冲突之时,把以色列和巴勒斯坦之间的关系视为冲突的"双方"是不合理的。只有等巴勒斯坦和以色列在政治上能建立平等的条件,双方的积极正向的合作和协商才能在平等的方面进行。届时,那些能使以色列和巴勒斯坦平等的模式才能积极发挥作用,从而消除实际上的不平等。

在批判犹太复国主义并将其逐出话语场的同时,还要给出切实可行的替代做法,或者说,能代替犹太复国主义成为新的凝聚本国各族人民团结一致的意识形态。而关于这一点的考虑,巴特勒认为一国两族的联邦制可以使以色列和巴勒斯坦人民都保留自身的文化自主权同时又和谐共处。而要实现一国两族的联邦国家,就必须使共居理念成为普遍化的观念被巴以双方和国际舆论接受。关键在于形成一种政体,它不仅能包容多元框架,还能致力于发展只有殖民统治终结才有可能实现的一国两族。巴特勒建议,不应寻求简单的多元文化主义,而应削弱复国主义的暴力霸权结构对土地和人民的控制,必须形成一种新政体以结束殖民主义,提供复杂且相对的共居模式,改善当前两族关系的残局。

尽管巴特勒所支持的以建立一个联邦国家为手段的一国两族设想可能很难实现,但这个情况不足以成为抵制和反对它的理由。一国两族不仅是一个"可能实现"的理想,许多批评家迫切希望它能在未来的理想条件下得以实现。这种理想的条件正如本节所说,双方都能深刻批判民族主义的危害,并接受共居概念。这个目标也许很理想,但正如巴特勒在本书开篇所言,"虽然大部分人,甚至那些可以因为这个观点受益的人,普遍认为一国两族主义的原则是不切实际的目标,但同样毫无疑问,这种没人主张一国两族主义原则的世界也是一个极度贫困的世界。我猜和平主义也同样如此。虽然这可能被怀疑为缺乏现实政治考量,但是谁想生活在不再有和平主义者的世界中?这又会是什么样的世界?"[1] 与追求利益最大化的政治家不同,哲学家看待问题不能有一丝一毫和现实的妥协,因为这事关人类对正义和真理的追求。也正是因为这种理想和坚持的存在,我们的世界才有变得更加美好的可能。

---

[1] Judith Butler, *Parting Ways: Jewishness and the Critique of Zionism*, Columbia University Press, 2012, 28.

第六章　"你不得杀戮"：与他者共居的非暴力伦理

> The face of the other in its precariousness and defenselessness, is for me at once the temptation to kill and the call to peace, the "you shall not kill." This last remarks [of Levinas] suggests something quite disarming in several senses.
>
> *Precarious Life*, 2004: 134
>
> 极度脆弱与毫无防备的他者面孔，既激发了杀人的欲望，又传达了和平的要求：你不得杀人。列维纳斯的这段话包含了一些富有和平意味的信息。

> For the non-violence that Levinas seems to promote does not come from a peaceful place, but rather from a constant tension between the fear of undergoing violence and the fear of inflicting violence… if the first impulse towards the other's vulnerability is the desire to kill, the ethical injunction is precisely to militate against that first impulse.
>
> *Precarious Life*, 2004: 137
>
> 列维纳斯主张的非暴力观点并非来自和平的状态，而是来自持久的张力状态：惧怕遭受暴力同担忧挑起暴力之间相互纠结的状态……如果面对脆弱他者的第一反应就是杀欲，那么伦理律令就是要遏止这一本能冲动。

传统的哲学信仰认为主体是伦理的基础。作为自足的主体，"我"在这个基础上解释自我，或者负责熟思与行动。巴特勒认为，主体从来不是自足的"我"，"我"产生于与"我"相关联的一系列非我的关系中。"我"的存在只有求助于他者才可以得到理解，"我"因他者的承认而存在。因此巴特勒指出，现在需要诘问的问题不是"我是谁？"，而是"你是谁？"，或"他是谁？"。如何以另一种方式对待他者，从而避免暴力的循环？对于这个问题，巴特勒从伊曼纽尔·列维纳斯那里找到了答案。

第一节 列维纳斯的启示

对待脆弱和丧失，我们通常有两种反应：复仇和非暴力。显然，美国政府采用的是第一种回应。可以看到，暴力使人的脆弱在他人面前以最令人震惊的方式暴露出来，因此巴特勒思考肉体的脆弱与政治选择之间的关系，提出用非暴力的伦理来终结暴力的循环。在《脆弱不安的生命》序言中，巴特勒说："我们可能受到伤害，别人可能受到伤害，我们可能在别人的冲动下遭遇死亡，所有这些都是导致恐惧和悲伤的原因。然而，不那么确定的是，脆弱和丧失的经验是否一定要直接引发军事暴力和惩罚。还有其他通道。如果我们感兴趣的是中止暴力的循环，从而产生不那么暴力的后果，那么，除了叫嚣战争，悲伤在政治上是由什么组成的？——问这样一个问题，毫无疑问是极其重要的。伤害给我们带来的警示是，我的生命依赖于别人，依赖于我所不认识的人，依赖于我也许永远都不认识的人。这种对无名的他者的根本性依赖不是我可以控制的条件。没有任何一种安全措施可以抵消这种依赖；没有任何一种主权的暴力行为可以去除存于世上的这一事实。"[1] 巴特勒在这里所提到的其他通道就是非暴力的伦理。从对"9·11"事件的反思中，巴特勒试图重新设想一种公共政策，在这样的公共政策中，人们承认共同的脆弱状态，不再让反动的进攻状态成为政治生活的标准，从而免受突如其来的暴力，不再经历丧失。

以另一种方式对待他者：与列维纳斯对话

巴特勒关心的不只是主体的自我意识，她从列维纳斯那里认识到了他者的意

---

[1] Judith Butler, *Precarious Life: The Powers of Mourning and Violence*, London & New York: Verso, 2004, xii.

义。列维纳斯的伦理学是对道德哲学的批判,因为道德哲学将主体视为封闭的、同一的、反身的自我意识。列维纳斯则认为,主体不可能完全是同一的,其存在具有一种他异性。道德哲学中的主体受道德义务(duty)的约束,总是在考虑自我的前提下承担责任(accountability),而伦理学的主体则在不考虑自我的情况下自然地回应他者,主体与他者之间是责任关系(responsibility)。[1] 道德哲学中的责任以有意识的行动意愿为前提;而伦理学对他者的责任是前本体的,也就是说,没有与他者的相遇,就无从谈起主体性。由于他者的存在先于我的形成,我对他者的责任先于所有有意识的行动意愿。列维纳斯的伦理学试图消解自足的、同一的意识主体,这与巴特勒的后结构主义伦理观十分相似。

列维纳斯使用著名的"面孔"(le visage)概念表达主体无法同一化的他异性。[2]这种面孔不是他人呈现于我们面前的、我们所看到的或感知到的外在对象,而是他者与我的关系中不可见的东西,是他者作为整体进入我的存在的标记和符号。我们被迫回应他者,因为不管我们愿不愿意,他者总是优先于我们。巴特勒援引列维纳斯说:

> 走近面孔是责任的最基本模式。……面孔并不是在我面前,而是在我之上;它是死亡之前的他者,看穿死亡,暴露死亡。其次,面孔是那个要求我不要让他独自死亡的他者,好像让他独自死去就是谋杀他的帮凶。因此面孔对我说:你不可以杀人。在与面孔的关系中,我被揭露为占据他者位置的篡夺者。斯宾诺莎的自我保存和所界定的所有可理解性的基本原则,即他所称道的"存在的权利",受到与面孔有关的关系的挑战。因

---

[1] 举例说明:假设有人溺水求救,如果救人者觉得有救人的义务,但同时他还考虑救人会不会危及他自己的生命等,那么救人者此时是从道德的角度而不是伦理的角度去行动。他可能因为过多地考虑自己而放弃救人。从伦理角度去行动的救人者,其主体不是自我意识的,不是反思自我的,而是通过拒绝自我保存他异性,从而奋不顾身去挽救他人。对列维纳斯而言,伦理学是同一对他者的责任。

[2] 柯林·戴维斯,《列维纳斯》,李瑞华译,江苏人民出版社,2006年,第51页。

此，我回应他者的责任搁置了我自我生存的自然权利。在我对他者之爱这种伦理关系源自这一事实：自我不可能独自存活，不可能在其在世存在中发现意义……将我暴露于面孔的脆弱就是质疑我存在的本体权利。在伦理学中，他者的存在权利优先于我的存在，这种优先体现在这一伦理诫令中：你不可以杀戮，你不可以危及他人的性命。[1]

所谓面孔不是被看见的图像，而是一种外在的无限，是存在者存在的自我需要，是存在者显露自我存在的途径。他人之所以于我有意义，是由于他呈现为帮我认识自我的"面孔"。由于他者的他异性无法还原于同一性，由于"不可思议的"他者先于我而存在，因此如何对待他者就是每个自我面临的问题。

在《脆弱不安的生命》一文中，巴特勒在解读列维纳斯的基础上提出了非暴力伦理。列维纳斯一直关注存在与战争之间剪不断的牵连。战争展示的是暴力，它的影响是全面而深刻的，无论是施暴者还是被施暴者都会受其影响。列维纳斯这样写道："暴力与其说在于伤害和毁灭，不如说在于中断人格的连续，让他们扮演他们不再身处其中的角色，让他们不仅背叛其义务，而且背叛其本己的实体，让他们进行那些将摧毁任何行为之可能性的行为。就像现代战争一样，任何战争都已经运用了一些武器，它们将朝向那个持有这些武器的人。它确立了一种没有人能够保持距离的秩序。从此以后没有任何东西是外在的。战争没有显示外在性和作为他者的他者，它摧毁了同一的同一性。"战争一直试图消灭人的恐惧和焦虑，但是暴力的循环只能产生更多的焦虑与恐惧。列维纳斯认为，伦理学正是避免让恐惧和焦虑转变为战争的杀戮行为的有效手段。对列维纳斯而言，在主体通过面孔与他者交流时，主体看到他者岌岌可危的生命状态，这时对主体而言，暴力是一种诱惑。面孔既代表着杀戮的诱惑，又暗含着禁止杀戮的禁令。虽然自我意识的形成以否定他者为代价，即为了自我的存活，必须让他者死亡，但是这种近乎谋杀的驱动很

---

[1] Judith Butler, *Precarious Life: The Powers of Mourning and Violence*, London & New York: Verso, 2004, 131-132.

难实现,因为谋杀他者,自我也无法存活。伦理斗争就是要持续不断地避免进攻带来的杀戮行为,它体现在列维纳斯面孔的概念中"你不可以杀戮"这一诫令中。

列维纳斯认为,他人总是在存在论的意义上先于我,我对他人的面孔有无可推卸的责任。用于维系我与他人关系的纽带就是责任(responsibility)。"责任"一词有回应他人的紧迫感,强调其行为如何对他者产生影响;而 accountability 同样具有"负责任"的意思,但它侧重的是自己的行为会对自己产生什么样的影响,它更关注主体本身的道德状况,因此更具有自恋的意味。列维纳斯的主体则永远形成于回应他者的需求中。当他人看我时,我就处在他的目光的逼迫之下,我一下子就对他负有责任。我由于他人的出现而获得存在,因此我对他人就有了责任,这是一种纯粹的伦理关系。被他人注视,对他人的脆弱负有责任,这将决定主体如何思考和行动。列维纳斯的理论说明,"我"无法只对自己负责。

"我"对谁负责这一问题实际上显示的是我和谁认同。"9·11"之后,巴特勒促使我们反思的是,我们应如何回应他者的苦难。回应他者不可能发生在社会关系的框架之外,我们在复杂的社会关系中回应他者,因此检查产生责任的社会条件便是批评的任务。巴特勒认为,在当代国际政治关系中,我们必须洞悉"责任"这一概念产生的政治背景。西方推行的全球政治范式是以国家安全的名义宣扬毁灭。"责任"已成为导致全球不负责任状态的工具。对于负责任的全球政治应是什么样,巴特勒并没有明确给出答案。但是,她的确提倡非暴力伦理来应对复杂的国际政治局势。同时,在《战争的框架》中,巴特勒指出,非暴力伦理不是一个放之四海而皆准的原则。[1] 我们必须诘问,谁是实行非暴力的主体?这个主体是在什么样的框架下对谁实行非暴力?归根结底,我们对暴力行为的反应,依赖于世界观得以形成的框架,依赖于表象领域得以界定的框架。非暴力伦理产生于对这一事实的承认,即脆弱是所有人的存在状态,推行暴力就意味着自己也会受到暴力的袭击,因为脆弱是人类乃至一切生命有机体所共有的特征。

---

[1] Judith Butler, *Precarious Life: The Powers of Mourning and Violence*, London & New York: Verso, 2004, 165.

在《殊途》中，巴特勒进一步利用列维纳斯的他者伦理思想批判以色列的国家暴力，提出了共居的非暴力伦理。首先，巴特勒总结并评论了爱德华·萨义德在《弗洛伊德和非欧洲人》这本书中对摩西的解读。萨义德在该书中强调不仅犹太人在大流散时期是和非犹太人散居在一起的，而且在这个阶段也出现了无法将犹太身份和阿拉伯人身份分割对立的阿拉伯犹太人这一族群。甚至犹太人的古代重要先知摩西就是一个埃及人。萨义德赞同弗洛伊德的观点，认为仅思考犹太人这个身份具有限制性，必须在历史的语境中反思与犹太人相关联的其他关系。通过刺激读者思考这段历史，萨义德认为以色列需要好好思考过去犹太人被压迫驱逐的历史，从而以开放的心态与巴勒斯坦走向联合，防止对巴勒斯坦人重蹈纳粹覆辙。萨义德认为犹太人和他者是通过彼此确立存在的，以色列和巴勒斯坦是彼此的历史和现实，而非敌人。

巴特勒认为，萨义德的观点，即不能撇开非犹太人来思考犹太人的观点，非常接近列维纳斯的伦理立场，因为两者都强调与他者的关联性。列维纳斯建设性地反思了长期以来在欧洲一直盛行的本体论思想，用"面孔"的概念揭示与自我相关的他异性。列维纳斯感兴趣的是，为什么面孔可以对我们有所要求？我们可以直接避开面孔吗？面孔代表"你不可杀戮"的禁令，让我们意识到他者的生命是脆弱的和危险的，同时我潜在的暴力潜能又是致命的。我们会萌生对自己的潜在暴力的破坏性的恐惧，所以我们面对他者会害怕。我们害怕他者是因为知道他者很可能被我们这样的拥有毁灭性力量的人毁灭，也因此在面对他者的面孔之时，自然就会有反对暴力的禁令和义务加诸我们。

列维纳斯认为，我们面对他者的面孔时，强加给我们的禁令会让我们感到恐惧和焦虑，他用雅各布和以扫的故事来作例子：我们害怕的是自己的死亡，焦虑的是自己即将去杀人，但是为了自己的生命来摧毁对方的生命恰恰就是逃离面孔所代表的伦理责任。要生存于任何地方就是要被在那个地方的他者所打断和定义的。如果他者迫害自己，迫害这个民族主体，这不意味着这个国家主体不需要对他者负责了：恰恰相反，责任正是从这种迫害中产生了。责任引导出的正是对非暴力的争取,也就是反对复仇伦理,遭遇并尊重他者的斗争。

第二节 如何与他者共同存在?

我们生活的世界充满多样性,个体乃至文化的差异是当今世界的显著特征。在全球化时代我们如何面对差异,如何与他者——不同族群、不同文化的人——共同生活在地球我们的家园中,如何为共同的人类未来承担伦理责任,这无疑是一个至关重要的问题。受德里达和斯皮瓦克影响,巴特勒认为翻译的政治和伦理任务至关重要,她将"人"的概念置于历史与文化的空间中,主张用文化翻译的策略重新定义文化身份。对巴特勒而言,尊重个人自由,包容多元文化差异的激进民主政治是实现更加公平和正义的社会的斗争之路,而文化翻译是激进民主政治的实践方式。巴特勒倡导一种更激进的民主政治,试图运用激进民主策略为边缘群体寻找社会意义上的承认,并倡导文化翻译来拓展民主的边界。

激进民主政治

激进民主政治是一种后马克思主义思潮,以拉克劳和墨菲的多元激进民主理论为代表。后马克思主义的核心任务是建构以"领导权"(hegemony)为核心的政治本体论。他们强调左派斗争中领导权的重要性,强调"偶然性"(contingency)逻辑,认为社会关系有四个维度,即偶然性、权威性、政治优先性和历史性。如果社会关系是偶然的,那么,就意味着可以通过斗争来改变社会关系。正是对社会偶然性特征的强调,作为话语实践活动的接合(articulation)才成为可能。激进民主政治的根本宗旨在于尊重个人自由,包容多元差异,它反对一切支配形式,致力于消灭压迫与剥削。

异性恋规范定义了能被社会和文化所承认的人,拒斥那些处在规范之外的性少数群体,早期的巴特勒因此批判异性恋规范暴力对性少数群体造成的伤害。后期巴特勒转向政治哲学领域,认为拒绝承认人类共同的脆弱,否认丧失带来的痛苦，以战争暴力的形式回应丧失，只能加剧恐惧和焦虑，这是我们需要领会的重要认识。为了避免暴力的循环发生，巴特勒认为关键在于承认生命脆弱不安的生存状态，尤其要承认被规范排除在外的危脆的生命。从被异性恋规范拒斥的性少数群体，到被国家暴力裹挟的难民等群体，巴特勒思考被规范排斥的生命如何获得社会文化世界的承认。

巴特勒认为，规范所代表的普遍性具有局限性，它总是以一种主体化、暴力的方式运作，但普遍性并非一无是处，它本身具有重要的策略性价值。而且，对普遍性的追求可以刺激民主政治斗争，斗争的胜利又会拓展普遍性概念的包容性。由于不同的文化对普遍性的理解不同，普遍性总是在文化中的普遍性，因而是可以随时间改变的。

激进民主社会的首要条件是接受其所有价值的偶然性和激进开放的特征，这就要求抛弃对单一基础的欲求，思考多元的文化价值观达成和谐共存的可能性。巴特勒的一生致力于建立一种激进民主政治，拓展规范所代表的普遍性的包容力量，为规范之外的边缘群体进行民主政治斗争。正如莫娅·罗伊德所言，巴特勒的激进民主政治是一种"后结构主义式的"[1]。她的民主社会总是面向未来，是开放式的想象。在巴特勒看来，民主远未真正实现，它总是朝向未来。民主政治斗争因而是述行性的，它召唤一个还不存在的理想社会。普遍性在不同的文化中具有不同的外观，或者说，普遍性有不同的文化版本，这让翻译成为跨文化交流中理解差异的必要条件。巴特勒认为，普遍性是一种以未来为导向的文化翻译。

重构普遍性的文化翻译

翻译是一种跨文化的交流活动，它不是从一种封闭的、相异的语言转换到另一种封闭的、相异的语言系统，也不仅仅是语言系统之间的文字符号转换。翻译依赖语境，而语境受语法、语用、社会环境等多种非自然因素的影响。翻译的过程因此

---

[1] Moya Lloyd, *Judith Butler: From Norms to Politics*, Cambridge, Polity, 2007, 148.

绝不仅仅是词语的转换和意义的传输这么简单。翻译什么,不翻译什么,这显然具有一定的政治性,是文化政治的一个面向,翻译因而是一个涉及权力关系的问题。

文化翻译始于霍米·巴巴对文化政治中排外问题的探讨。巴巴认为,不同的文化语境具有不同的意义系统,这种文化语境的特殊性使具有文化差异的意义系统之间产生对抗,努力地相互排斥对方。因此,要想理解文化差异,翻译就显得必不可少。一个世界中不同部分的交叉要成为可能,就需要文化翻译过程。文化翻译的工作就是让"文化政治变得民主"[1],它可以带来新的理解方式,因而可以拓展民主的边界。

巴特勒认为,文化翻译的任务关键是要在差异中产生联盟,应将翻译看作主体形成的条件的实践,甚至是扩散主体概念的方式。在这点上她与斯皮瓦克的观点一致。有人认为,在全球南北权力分布不均的状态下,主张权利的唯一方法是通过翻译进入主导的语言文化秩序中。虽然主导的文化霸权总是试图抹除和剥削本土文化,但是只有习得主导语言,才能使本土文化变得可以辨识。的确如此,但斯皮瓦克认为,在两种不同文化碰撞的翻译过程中,第三世界的文本在翻译成英语的时候其文化的差异性往往被抹杀,属下被消音,因此要想为处在弱势地位的他者负责,译者首先要作原文最亲密的读者,建立与原作者最亲密的联系。在后殖民语境不平等的权力关系下,译者要尊重原作者所在的语言和文化差异,致力于描述或阐释这种差异,揭示不同民族、不同语言之间不对称的权力关系,翻译因而是一种政治行为,就此斯皮瓦克提出了"翻译的政治"这一命题。同样,巴特勒也认为,如果能够协商言说的权利,确保无声音的人有权发声,那么,翻译的实践就不仅仅是同化进单一的语言,而是一种述行性地产生另一种"我们"的方式。

本雅明曾言,翻译的意义在于延续原作的生命。文化翻译则促使我们尊重外来的、异质的,特别是弱势民族的文化,因而带来新的理解方式。斯皮瓦克的文化翻译与巴特勒的述行性观点有共同之处,因为两者都在重构普遍性方面具有至关

---

[1] 王楠,《从性别表演到文化批判:论朱迪斯·巴特勒的政治伦理批评》,《妇女研究论丛》,2015年第2期,第87页。

重要的作用。巴特勒说,

> 一种资源要想在当今变得深刻或具有启发性必须经历特定的时间轨迹,只有通过一系列的替换和移位,"历史资源"才能与当下发生联系,具有实用性,保持其有效性。这种时间轨迹同时也是空间的,因为从一个位置到另一个位置不可能是一个单独、持续、稳定的地理基础;特别是当土地问题与历史主张相关时,这种运动重新绘制了地形学本身。使历史具有合法性的常常降低它的有效性。要想更有效,传统必须脱离其合法性的特定历史环境不断应用于新的时间和空间。在某种意义上,这样的资源只有通过舍弃在历史和文本的先例才能更有效。作为重新绘制社会关系或地理空间的文化翻译过程的一部分,伦理资源只有通过"割让领地"才能在汇聚且相互竞争的伦理主张中从历史走向繁荣,具有活力。[1]

巴特勒这里所说的重新绘制社会关系就是重构普遍性,这其中文化翻译起到不可估量的作用。不同文化之间虽具有不可通约性,但文化翻译可以带来一个更具包容性的、重塑的普遍性,因为文化翻译可以准确地显示什么被排除在某一文化的普遍性之外,让各种关于普遍性的解释处于一种论争的状态,并让它们在文化翻译的时刻能够为了更好地理解对方而发生改变。

对巴特勒而言,文化翻译是一种更具包容性的翻译实践,可以带来重塑的普遍性,是激进民主政治的实践方式。

走向承认

人存在的全部价值在于获得他者的承认。承认是一个哲学概念,当代的承认

---

[1] Judith Butler, *Parting Ways: Jewishness and the Critique of Zionism*, New York: Columbia University Press, 2012, 8.

理论是黑格尔哲学的"老树新花"[1]，目前黑格尔派哲学家都非常关注承认这一概念。查尔斯·泰勒（Charles Taylor）、阿克塞尔·霍耐特（Axel Honneth）、南希·弗雷泽等理论家将承认视为批判理论和当代政治哲学的核心范畴，巴特勒作为深入研究黑格尔哲学的批判理论家，也加入了对黑格尔承认概念的讨论。

为便于讨论巴特勒对承认的看法，这里先简要介绍法兰克福学派领军人物阿克塞尔·霍耐特的承认理论。1992年霍耐特著有《为承认而斗争》（*The Struggle for Recognition*），提出现代承认的三种形式：爱、权利和团结。在一个美好社会中，个人可以从亲密关系中获得情感承认；从公民之间的同等尊严关系中获得法律承认；从群体的共同体关系中获得团结承认。霍耐特师承哈贝马斯，使用哈贝马斯的主体间性视野为人类主体建立多种积极自我关系的主体间条件。显而易见，霍耐特假想的是承认的积极意义。他认为承认既是一种态度，也是一种行动；承认是实现在具体行动中的一种态度。霍耐特并不十分关注承认的规范在实践中得以显现的机制，他将为承认而进行的斗争看作是进步的，因而霍耐特的承认在本质上具有积极的含义，它是对其他人有价值的品质的理性回应。

对比之下，巴特勒对承认的看法则更注重当代社会对承认的差异性分配，她并不认为承认总是以自治和解放而告终，因为承认是为现有的意识形态服务的。首先巴特勒认为，黑格尔的主体理论可以概括为欲望与承认的关系。她认为对黑格尔式的主体有两种解读方法。她说："黑格尔式的主体将外在的世界全部同化，从而形成一系列的自我特征，其特点就是占有和帝国主义的风格。而另外一种解读则坚持认为，主体与他者的关系是绽出性的（ecstatic），'我'总是不断从外界发现自己，没有什么可以阻止这种对外在性的出现，同时，矛盾的是，这种外在性正是属于我的。"[2] 巴特勒认同的是后一种解读。在"我"的旅程中，"我"总要被外界的因素所改变，当"我"遭遇他者，并为他者所承认时，"我"不再是原来的"我"。"我"总

1　周穗明，《N.弗雷泽和A.霍耐特关于承认理论的争论》，《世界哲学》，2009年第2期，第58页。
2　Judith Butler, *Giving an Account of Oneself*, New York：Fordham University Press，2005，27.

要成为我所之不是,没有最终的终点让"我"回归原初的"我"。自我意识只有以外界为参照,才具有意义。

黑格尔使用主奴辩证关系,意在通过强调主人和奴隶之间相互依存和转化的关系,说明自我意识的独立性与非独立性。主人自我意识的实现在于否定并扬弃奴隶的欲望,使其屈从于自我,从而获得奴隶的承认。承认使主人的欲望得到满足,但是主人承认的获取和自我意识的实现必然依赖于奴隶这一他者的存在。自我意识只有在一个别的自我意识里才能获得满足。黑格尔的主奴辩证法让我们明白,承认需要两方的认可,承认是相互的。不仅主人获得承认,奴隶也从劳动中得到主人的承认。

承认是双向互动行为,这就像德里达对礼物所做的阐释:在一方给另一方礼物的时候,给予的一方也同时获得了收取礼物一方的馈赠,即双方拥有共同的契约或承诺。这种承诺逐渐演变为双方都遵守的规范。语言、规范或习俗实际上形成承认的框架,规定着什么是可承认的,什么又是不可承认的。要获得承认,就要处于承认的规范框架之内。在谈到承认的框架时,巴特勒提到了另外两个相关的术语:"理解"(apprehension)是认识的模式,它还没有达到承认的境界;"可理解性"(intelligibility)是确定认知领域的宽泛的历史模式。[1] 不是所有的认识行为都能达成承认,分配承认的方式是有差别的。只有在规范的框架之内,才有可能被理解和承认。规范,或者说福柯所说的真理体制(regime of truth),决定了谁是可辨识的面孔,谁是不可承认的身体。能否得到承认受限于特定的话语秩序。主体往往屈从于规范下的承认。主体化的过程就是一个逐渐从属于权力的过程,换句话说,屈从是存在的代价,要想作为主体存在,就要重复引用规范。可见对巴特勒而言,在规范框架内的承认总是确证和肯定该社会的意识形态的。

巴特勒认为,黑格尔的主体理论忽略了主体形成的社会维度。生命必须首先变得可理解,然后才能获得承认,因此承认的框架即社会规范至关重要。有些"主

---

[1] Judith Butler, *Frames of War: When is Life Grievable?* London, New York: Verso, 2009, 6.

体"不被承认为主体,有些生命不被承认为生命,这是因为规范将其排除在外。规范决定承认的条件,因此对于处在规范之外的人来说,要获得承认,就要改变规范的结构和含义。巴特勒因此思考承认与社会规范之间的关系,她所做的不仅仅是让更多的人包容进现存的规范中,而且要思考现存的规范如何不平等地、区别性地分配承认。巴特勒关于承认的观点让规范之外的人变得可视。

如果主体被承认为人的标准具有社会的维度,它就可以改变。为了让承认的条件更平等,我们应该做些什么?什么样的新规范是可能的?它们如何形成?巴特勒的答案是用述行性行为改变规范。争取公共空间,主张公民权利需要表达的述行模式。在与佳亚特里·斯皮瓦克共同撰写的著作《谁在歌唱民族—国家?》中,巴特勒以2006年5月一些非法移民走向洛杉矶街头高唱美国国歌为例,说明身体在公共空间聚集所产生的述行性的政治效果。这些非法移民用英语和西班牙语唱美国国歌,目的是向美国政府请愿,允许他们成为公民。他们在没有自由集会的权利下聚集在一起,述行性地行使这种他们并不拥有的公民权利。巴特勒强调,这些非法移民用西班牙语唱国歌就是要引起人们的意识:越来越多的西班牙裔生活在加州已是美国多元文化的现实,因此必须立足现实,思考有效解决非法移民问题的可行性策略。对巴特勒而言,对规范进行变革是民主斗争的场域,只有改变作用于我们身上的规范含义,才有可能产生不一样的主体,才能迈向更加公平和正义的民主社会。

结语

朱迪斯·巴特勒首先是后结构女性主义思想家,影响她思想取向的主要思想家是黑格尔、克里斯蒂娃、伊利格雷、威提格、弗洛伊德、拉康、福柯、阿尔都塞、奥斯汀、德里达、阿伦特、本雅明、列维纳斯等理论家。她在阐释上述理论家的基础上提出了自己对主体理论的建构,因为主体问题是政治的关键问题。由于后结构主义者认为,主体的问题及其形成不是先于伦理与政治问题的本体条件;政治与社会条件、社会规范管制促成了主体的形成,因此不需要本体论来维系伦理和政治反思。巴特勒秉承后结构主义立场,认为统一的主体观服务于权力的某种形式,因此必须质疑和消解这种统一的主体观。作为后结构女性主义思想家,巴特勒反对意识论的主体观,认为话语规范生成主体,因而她对主体与欲望的关系、性别的话语建构、身体的物质化、臣服的机制、抵抗的可能性等进行了深入的剖析。借助后结构主义、精神分析和女性主义的分析框架,通过解读结构主义人类学、福柯的管控性生产、弗洛伊德的抑郁、拉康的原初禁忌等观点,巴特勒阐述了异性恋框架下性别身份和欲望关系的形成过程,认为所谓的异性相吸的欲望关系并不是自然、天生的,而是文化熏陶、后天构建的结果。

巴特勒的主要贡献之一是将欧洲后结构主义哲学引入了美国女性主义传统的社会关注中。她尤其受福柯的影响很深。福柯认为,君主权力或司法权力(即国家权力)并非致力于改善臣民或公民的生活。相反,君主权力与维护自己的权威与领土有关。君主行使生杀大权,是为了维护其权威,支配其臣民,根本不会顾及臣民的安全和福利。福柯在他的著作中甄别了另外两种权力形态,即规训权力与生命权力。这两种权力形态并没有导致君主权力或司法权力在现代消失,却成为现代更加明显有效的控制人民与人口的权力形态。通过福柯对于君主(司法)权力的评论,巴特勒认为美国女性主义运动要想达成政治效果,就必须对美国的国家权力持更加批判的态度。巴特勒指出,君主(司法)权力无法促成女性的平等地位或推动女性问题在政治上得到更广泛的承认,因为君主(司法)权力最关心的是维护它自己的权威,而不是改善其臣民的福利。因此,美国的女性主义不应希冀国家赋予女性平等的地位,而应对国家权力的运作持批判的眼光,同时诘问,女性主义的主体,即具体语境中的妇女,是如何镶嵌在规训权力和生命权力之中的。规训权力不只掌握在统治者手中,或只存在于一个空间,实际上它无处不在,这无疑会影响我们主体地位的形成。规训和命名的实践形成主体。巴特勒理论的精髓不仅仅在于指出女权主义运动自取灭亡般地依附着国家或法律,还在于巴特勒详细勾勒了规训权力是如何造就我们的。

奠定巴特勒在国际思想界显著地位的是她提出的性别述行理论。巴特勒认为,性别身份是一个逐渐形成的过程,而并非一种先于主体存在的本质。身体的性别特征是历史过程中外在的文化符号沉积累加的结果,对文化规范进行征引的述行行为创造了性别身份。压迫性的性别规范之所以能持续,就是因为人们不断重复引用这些规范。正是这种对性别规范的持续挪用完成了人类的社会化过程。约束性的性别规范慑服性别自由的演练,不符合性别规范的人因而可能受到伤害。如果存在总是性别化的存在,那么游离在确立的性别规范之外就会让人质疑其存在。这就是为什么当一个人不够男人气或具有女人味儿时,这个人会因别人的嘲讽和讥笑而深深受到伤害的原因。巴特勒的代表作《性别麻烦》思考的正是规训权力如何构成了性别化的主体。她的性别述行理论让我们深刻理解了生命与促进、管束和支撑生命的体制之间的关系。

如果巴特勒的性别述行理论止于此,那么其理论的创新性就不是很突出了。笔者认为,巴特勒的性别述行理论不只关注规训权力对形成主体的重要作用,更探讨了抵抗规训权力的可能路径。她的性别述行理论从根本上讲,是关于能动性的思考。如果述行行为是构建性别的关键,那么如何引用社会规范就至关重要。巴特勒借助奥斯汀的言语行为理论和德里达的引用性概念说明性别身份的建立是对性别规范进行引用的循环反复过程,但这种引用不是被动地接受既定话语下的文化规范,而是将其看作开放和延异的序列。只有这样理解述行行为,才能产生不断变更和增生裂变的性别身份。性别身份乃至一切身份都是无休止的过程,充满衍生的可能性。巴特勒并不认为我们是规训权力的被动产物。她的性别述行理论说明,妇女不是被权力压抑的被动的牺牲品,她们虽然是在权力和话语中产生的,但是她们的能动性也正在于如何对规范话语说"不",从而消解规范的普遍性,改变规范话语对她们的建构。因此巴特勒的性别述行理论最重要的贡献之一是强调了能动性的源泉。

早期的巴特勒虽以性别为视角,但她关注的是生命的可存活性。无论是她的成名作《性别麻烦》,还是她的后续著作,都将生命及其存活条件放在首位。"我们如何拥有更可行的、更可活的生活?",这是巴特勒全部著作的终极问题。可以说,巴特勒所有著作探讨的核心是思考规范话语之外的人如何能过上可活的生活。她关注生命、死亡与主权权力的交叉,致力于为边缘群体寻找获得承认的生活的可能性,因此可以说,除了深受福柯的影响,巴特勒受黑格尔的影响至深,因为她的全部思想围绕着如何让"非—人"(non-being)获得承认这一核心问题。这些"非—人"可能包括性少数群体、无国籍的难民、战俘等人,他们与"人"的概念保持某种联系,却又绝非符合人的规范。对什么人可以被称之为"人"这一问题的思考促使巴特勒从早期对性少数群体的关注转向深受当代国家主权暴力迫害的"非—人"群体。哲学试图在伦理领域排除政治问题。然而,被排斥的政治问题又回来长期困扰着哲学。对巴特勒而言,伦理生活并不等同于道德实践的编码,也不像黑格尔等哲学家宣称的那样属于私人领域。在我们思考如何拥有更可活和更可行的生活这个问题时,巴特勒的伦理观揭示了政治与伦理密不可分的关系。

巴特勒对政治、伦理和法律关联性的分析帮助我们思考,生命如何在某些条件下变得不可持续,又如何通过改变这些条件,让某些生命变得更可活。"9·11"事件以来,国际舞台上的一系列事件导致政治暴力这一现象已越来越引起学术界的重视。巴特勒关注当代世界的核心关切和重大国际问题,认为武力暴力不是暴力的全部内容。武力暴力为标,规范暴力、符号暴力为本。规范或意指结构是产生可理解性的条件,它使被排除在外的人成为不可理解的非人。通过将人划分为人与非人、正常的人和幽灵般的人,排除机制得以完成。那些无法划入两性范畴的身体不属于人类的范畴,他们构成非人类和贱斥者。武力暴力容易识别,但是派生的;规范暴力、符号暴力更为隐晦,却更为根本。

对于脆弱不安的生命,巴特勒所提出的核心问题是:生命如何通过层级的体制压迫过程暴露于死亡中？感知的社会流动如何削弱普适的道德话语？意义与话语的形式如何让某些人变得不可辨识？如卷首语所示，巴特勒在不同的著作中一再强调人的范畴的非中立性。"人"这个概念不是包含所有群体的中立性区域。人的范畴意味着非人的存在。人的定义是限制性的，区分人和非人的标准是社会规范。人的范畴产生一系列的非人，他们的无效生命因政治和法律地位的悬置而成为可能。酷儿群体、伊拉克、阿富汗等战争区域的平民、难民、非法移民、经济上的弱势群体是遭到排除的无效生命。要想对他们实施暴力，就必须先褫夺他们的权利，将他们降级为非人。拒绝承认人之为人，抹除他们所遭受的暴力、苦难、死亡，这种去现实化（derealization）与社会的权力结构密切相关，更与话语、规范密切相关，因此我们无法忽视主体形成的社会维度。由于话语的界限限定了人类的"可理解性"，巴特勒的著作一直在思考"不合适"的主体如何被规范话语排斥在外，即社会规范与结构促使边缘化群体生成的过程。同时，由于主体被认为是"人"的标准是社会性地表达出来的，因此是可以改变的。她思考的一个核心问题是如何改变世界，才能让边缘群体获得社会的承认，避免社会和文化意义上的死亡。

民主政治需要考量谁可以算作"人"。只有改变承认与不可承认的人之间的关系，才有可能展望更加平等和正义的社会。那么如何承认不被承认的人？在巴特勒看来，由于承认与不承认的界限按照一定的社会规范框架运行，只有通过述行性行为不断进行再赋义，才有可能改变规范的结构，进而包容和承认更多规范之外的人。在巴特勒的全部著述中，性别述行、肉身性、语言、规范暴力、去真实化的暴力、人的脆弱、自我的关联性、欲望与承认、什么构成可行性生活等问题占据了她思考的核心。简言之，性别述行的反实在主体论和对"非—人"的承认问题的思考是贯穿巴特勒思想的主线。

作为批判型知识分子，巴特勒将生命与其存活条件放在首位，关注边缘群体的社会权利，致力于寻求让他们过上更有价值更有活力的人生。她让自己的学术论辩介入当下的政治生活，为构建一个真正可以包容差异，允许多元价值存在的民主空间持续做出不懈的努力。对于这样一位想象更公平、更正义的共同体的思想家，只有当我们无限接近她的所思所想，才有可能付诸行动，在未来创造并生活在一个更美好的世界中。

参考文献

朱迪斯·巴特勒的著作：

专著：

1. *Notes toward a Performative Theory of Assembly*. Cambridge：Harvard University Press，2015.
2. *Senses of the Subject*. New York：Fordham University Press，2015.
3. *Parting Ways: Jewishness and the Critique of Zionism*. New York：Columbia University Press，2012.
4. *Frames of War: When is Life Grievable?* London & New York：Verso，2009.
5. *Giving an Account of Oneself*. Fordham University Press，2005
6. *Precarious Life: The Powers of Mourning and Violence*. London & New York：Verso，2004.
7. *Undoing Gender*. New York：Routledge，2004.
8. *Antigone's Claim: Kinship between Life and Death*. New York：Columbia University Press，2000.
9. *Excitable Speech: A Politics of the Performative*. New York：Routledge，1997.
10. *The Psychic Life of Power: Theories in Subjection*. Stanford University Press，1997.
11. *Bodies That Matter: On the Discursive Limits of "Sex"*. New York：Routledge，1993.
12. *Gender Trouble: Feminism and the Subversion of Identity*. New York：Routledge，1990.
13. *Subjects of Desire: Hegelian Reflections in Twentieth-Century France*. New York：Columbia University Press，1987.

合著与编著：

1. *The Power of Religion in the Public Sphere*，collaborated with Jürgen Habermas，Charles Taylor and Colonel West. New York：Columbia University Press，2011.

2. *The Question of Gender: Joan W. Scott's Critical Feminism*. edited with Elizabeth Weed, Bloomington: Indiana University Press, 2011.

3. *Is Critique Secular? Blasphemy, Injury, and Free Speech*. with Talal Asad, Saba Mahmood and Wendy Brown, Berkeley: University of California Press, 2009.

4. *Who Sings the Nation-State? Language, Politics, Belonging*. collaborated with Gayatri Chakravorty Spivak, London: Seagull Books, 2007.

5. *Judith Butler in Conversation: Analyzing the Texts and Talk of Everyday Life*. with Bronwyn Davies, New York: Routledge, 2007.

6. *The Judith Butler Reader*. edited with Sara Salih, MA: Blackwell Publishing, 2004.

7. *Contingency, Hegemony, Universality: Contemporary Dialogues on the Left*. collaborated with Ernesto Laclau and Slovoj Žižek, London & New York: Verso, 2000.

8. *What is Left of Theory? New Works on the Politics of Literary Theory*. edited with Guillory J and Thomas K, London: Routledge, 2000.

9. *Feminist Contentions: A Philosophical Exchange*. edited with Seyla Benhabib, Drucilla Cornell and Nancy Fraser, New York & London: Routledge, 1995.

10. *Feminists Theorize the Political*. edited with Joan Scott, New York: Routledge, 1992.

巴特勒所发表的文章:

1. "Sex and Gender in Simone de Beauvoir's Second Sex." *Yale French Studies*. 72 (1986): 35–49.

2. "Performative Acts and Gender Constitution: An Essay in Phenomenology and Feminist Theory." *Theatre Journal*. 40. 4 (1988): 519–531.

3. "The Body Politics of Julia Kristeva." *Hypatia*. 3. 3 (1989): 104–118.

4. "Contingent Foundations: Feminism and the Question of 'Postmodernism'." *Praxis International*. 11. 2(1991): 150–165.

5. "Contingent Foundations: Feminism and the Question of Postmodernism." In Judith Butler and Joan W. Scott eds., *Feminists Theorize the Political*. London & New York: Routledge, 1992.

6. "Critically Queer." *GLQ*. 1. 21 (1993): 17–32.

7. "Conscience Doth Make Subjects of Us All." *Yale French Studies*. 88(1995): 6–26.

8. "Sovereign Performatives in the Contemporary Scene of Utterance." *Critical Inquiry*. 23. 2 (1997): 350–377.

9. "How Can I Deny That These Hands and This Body Are Mine?" *Qui Parle*. 11. 1 (1997): 1–20.

10. "Merely Cultural." *Social Text*. 52/53 (1997): 265-277.
11. "Giving an Account of Oneself." *Diacritics*. 31. 4 (2001): 22-40.
12. "Is Kinship Always Already Heterosexual?" *Differences: A Journal of Feminist Cultural Studies*. 13. 1 (2002): 14-44.
13. "Explanation and Exoneration, or What We Can Hear." *Social Text*. 20. 3 (2002): 177-188.
14. "Violence, Mourning, Politics." *Studies in Gender and Sexuality*. 4. 1 (2003): 9-37.
15. "Betrayal's Felicity." *Diacritics*. 34. 1 (2004): 82-87.
16. "Wittig's Material Practice: Universalizing a Minority Point of View." *GLQ: A Journal of Lesbian and Gay Studies*. 13. 4 (2007): 519-533.
17. "Performativity, Precarity and Sexual Politics." *AIBR*. 4. 3 (2009): i-xiii.
18. "Response: Performative Reflections on Love and Commitment." *WSQ: Women's Studies Quarterly*. 39. 1 & 2 (2011): 236-239.
19. "Precarious Life, Vulnerability, and the Ethics of Cohabitation." *The Journal of Speculative Philosophy*. 26. 2 (2012): 134-151.

关于巴特勒的访谈：

1. Cheah, Pheng et al. "The Future of Sexual Difference: An Interview with Judith Butler and Drucilla Cornell." *Diacritics*. 28. 1(1998): 19-42.
2. Bell, Vikki. "On Speech, Race and Melancholia: An Interview with Judith Butler." *Theory, Culture and Society*. 16. 2 (1999): 163-174.
3. Bell, Vikki. "New Scenes of Vulnerability, Agency and Plurality: An Interview with Judith Butler." *Theory, Culture & Society*. 27. 1(2010): 130-152.
4. Dumm, Thomas. "Giving Away, Giving Over: A Conversation with Judith Butler." *The Massachusetts Review*. 49. 1/2 (2008): 95-105.
5. Meijer, Irene Costera and Prins, Baukje. "How Bodies Come to Matter: An Interview with Judith Butler." *Signs: Journal of Women in Culture and Society*. 23. 2(1998): 275-286.
6. Reddy, Vasu. "Troubling Genders, Subverting Identities: Interview with Judith Butler." *Agenda: Empowering Women for Gender Equity*. 18. 62 (2004): 115-123.
7. Stauffer, Jill. "Peace is Resistance to the Terrible Satisfactions of War: An Interview with Judith Butler." *Qui Parle*. 14. 1(2003): 99-121.

英文评论文献：

Agamben, Giorgio. *Homo Sacer: Sovereign Power and Bare Life*. Stanford: Stanford University Press, 1998.

Alcoff, Linda and E. Potter, eds. *Feminist Epistemologies*. London: Routledge, 1993.

Allen, Amy. "Dependency, Subordination, and Recognition: On Judith Butler's Theory of Subjection." *Continental Philosophy Review*. 38 (2006): 199–222.

Arendt, Hannah. *The Human Condition*. Chicago & London: The University of Chicago Press, 1969.

Badiou, Alain. *Being and Event*. trans. Oliver Feltham, London & New York: Continuum, 2006.

Baldwin, Dean. "Woolf's *Orlando*." *English Literature in Transition. 1880–1920*, 43.1 (2000): 89–93.

Barrett, Michèle & Anne Phillips. *Destabilizing Theory: Contemporary Feminist Debates*. Cambridge: Polity Press, 1992.

Bazzicalupo, Laura & Clarissa Clo. "The Ambivalence of Biopolitics." *Diacritics*. 36.2 (2006): 109–116.

Beasley, Chris. *Gender & Sexuality: Critical Theories, Critical Thinkers*. London: SAGE Publications Ltd, 2005.

Beauvoir, Simone de. *The Second Sex*. New York: Vintage Books, 1973.

Bechdel, Alison. *Fun Home: A Family Tragicomic*. Boston: Houghton Mifflin Company, 2006.

Bell, Vikki. "From Performativity to Ecology: On Judith Butler and Matters of Survival." *Subjectivity*. 25(2008): 395–412.

Benjamin, Walter. "Critique of Violence." Trans. Edmund Jephcott, *Telos* 135(1978): 277–320.

Benhabib, Seyla, et al. *Feminist Contentions: A Philosophical Exchange*. New York & London: Routledge, 1995.

Bhabha, Homi. *The Location of Culture*. London: Routledge, 1994.

Bradotti, Rosi. *Nomadic Subjects: Embodiment and Sexual Difference in Contemporary Feminist Theory*. New York: Columbia University Press, 1994.

Brady, Anita & Tony Schirato. *Understanding Judith Butler*. Sage, 2011.

Breen, Margaret Sönser & Blumenfeld, Warren J. eds. *Butler Matters: Judith Butler's Impact on Feminist and Queer Studies*. Burlington & Aldershot: Ashgate, 2005.

Brooks, Ann. *Postfeminisms: Feminism, Cultural Theory and Cultural Forms*. London & New York: Routledge, 1997.

Burns, Christy L. "Re-Dressing Feminist Identities: Tensions between Essential and Constructed Selves in Virginia Woolf's Orlando." *Twentieth Century Literature*. 40. 3 (1994): 342-364.

Carter, Angela. *The Passion of New Eve*. London: Virago Press, 1982.

——. *The Sadeian Woman: An Exercise in Cultural History*. first published in 1979. London: Virago, 1990.

Carver, Terrell and Chambers, Samuel A. eds. *Judith Butler's Precarious Politics: Critical Encounters*. New York & London: Routledge, 2008.

Carver, Terrell and Chambers, Samuel A. "Kinship Trouble: *Antigone*'s Claim and the Politics of Heteronormativity." *Politics & Gender*. 3(2007): 427-449.

Cervetti, Nancy. "In the Breeches, Petticoats, and Pleasures of 'Orlando'." *Journal of Modern Literature*. 20. 2(1996): 165-175.

Chambers, Samuel A. & Carver, Terrell. *Judith Butler and Political Theory: Troubling Politics*. New York & London: Routledge, 2008.

Cheah, Pheng. "The Biopolitics of Recognition: Making Female Subjects of Globalization." *Boundary* 2. 40. 2 (2013): 81-112.

Chow, Rey. "The Interruption of Referentiality: Poststructuralism and the Conundrum of Critical Multiculturalism." *The South Atlantic Quarterly*. 101. 1 (2002): 171-186.

Collins, Patricia Hill. *Black Feminist Thought: Knowledge, Consciousness and the Politics of Empowerment*. New York & London: Routledge, 2000.

Cooklin, Katherine Lowery. *Poststructural Subjects and Feminist Concerns: An Examination of Identity, Agency and Politics in the Works of Foucault, Butler and Kristeva*. PhD dissertation, The University of Texas at Austin, 2004: 1-379.

Cover, Rob. "Sexual Ethics, Masculinity and Mutual Vulnerability." *Australian Feminist Studies*. 28. 82 (2014): 435-451.

Culbertson, Carolyn. "The Ethics of Relationality: Judith Butler and Social Critique." *Cont Philos Rev*. 46 (2013): 449-463.

Culler, Jonathan D. "Philosophy and Literature: The Fortunes of the Performative." *Poetics Today*. 21. 3 (2000): 503-519.

Dastur, Françoise. "Phenomenology of the Event: Waiting and Surprise." *Hypatia* 15. 4 (2000): 178-189.

Dean, Carolyn J. "Atrocity Photographs, Dignity and Human Vulnerability." *Humanity: An International Journal of Human Rights, Humanitarianism, and Development*. 6. 2 (2015): 239-264.

Diaz, Angeli R. "Postcolonial Theory and the Third Wave Agenda." *Women and Language*. 26. 1 (2003): 10-17.

Dickinson, Colby & Silas Morgan. "Dwelling in Diaspora: Judith Butler's Post-Secular Paradigm." *The European Legacy*. 20. 2 (2015): 136-150.

Digeser, Peter. "Performativity Trouble: Postmodern Feminism and Essential Subjects." *Political Research Quarterly*. 47. 3 (1994): 655-673.

Dilley, Patrick. "Queer Theory: Under Construction." *International Journal of Qualitative Studies in Education*. 12. 5 (1999):457-472.

Diprose, Rosalyn. "Corporeal Interdependence: From Vulnerability to Dwelling in Ethical Community." *Sub Stance*. 42. 3 (2013): 185-204.

Dudrick, David. "Foucault, Butler, and the Body." *European Journal of Philosophy*. 13. 2(2005): 226-246.

Edelman, Lee. *Homographesis: Essays in Gay Literary and Cultural Theory*. New York: Routledge, 1994.

Eldon, Stuart. "The Place of Polis: Political Blindness in Judith Butler's *Antigone's Claim*." *Theory & Event*. 8. 1(2005): 3-19.

Elkins, Amy E. "Old Pages and New Readings in Virginia Woolf's *Orlando*." *Tulsa Studies in Women's Literature*, 29. 1(2010): 131-136.

Eng, David L. "Melancholia in the Late Twentieth Century." *Signs*. 25. 4 (2000): 1275-1281.

Esposito, Roberto. *Bios: Biopolitics and Philosophy*. Minneapolis: University of Minnesota Press, 2008.

——. *Communitas: The Origin and Destiny of Community*. Stanford: Stanford University Press, 2010.

Esposito, Roberto & Timothy Campell. "The Immunization Paradigm." *Diacritics*. 36. 2 (2006): 23-48.

Evans, Sara. *Tidal Wave: How Women Changed America at Century's End*. New York: The Free Press, 2003.

Feola, Michael. "Norms, Vision and Violence: Judith Butler on the Politics of Legibility." *Contemporary Political Theory*. 13. 2 (2014): 130-148.

Foucault, Michel. *The Birth of Biopolitics: Lectures at the Collège de France 1978-1979*. Basingstoke: Palgrave MacMillan, 2008.

Franco, Dean. "Thinking in Butler." *Studies in American Jewish Literature*. 33. 2 (2014): 229–236.

Fraser, Nancy & Linda Nicholson. "Social Criticism without Philosophy: An Encounter between Feminism and Postmodernism. " *Social Text*. 21(1989): 83–104.

Gamble, Sarah ed. *The Routledge Companion to Feminism and Postfeminism*. London & New York: Routledge, 2001.

——. *The Fiction of Angela Carter: A Reader's Guide to Essential Criticism*. Basingstoke: Palgrave MacMillan, 2001.

Garber, Marjorie, Beatrice Hanssen & Rebecca L. Walkowitz eds. *The Turn to Ethics*. New York & London: Routledge, 2001.

Gilbert, Sandra M. "Costumes of the Mind: Transvestism as Metaphor in Modern Literature. " *Critical Inquiry*. 7. 2 (1980): 391–417.

Gillis, Stacy et al. eds. *Third-Wave Feminism: A Critical Exploration*. New York: Palgrave Macmillan, 2004.

Groden, Michael, et al. *Contemporary Literary and Cultural Theory: The Johns Hopkins Guide*. Baltimore: Johns Hopkins University Press, 2012.

Gubar, Susan. *Critical Condition: Feminism at the Turn of the Century*. New York: Columbia University Press, 2000.

Guzman, Luis. "Benjamin's Divine Violence: Unjustifiable Justice." *CR: The New Centennial Review*. 14. 2 (2014): 49–63.

Halperin, David. *Saint Foucault: Towards a Gay Hagiography*. New York: Oxford University Press, 1995.

Happe, Kelly E. "Parrhesia, Biopolitics and Occupy." *Philosophy and Rhetoric*. 48. 1 (2015): 211–223.

Haraway, Donna. "A Cyborg Manifesto: Science, Technology, and Solialist-Feminism in the Late Twentieth Century." In Kolmar, Wendy K. and Frances Bartkowski eds. *Feminist Theory: A Reader*. London: Mayfield Publishing Company, 2000: 362–372.

Harnois, Catherine E. "Toward an Undisciplined Study of Difference, Feminism and Identities." PhD Dissertation, University of North Carolina, 2005.

Hardt, Michael & Antonio Negri. *Empire: The New World Order*. Cambridge: Harvard University Press, 2000.

——. *Multitude: War and Democracy in the Age of Empire*. New York: The Penguin Press, 2004.

——. *Commonwealth*. Cambridge, Massachusetts: The Belknap Press of Harvard University Press, 2009.

Heinamaa, Sara. "What is a Woman? Butler and Beauvior on the Foundations of the Sexual Difference." *Hypatia*. 12. 1(1997): 20 – 39.

Heywood, Leslie ed. *The Women's Movement Today: An Encyclopedia of Third-Wave Feminism*. Westport, Connecticut, London: Greenwood Press, 2006.

Hovey, Jaime. "'Kissing a Negress in the Dark': Englishness as a Masquerade in Woolf's *Orlando*." *PMLA*. 112. 3 (1997):393 – 403.

Huffer, Lynne. "'There is no Gomorrah': Narrative Ethics in Feminist and Queer Theory." *Differences: A Journal of Feminist Cultural Studies*. 12. 3 (2001): 1 – 32.

Irigaray, Luce. *This Sex Which is Not One*. trans. Catherine Porter with Carolyn Burke, Ithaca: Cornell University Press, 1985.

——. *An Ethics of Sexual Difference*. trans. Carolyn Burke and Gillian C. Gill, London: The Athlone Press, 1993.

Jagger, Gill. *Judith Butler: Sexual Politics, Social Change and the Power of the Performative*. London & New York: Routledge, 2008.

Jagose, Annamarie. *Queer Theory: An Introduction*. New York: New York University Press, 1996.

Jenkins, Fiona. "A Sensate Critique: Vulnerability and the Image in Judith Butler's Frames of War." *SubStance*. 42. 3 (2013): 105 – 126.

Kirby, Vicki. *Judith Butler: Live Theory*. London & New York: Continuum, 2006.

Kirsch, Max H. *Queer Theory and Social Change*. London & New York: Routledge, 2000.

Knisely, Lisa C. "Oppression, Normative Violence, and Vulnerability: The Ambiguous Beauvoirian Legacy of Butler's Ethics." *PhiloSOPHIA*. 2. 2 (2012): 145 – 166.

Kord, Susanne. "Performing Genders: Three Plays on the Power of Women." *Monatshefte*, 86. 1(1994): 95 – 115.

Lemke, Thomas. *Biopolitics: An Advanced Introduction*. New York: New York University Press, 2011.

Levinson, Brett. "Biopolitics in Balance: Esposito's Response to Foucault." *CR: The New Centennial Review*. 10. 2 (2010): 239 – 261.

Lloyd, Moya. *Judith Butler: From Norms to Politics*. Cambridge: Polity, 2007.

Loizidou, Elena. *Judith Butler: Ethics, Law, Politics*. Taylor & Francis Group: Routledge-Cavendish, 2007.

——. "The Body Figural and Material in the Work of Judith Butler." *The Australian Feminist Law Journal*. 28 (2008): 29–51.

Magid, Shaul. "Butler Trouble: Zionism, Excommunication, and the Reception of Judith Butler's Work on Israel/Palestine." *Studies in American Jewish Literature*. 33. 2 (2014): 237–259.

Magnus, Kathy Dow. "The Unaccountable Subject: Judith Butler and the Social Conditions of Intersubjective Agency." *Hypatia*. 21. 2(2006): 81–103.

McRobbie, Angela. "Mothers and Fathers, Who Needs Them?" *Feminist Review*. 75 (2003): 129–136.

Mcwhorter, Ladelle. "Sex, Race, and Biopower: A Foucauldian Genealogy." *Hypatia*. 19. 3 (2004): 38–62.

Menon, Madhavi. *Unhistorical Shakespeare: Queer Theory in Shakespearean Literature and Film*. New York: Palgrave Macmillan, 2008.

Miller, Elaine P. "The 'Paradoxical Displacement': Beauvoir and Irigaray on Hegel's Antigone." *The Journal of Speculative Philosophy*. 14. 2 (2000): 121–137.

Miller, J. Hillis. "Resignifying Excitable Speech." *WSQ: Women's Studies Quarterly*. 39. 1 & 2 (2011): 222–226.

Millett, Kate. *Sexual Politics*. London: Virago, 1977.

Mills, Catherine. "Efficacy and Vulnerability: Judith Butler on Reiteration and Resistance." *Australian Feminist Reviews*. 15. 32 (2000): 265–279.

——. "Contesting the Political: Butler and Foucault on Power and Resistance." *The Journal of Political Philosophy*. 11. 3 (2003): 253–272.

Mitchell, Kaye. "Unintelligible Subjects: Making Sense of Gender, Sexuality and Subjectivity After Judith Butler." *Subjectivity*. 25 (2008): 413–431.

Moi, Toril. "Feminism, Postmodernism and Style: Recent Feminist Criticism in the United States." *Culture Critique*. 9 (1988): 3–22.

Morland, Iain & Annabelle Willox eds. *Queer Theory*. New York: Palgrave Macmillan, 2005.

Nelson, Lise. "Bodies (and Spaces) Do Matter: The Limits of Performativity." *Gender, Place & Culture: A Journal of Feminist Geography*. 6. 4 (1999): 331–353.

Nicholson, Linda ed. *The Second Wave: A Reader in Feminist Theory*. New York & London: Routledge, 1997.

——ed. *Feminism/Postmodernism*. New York & London: Routledge, 1990.

Nussbaum, Martha. "The Professor of Parody: The Hip Defeatism of Judith Butler." *The New Republic*. Feb. 22, 1999: 37–45.

Oliver, Kelly. "Julia Kristeva's Feminist Revolutions." *Hypatia*. 8. 3 (1993): 94 – 114.

Orr, Catherine M. "Charting the Currents of the Third Wave." *Hypatia*. 12. 3 (1997): 29 – 45.

Parkins, Wendy. "Moving Dangerously: Mobility and the Modern Woman." *Tulsa Studies in Women's Literature*, 20. 1 (2001): 77 – 92.

Patrick, Dilley. "Queer Theory: Under Construction." *International Journal of Qualitative Studies in Education*. 12. 5 (1999): 457 – 472.

Peach, Linden. *Angela Carter*. London: Macmillan, 1998.

Pérez – Gil, Maria Del Mar. "The Alchemy of the Self in Angela Carter's *The Passion of New Eve*." *Studies in the Novel*. 39. 2 (2007): 216 – 234.

Peterson, Christopher. "The Return of the Body: Judith Butler's Dialectical Corporealism." *Discourse*. 28. 2 & 3 (2006): 153 – 177.

Rabinow, Paul & Nikolas Rose. "Biopower Today." *BioSocieties*. 1 (2006): 195 – 217.

Repo, Jemima. "Herculine Barbin and the Omission of Biopolitics from Judith Butler's Gender Genealogy." *Feminist Theory*. 15. 1 (2014): 73 – 88.

Rich, Adrienne. "Compulsory Heterosexuality and Lesbian Existence." *Signs: Journal of Women in Culture and Society*. 5. 4 (1980): 631 – 660.

Richardson, Diane et al. eds. *Intersections Between Feminist and Queer Theory*. Basingstoke: Palgrave Macmillan, 2012.

Rooney, Ellen. *The Cambridge Companion to Feminist Literary Theory*. Cambridge: Cambridge University Press, 2006.

Rousseau, G. S. "Foucault and the Fortunes of Queer Theory." *The European Legacy*. 5. 3 (2000): 401 – 413.

Rubin, Gale & Judith Butler. "Interview: Sexual Traffic." *Differences: A Journal of Feminist Cultural Studies*. 6. 2/3(1994): 62 – 99.

Rudy, Kathy. "Queer Theory and Feminism." *Women's Studies: An Inter-disciplinary Journal*. 29. 2 (2000): 195 – 216.

Sacks, Jeffrey. "Palestine and Sovereign Violence." *Comparative Studies of South Asia, Africa and the Middle East*. 34. 2 (2014): 368 – 388.

Salih, Sara. *Judith Butler*. London & New York: Routledge, 2002.

——. "Judith Butler and the Ethics of 'Difficulty'." *Critical Quarterly*. 45. 3 (2003): 42 – 51.

Schram, Sanford F. "Occupy Precarity." *Theory & Event*, 16. 1 (2013). http://muse.jhu.edu/journals/theory_and_event/

Schwartzman, Lisa H. "Hate Speech, Illocution, and the Social Context: A Critique of Judith Butler." *Journal of Social Philosophy*. 33. 3(2002): 421-441.

Scott, Joan. "Deconstructing Equality-Versus-Difference: Or, the Uses of Poststructuralist Theory for Feminism." In McCann, Carole and Kim Seung-Kyung eds. *Feminist Theory Reader: Local and Global Perspectives*. New York & London: Routledge, 2003: 378-390.

Sedgwick, Eve Kosofsky. *Between Men: English Literature and Male Homosocial Desire*. New York: Columbia University Press, 1985.

Segal, Lynne. "After Judith Butler: Identities, Who Needs them?" *Subjectivity*. 25 (2008): 381-394.

Shuman, George. "On Vulnerability as Judith Butler's Language of Politics: From *Excitable Speech* to *Precarious Life*." *WSQ: Women's Studies Quarterly*. 39. 1 & 2 (2011): 227-235.

Simons, Jon. *From Agamben to Žižek: Contemporary Critical Theorists*. Edinburgh: Edinburgh University Press, 2010.

Smith, Anna Marie. "Missing Poststructuralism, Missing Foucault: Butler and Fraser on Capitalism and the Regulation of Sexuality." *Social Text*. 19. 2 (2001): 103-125.

Smith, Paul. "Precarious Politics." *Symploke*. 12. 1-2 (2004): 254-260.

Spelman, Elizabeth. *Inessential Woman: Problems of Exclusion in Feminist Thought*. Boston: Beacon Press, 1988.

Springer, Kimberly. "Third Wave Black Feminism?" *Signs: Journal of Women in Culture and Society*, 27. 4 (2002): 1059-1082.

Stark, Hannah. "Judith Butler's Post-Hegelian Ethics and the Problem with Recognition." *Feminist Theory*. 15. 1 (2014): 89-100.

Stone, Alison. "The Sex of Nature: A Reinterpretation of Irigaray's Metaphysics and Political Thought." *Hypatia*. 18. 3 (2003): 60-84.

——. "Towards a Genealogical Feminism: A Reading of Judith Butler's Political Thought." *Contemporary Political Theory*. 4 (2005): 4-24.

Story, Amy E. "Simone de Beauvoir and *Antigone*: Feminism and the Conflict between Ethics and Politics." *Mosaic*. 41. 3 (2008): 169-183.

Strenger, Carol. "Judith Butler: Zionism Is Opposed to Jewish Values." huffingtonpost.com. Mar 16, 2013.

Strong, Thomas. "Kinship Between Judith Butler and Anthropology?" A Review Essay *Ethnos*. 67. 3 (2002): 401-418.

Suleiman, Susan Rubin. *Subversive Intent: Gender, Politics, and the Avant-Garde*. Cambridge and London: Harvard University Press, 1990.

Thiem, Annika. *Unbecoming Subjects: Judith Butler, Moral Philosophy, and Critical Responsibility*. New York: Fordham University Press, 2008.

Tong, Rosemarie. *Feminist Thought: A Comprehensive Introduction*. London: Routledge, 1989.

Trevenna, Joanne. "Gender as Performance: Questioning the 'Butlerification' of Angela Carter's Fiction." *Journal of Gender Studies*. 11. 3 (2002): 267-276.

Tuhkanen, Mikko. "Performativity and Becoming." *Cultural Critique*. 72 (2009): 1-35.

Turner, William B. *A Genealogy of Queer Theory*. Philadelphia: Temple University Press, 2000.

Vasterling, Veronica. "Butler's Sophisticated Constructivism: A Critical Assessment." *Hypatia*. 14. 3 (1999): 17-38.

Vintges, Karen. "Simone de Beauvoir's Phenomenology of Sexual Difference." *Hypatia*. 14. 4 (1999): 133-144.

Warhol, Robyn & Diane Price Herndl eds. *Feminisms: An Anthology of Literary Theory and Criticism*. New Brunswick: Rutgers University Press, 1991.

Watson, Janell. "Butler's Biopolitcs: Precarious Community." *Theory & Event*, 15. 2 (2012). http://muse. jhu. edu. proxy. brynmawr. edu/journals/theory_and_event/v015/15. 2. watson. html#b9.

Webster, Fiona. "The Politics of Sex and Gender: Benhabib and Butler Debate Subjectivity." *Hypatia*. 15. 1(2000): 1-22.

Weedon, Chris. *Feminist Practice & Poststructuralist Theory*. 2nd edition, Oxford: Blackwell, 1997.

——. *Identity and Culture: Narratives of Difference and Belonging*, Maidenhead: Open University Press, 2004.

Whelehan, Imelda. *Modern Feminist Thought: From the Second Wave to "Post-feminism."* New York: New York University Press, 1995.

White, Stephen K. "As the World Turns: Ontology and Politics in Judith Butler." *Polity*. 32. 2 (1999): 155-177.

Williams, Carolyn. "Feminism and Queer Theory: Allies or Antagonists?" *Australian Feminist Studies*. 12. 26 (1997): 293-298.

Wilsey, Sean. "The Things They Buried." *The New York Times*, 2006. 〈http://www. nytimes. com/2006/06/18/books/review/18wilsey. html〉.

Woolf, Virginia. *Orlando: A Biography*. Wordsworth Classics edition, 2003.
Wunker, Erin. "Banned Bodies, Spurned Speech: Butler, Kristeva and the Location of a 'Maternal Language'." *Tessera*. 37‑38 (2005): 147‑159.
Youdell, Deborah. "Subjectivation and Performative Politics: Butler thinking Althusser and Foucault: Intelligibility, agency and the raced-nationed-religioned subjects of education." *British Journal of Sociology of Education*. 27.4 (2006): 511‑528.
Žižek, Slavoj. *Violence: Six Sideways Reflections*. New York: Picador, 2008.
Zylinska, Joanna. "The Universal Acts: Judith Butler and the Biopolitics of Immigration." *Cultural Studies*. 18.4 (2004): 523‑537.

中文文献:

阿甘本,《在人权之外》,载汪民安等编《生命政治:福柯、阿甘本与埃斯波西托》,《生产》第7辑,江苏人民出版社,2011年。
阿伦特,《极权主义的起源》,生活·读书·新知三联书店,2014年。
巴特勒,《性别麻烦:女性主义与身份的颠覆》,宋素凤译,上海三联书店,2009年。
——,《权力的精神生活:服从的理论》,张生译,江苏人民出版社,2009年。
——,《消解性别》,郭劼译,上海三联书店,2009年。
——,《汉娜·阿伦特宣判的死刑》,苏培译,《文学与文化》,2014年第2期,第59—68页。
——,《战争的框架》,何磊译,河南大学出版社,2016年。
陈后亮,《西方文论关键词:伦理学转向》,《外国文学》,2014年第4期,第116—126页。
陈晓明,《结构主义与后结构主义在中国》,首都师范大学出版社,2011年。
陈永国,《理论的逃逸》,北京大学出版社,2008年。
成红舞,《他者观与哀悼伦理:西蒙·德·波伏瓦与朱迪斯·巴特勒的他者观比较》,《西南交通大学学报(社会科学版)》,2014年第3期,第74—81页。
戴雪红,《"主体之死"与女性主体性重构:弗雷泽、本哈比和巴特勒之间的现代与后现代之争》,《福建论坛(人文社会科学版)》,2015年第10期,第92—97页。
戴维斯,《列维纳斯》,李瑞华译,江苏人民出版社,2006年。
福柯,《福柯集》,杜小真译,上海远东出版社,1998年。
——,《性经验史》,佘碧平译,上海人民出版社,2005年。
——,《生命政治的诞生》,莫伟民等译,上海人民出版社,2011年。
傅淑琴、李洪,《简析作为文学批评方法的酷儿理论》,《时代文学》,2009年第5期,第212—213页。
高宣扬,《后现代论》,中国人民大学出版社,2005年。

郭劼,《承认与消解:朱迪斯·巴特勒的〈消解性别〉》,《妇女研究论丛》,2010 年第 6 期,第 106—112 页。

M.哈特、A.内格里、王行坤,《从危机到出走的阶级斗争》,《马克思主义与现实》,2014 年第 6 期,第 111—117 页。

汉德,《导读列维纳斯》,重庆大学出版社,2014 年。

何成洲,《巴特勒与表演性理论》,《外国文学评论》,2010 年第 3 期,第 132—143 页。

何磊,《朱迪斯·巴特勒〈身体之重〉中的符号政治批判》,《马克思主义与现实》,2015 年第 5 期,第 78—85 页。

——,《生命、框架与伦理:朱迪斯·巴特勒的左翼战争批判理论》,《马克思主义与现实》,2016 年第 6 期,第 162—169 页。

柯倩婷,《身体与性别研究:从波伏娃与巴特勒对身体的论述谈起》,《妇女研究论丛》,2010 年第 1 期,第 71—77 页。

赖俊雄,《论暴力:德里达、列维纳斯与本雅明》,载杨大春等编《列维纳斯的世纪或他者的命运》,中国人民大学出版社,2008 年。

蓝江、董金平,《生命政治:从福柯到埃斯波西托》,《哲学研究》,2015 年第 4 期,第 112—117 页。

李庆本,《朱迪斯·巴特勒的后女性主义理论》,《云南大学学报(社会科学版)》,2008 年第 3 期,第 61—67 页。

李银河主编:《妇女:最漫长的革命——当代西方女权主义理论精选》,生活·读书·新知三联书店,1997 年。

李昀、万益,《巴特勒的困惑:对〈性属困惑〉的阿多诺式批判》,《当代外国文学》,2006 年第 1 期,第 60—66 页。

刘岩,《差异之美:伊利加蕾的女性主义理论研究》,北京大学出版社,2010 年。

——,《女性身体的文化规约与意义重建:巴特勒和伊里加蕾的身体书写》,《外国文学》,2015 年第 4 期,第 128—134 页。

罗宾:《怪异理论:西方 90 年代性思潮》,李银河译,时事出版社,2002 年。

马海良,《后结构主义》,《外国文学》,2003 年第 6 期,第 59—64 页。

马睿,《作为文化生产的"性别":当代西方马克思主义女性主义的文化批判》,《文艺理论研究》,2014 年第 2 期,第 130—138 页。

马元龙,《安提戈涅与精神分析的伦理学》,《外国文学评论》,2005 年第 4 期,第 19—28 页。

莫伟民,《莫伟民讲福柯》,北京大学出版社,2005 年。

纳斯鲍姆,《善的脆弱性:古希腊悲剧哲学中的运气与伦理》,徐向东、陆萌译,译林出版社,2007 年。

綦亮,《民族身份的建构与解构——论伍尔夫的文化帝国主义》,《国外文学》,2012年第2期,第67—76页。

瞿世镜,《意识流小说家伍尔夫》,上海译文出版社,2015年。

桑德,《虚构的犹太民族》,中信出版社,2017年。

史密斯,《拉克劳与墨菲:激进民主想象》,付琼译,江苏人民出版社,2011年。

宋素凤,《〈性别麻烦:女性主义与身份的颠覆〉——后结构主义思潮下的激进性别政治思考》,《妇女研究论丛》,2010年第1期,第91—96页。

苏红军、柏棣主编:《西方后学语境中的女权主义》,广西师范大学出版社,2006年。

索福克勒斯,《安提戈涅》,罗念生译,《罗念生全集》第二卷,上海人民出版社,2004年。

孙婷婷,《性别跨越的狂欢与困境——朱迪斯·巴特勒的述行理论研究》,《妇女研究论丛》,2010年第6期,第73—78页。

唐正东,《出离:生命政治生产中的抵抗形式——对哈特和奈格里的阶级斗争观的一种解读》,《山东社会科学》,2014年第1期,第30—36页。

陶家俊,《后解放时代的"欲望"景观——论朱迪丝·巴特勒的思想发展》,《文景》2008年第4期。

汪民安,《从国家理性到生命政治:福柯论治理术》,《文化研究》,2014年第4期,第100—118页。

——,《什么是当代》,新星出版社,2014年。

王楠,《性别与伦理间的安提戈涅:黑格尔之后》,《外国文学研究》,2014年第3期,第148—153页。

——,《从性别表演到文化批判:论朱迪斯·巴特勒的政治伦理批评》,《妇女研究论丛》,2015年第2期,第81—89页。

——,《"非—人"的伦理难题:巴特勒与卡夫卡》,《国外文学》,2016年第4期,第44—51页。

——,《安提戈涅与女性主义伦理》,《妇女研究论丛》,2017年第1期,第101—106页。

王宁,《文化研究语境下的性别研究和怪异研究》,《南开学报(哲学社会科学版)》,2005年第5期,第27—33页。

——,《巴特勒的理论之于中国当代性别研究的意义》,《山东外语教学》,2015年第1期,第58—64页。

王玉珏,《重思可能性:朱迪斯·巴特勒激进民主理论研究》,《广西师范大学学报(哲学社会科学版)》,2015年第4期,第34—39页。

卫华,《挑战与颠覆:论西方文化研究视野中的怪异理论思潮》,《浙江社会科学》,2007年第5期,第137—142页。

韦森,《言语行为与制度的生成》,《北京大学学报(哲学社会科学版)》,2005年第6期,第121—130页。

魏天真、梅兰,《女性主义文学批评导论》,华中师范大学出版社,2011年。

吴冠军,《生命政治:在福柯与阿甘本之间》,《马克思主义与现实》,2015年第1期,第93—99页。

——,《"生命政治"论的隐秘线索:一个思想史的考察》,《教学与研究》,2015年第1期,第53—62页。

夏立安、孙祥,《迈向生命政治的法律观:福柯法律思想解读》,《浙江大学学报(人文社会科学版)》,2014年第4期,第76—86页。

萧俊明,《从结构主义到后结构主义:一种文化思考》,《国外社会科学》,2001年第5期,第18—26页。

许新东,《美国艾滋病的现状及防治策略》,《性学》,1997年第1期,第8—11页。

严泽胜,《朱迪·巴特勒:欲望、身体、性别表演》,《国外理论动态》,2004年第4期,第38—44页。

——,《拉康与分裂的主体》,《国外文学》,2002年第3期,第3—9页。

杨大春,《列维纳斯与现象学的实践转向》,《同济大学学报(社会科学版)》,2010年第5期。

杨大春等,《列维纳斯的世纪或他者的命运》,中国人民大学出版社,2008年。

伊格尔顿,《论邪恶:恐怖行为忧思录》,林雅华译,湖南人民出版社,2014年。

——,《文学事件》,阴志科译,河南大学出版社,2017年。

殷企平,《西方文论关键词:共同体》,《外国文学》,2016年第2期,第70—79页。

张凯,《生命政治》,《外国文学》,2015年第3期,第103—110页。

张玫玫,《露丝·伊利格瑞的女性主体性建构之维》,《国外文学》,2009年第2期,第11—18页。

张倩红,《犹太史研究入门》,北京大学出版社,2017年。

张一兵,《生命政治学与现代权力治理术:福柯的法兰西学院演讲评述》,《天津社会科学》,2015年第1期,第4—13页。

张振华,《试论黑格尔〈安提戈涅〉解释》,《同济大学学报(社会科学版)》,2007年第4期。

周洪军,《生命政治:以个体生命为对象的政治形态——哈特和奈格里对生命政治理论的借鉴与超越》,《哲学研究》,2014年第10期,第100—104页。

周穗明,《〈帝国〉:全球化时代的无政府主义思潮与战略》,《国外社会科学》,2007年第1期,第75—82页。

——,《N. 弗雷泽和 A. 霍耐特关于承认理论的争论》,《世界哲学》,2009年第2期,第57—69页。

朱刚,《伦理学作为第一哲学如何可能?——试析勒维纳斯的伦理思想及其对存在暴力的批判》,《南京大学学报(哲学人文社会科学版)》,2006年第6期,第24—32页。

附录一　　　述行、危脆与性政治[1]

朱迪斯·巴特勒

　　我想借此机会再次思考性别的述行性,讲述我是如何从对述行性的关注转向对更广泛的危脆的关注。述行性是对能动性问题的记述,而危脆关注的是人无法掌控的威胁生命的条件。这两个概念是否像它们表面看上去的那样十分不同呢?为了对两者进行比较,或为了描述该文章,让我简单回顾一下什么是性别的述行性,什么是危脆,然后让我解释一下是什么促使我改变了关注点,并在某种程度上,指出没有改变的东西。

　　说性别是述行的,就是指性别是一种扮演;性别的"表象"经常被误认为是内在真实的;性别受到义务性的规范的激励,成为一种或另一种性别(通常是在严格的二元框架内),性别的再生产因而是对权力的协商;最后,没有这种规范的再生产,就没有性别,性别在形成过程中总是以意想不到的方式冒险消解和重造规范,因此可能沿着新的路线开创重塑性别现实的可能性。

　　在另一方面,危脆描述的是不同的人类存在的条件。任何活着的生物可以按照意愿或偶然被删除,绝不会保证它们生命的延续。因此社会和政治机构的设计至少要将危脆的条件最小化,尤其是在民族—国家的范围内,尽管,正如你们所见,我认为这种限制是成问题的。政治秩序的建设,包括经济与社会机构在内,就是要针对这些需求,不仅要保证丰足的住房和食物,还要保证使人口的生命得以延续的方法。但"危脆"指的是政治引发的条件,在其中,某些人口无法享有社会和经济网络的支持,而差异性地暴露于伤害、暴力和死亡。这些人口处于疾病、贫穷、饥饿、

---

[1] 该文是2009年6月8日在西班牙马德里康普顿斯大学的演讲,之后发表在 AIBR 杂志上。参见 Judith Butler, "Performativity, Precarity and Sexual Politics," AIBR, 4.3 (2009): i-xiii.

流离失所的极度风险中,没有任何保护而遭受暴力。危脆还指某些人口暴露于肆意的国家暴力或其他形式的攻击,它虽不是国家引起的,但国家却没有给予足够的保护,在这些政治条件引发下他们所遭受的最大限度的脆弱。因此危脆可以指饥饿或接近饥饿的人口,也可指防御街头暴力和警察骚扰的性工作者。

当然,危脆与性别规范直接联系,因为我们知道那些没有按照可理解的方式生活的性别处于骚扰和暴力的高风险之中。性别规范与我们如何、以什么方式出现在公共空间中有密切关系,也与公共领域和私人领域如何区分,这种区分如何具体服务于性政治,基于公共表现谁会变成罪犯,谁无法受到法律的保护,或者更具体点,在街上、工作中或在家里,谁无法受到警察的保护,谁会被玷污,谁会成为吸引和消费快感的对象,谁在法律面前享有医疗权益,谁的亲密和亲缘关系受到法律的承认等这些问题密切相关。我们这些问题来自跨性行动主义、女性主义、酷儿亲缘关系的政治,也来自同性恋婚姻运动和性工作者为争取公共安全和经济赋权而提出的问题。因此这些规范不仅仅是权力的实例,它们不仅仅反映权力的更广泛关系;它们是权力运作的一种方式。毕竟,权力如果不以某种方式进行再生产,是无法维护权力的。而每种再生产的行为都有走偏的可能性,产生不可预见的效果。我认为,正是由于这个原因,德里达的可重复性概念进入到马克思主义统治的再生产概念中,也即进入到人的再生产(根据马克思的《德意志意识形态》是唯物主义的一个重要部分)概念中。

当我在这样的语境中谈论主体时,我并不是说"主体"是行动和思想的最高前提。主体是社会产生的"代言人"和"思考者",其能动性和思想因为先于"我"的语言而成为可能。在这个意义上,尽管不是权力的决定性效果,"我"通过权力产生。权力依赖于可能走偏的再生产机制,这种机制消解激励权力的策略,产生新的甚至是颠覆性的效果。从这一情况产生的悖论或困境是我们一直在政治中发现的问题:如果权力的条件制定"谁"可以成为主体,谁在政治中或法律前是承认的主体,那么主体就不是政治的前提,而是一种独特的效果或权力。它意味着我们必须诘问这样的问题:"谁"来自主体之后,不期待主体的另一形式出现在历史时期,而是因为必须为那些不算作主体的人保留某些名字,他们不能够充分遵守将可承认性赋予主体的规范。在霸权话语中那些不能算作"主体"的人我们如何称呼他们?对我而言,性别规范在某种程度上决定谁可以成为"易辨认的",谁不可以。我们必须将承认的这种差异性分配考虑在内。

某些性别由于存在于思考具现和人性的规范的边界而不被承认,为了理解被误解的性别形式,我们必须这样做。有没有某种性的形式,它没有美好的词汇,恰恰是因为这种决定我们如何思考欲望、性倾向、性行为和愉悦的强大逻辑不承认性的某种形式?镶嵌在权力关系中的结构主义(甚至是结构主义的精神分析)和后结构主义之间的差异是:前者简单地视所有承认的主张为不可能(将其看作永久的不幸或玩笑);但后者诘问为什么性生活的某些形式要比其他形式更可能,而为什么有些形式是不可思议的,甚至是不可活的。

这样,性别的述行性与主体因为承认变得可辨认的差别方式相联系。当然尽管我认为接受完全的承认是不可能的,但我也认为,分配承认的方式是有差别的。承认的欲望从未受到满足,是的,这是事实。但是要想成为主体,必须首先遵从某种控制承认的规范,让一个人变得可以辨识。因此,不遵从质疑一个人生命的可存活性和持续发展的本体条件。我们把主体视为在法律面前或政治生活中要求承认的那类人,但也许更重要的问题是:承认的条件(我们可以从一些性别规范推断出)如何事先决定谁可以成为主体,谁不能。

因此,我想说明:正是基于谁可以算作主体,谁不算这个问题,述行性与危脆联系起来。性别的述行性与谁的生命可以算作生命,基于已确立的可理解性谁可以被理解为可活有密切的关系。

让我举一个将述行性问题与危脆直接关联起来的例子。你们中的某些人可能知道,2006年5月,一些非法移民走向洛杉矶的街头,开始歌唱美国国歌。实际上,他们用英语和西班牙语唱美国国歌,西班牙语的版本广泛流传于网上。他们也歌唱墨西哥的国歌,有时交替吟唱两国国歌。这种在街道上唱国歌是一种什么样的公共表演?他们的目的在于向政府请愿,允许他们成为公民。但他们请愿的方式是什么?这种歌唱是一种什么样的述行实践?

在没有自由集会的权利下他们在行使这种权利。这一权利属于公民。因此,为了公开证明他们应取得这种权利,他们在主张一种他们没有的权利。但显然,他们不必为了具体说明他们有这种权利而拥有权利。幸运的是他们没有被捕,而他们本可能遭到逮捕。在大多数情况下,非法移民远离可能被逮捕、入牢或遣返的场景。但在这个例子中,他们让自己公开化,行使一种他们没有的属于公民的权利。

你们知道,在加州和美国其他地方有关于英语是否应成为所有公共服务和学校的强制性语言的政治斗争。那些支持"只说英语"政策的人害怕在加州西班牙语和其他几种语言的使用情况。根据只说英语政策支持者的观点,如果公共领域的语言是英语,那么用西班牙语唱国歌就是不法行为。在某一层面上,用西班牙语歌唱仅是在主张:说西班牙语的人是美国的一部分,他们已是美国公民,当他们不是美国公民时,他们是工人,他们不仅是在农田里,而且在城市地区,都是必要的劳动力。但用西班牙语唱国歌就是要引起人们关注西班牙语已是文化存在的一部分的事实;实际上,加州如果没有西班牙语的公共存在是不可想象的。这不是一种预言,而是已然为事实的东西。用西班牙语歌唱就是要在公共领域里主张多语的现实,拒绝只要求英语存在于公共领域的私有化策略,拒绝将其他语言降级到家里,将其看作是前政治领域里的东西。

唱国歌也是积极揭露在公共领域广泛否认西班牙语和非法移民的方式。歌曲唱出公共领域的幻影,让那些处于不可见和不可听的人变得可视和可听,他们在确立的劳动法下长时间非法工作,害怕生病,因为没钱支付医疗,当他们看到警察或当他们的工作场地被"国家安全部"袭击时他们害怕得不敢动弹,他们自己根本没有法律保护,以抵抗剥削。

因此,歌唱国歌无疑有几种功能,让我就强调两点:1) 歌唱是表达自由言论权、自由集会权以及更广泛的公民权的方式。不管怎样那些没有公民权的人还是行使了它。这提出了在没有被赋权的情况下如何行使,使其成为权利的问题。2) 在街上用西班牙语歌唱给那些经常被否认为国家一部分的人以声音和可视性,这样,歌唱通过国家构成本身暴露否认的模式。换句话说,歌唱暴露和反对那些排斥模式,国家正是通过这些模式想象和加强自己的统一。

在我最近的著作中,包括一本我与佳亚特里·斯皮瓦克共同撰写的一本小书《谁在歌唱民族—国家?》,为了思考以下问题:1) 民族—国家如何在结构上与无国家之人相联系;2) 那些无国家之人如何能行使权利,即便那些权利不被法律保证和保护,对此我求助于汉娜·阿伦特的思想。也许在街上歌唱可以理解为当没有权利存在时却能行使该权利的一个实例。重要的是,对阿伦特而言,这种权力的行使不能是个人完成的。它必须是与他人共同完成的行动,它必须是公共性的。确实,按她的说法,它必须进入到表象领域中。对阿伦特而言,我们自由的效力和真正的实践并不源自个人的人性,而是来自地方与政治归属的社会条件。这并不是说我们首先需要一种地方或归属模式,而是说我们行使的权利基于归属的前法律权利。她指的是"拥有权利的权利,或者每个个人属于人性的权利,应该受到人性自身的保障"(阿伦特,1966:298)。

这里有趣的是,阿伦特在无法通过回归之前的基础为其辩护的情况下主张这种权利。她"拥有权利的权利"的主张本身是一种述行性的实践;通过她的著作她确立拥有权利的权利,在这种主张之外没有这种主张的基础。同样,在公共空间用西班牙语唱国歌表达权利就是在歌唱的时刻言说一种权利。它不是通过求助现存的法律实现,而是通过自由的实践而获得。阿伦特对主张的述行和在街上歌唱都可以理解为是行使自由的方式。没有这种实践就没有自由;自由不是一种等待实践的潜能。它出现于实践的过程中。自由言论的权利、公共自由的权利并不存在于一个理想的领域,它恰恰出现于开始歌唱国歌,或当阿伦特所写的句子命名和演示自由的时候。

我们可以看到阿伦特的这种政治既是述行的,也是普遍化的。她写道:"我们的政治生活基于的假设是我们可以通过组织产生平等,因为人可以通过行动改变和建立一个共同的世界,这必须是和他平等的人一起而且只能和他平等的人一起才能完成。"(Arendt,1966:301)平等是创造和改变世界的前提,但只有当人们在平等的条件下创造和改变世界时,平等才可能存在。尽管可能有人说这是一种述行性的矛盾,它的确是述行性的逻辑,没有这种逻辑就没有政治。要成为政治的参与者,要成为集体行动的一部分,一个人不仅需要平等的主张,还需要在平等的条件内行动和请愿。那个"我"因此在没有被融进一种不可能的统一的情况下成为"我们"。成为政治行动者是一种功能,是在平等的条件下与他人行动的特征。平等是政治行动本身的条件和特征,也是其目标。

当然,对民族—国家的批评已经有一段时间了,即便是在民族—国家持续性的力量在各地得到承认的时候。佳亚特里·斯皮瓦克本人曾发表一系列观点,表明民族—国家的边界如何在服务于殖民主义的过程中得以建立,谁可以算作民族—国家的公民绝不仅仅指生活在疆界内的人口。如果我们看看20世纪民族—国家的形成,它们经常是殖民斗争的结果以及延续殖民权力的方式,甚至是在解殖民化的过程中。当阿伦特主张民族—国家总是生产无国家之人时,斯皮瓦克强调民族—国家成立的背后是无国家之人,这是殖民主义在创立和维护民族—国家时留下的遗产。阿伦特(1966年)在《论极权主义》中将她的研究限定在欧洲的民族—国家中,这种分析无法在当今全球的条件中描述民族—国家的功能。例如,斯皮瓦克写道:"民族—国家属于欧洲。"但另一方面,不能用乌托邦的方式声称地球是产生归属感的地方。我们不能假装已经超越了民族—国家。她写道：

> 仅有一部分以主体的地位生活在全球化的世界中，那我们如何称其为"家园"？我们的税交在何处？今天任何一个人的家如何成为"我们的全球化的世界"？是因为事情变化太快吗？还是因为特定的移民群体拥挤在古老的欧洲？当美国和墨西哥之间、以色列和巴勒斯坦之间竖起城墙……我们希望世界是没有边界的，这是否是因为欧洲的国家可以随便穿越边界？这是殖民者的行为。

换句话说，那些主张可渗透的边界、跨国的流通以及民族—国家终结的人没有意识到移居和遣返正在全球范围内强制执行，这种超流动性的观念是基于欧盟国家内或第一世界国家之间的流动。

斯皮瓦克（2008年）的一个问题是：当我们思考非洲民族—国家的形成时，情形如何呢？她写道：

> 当殖民主义者离开非洲时，他们留下的是伪装成民族—国家分治的不可能的疆界。非洲展示给我们的是与我们认为民族和国家有不可避免的联系这一古老观念有很大不同的东西……因帝国主义的殖民权力而导致的非洲的分治最终导致48个新国家的建立，这些国家大部分有清晰的疆界……每一个独立的非洲国家由一些族裔文化完全不同的群体和民族组成，他们有不同的历史传统，因此有国家之间的边界争端。这些人为的疆界不仅产生了多族裔的国家，它们也跨越了从前已经存在的群落、族裔、国家、王国和帝国……有些从分治产生的国家是巨人，像苏丹和刚果……有些国家有很长的海岸线，而其他国家处于内陆，根本不靠海，有些国家没有边界，而像赞比亚和索马里这样的国家只有可以巡逻的一到两处边界，其他国家则可能有四处边界或者更多，刚果有七处边界……一个不靠海或没有肥沃土地的国家如何能真正发展？我们是否能想象那些有多处边界的国家如何应对走私等安全问题？

因此为了裁定这些问题，斯皮瓦克要我们重新思考民族—国家的新条件。我们不能安于这样的观点：国家代表的是一个单一的、单语的既定的民族。当我们思考当今民族——国家时，我们无法依赖这样的定义。她写道："当汉娜·阿伦特谈到民族和国家在历史上仅是一个暂时性的连接时，她是有预见性的。"斯皮瓦克正是因为这种暂时的和历史偶然的连接才进行了尖锐的质疑，她质疑的是我们所接受的"民族——国家现在已分裂，被一种全球性的秩序所取代，这种全球性的秩序现在应是我们的集体的家园"。在她看来，对非洲的分析表明了这种观点是时代错误的。非洲也是非政府组织的实验之地，甚至，正如斯皮瓦克所言，"是思考和建立非民族为中心的国家的实验室。非洲的语言边界和所谓的民族边界之间没有联系。这不仅仅是因为部落语言的存在，尽管这也是很重要的，就像在拉丁美洲那样。相反，在印度语境中，有趣的是土著和印欧语言之间的早期的双语主义，这不是欧洲的遭遇。因此，再一次需思考的是：我们的翻译模式是什么？让我们思考这些历史，它们并不与民族——国家的话题有多远"。

有趣的是，斯皮瓦克回到"翻译"问题结束了她的讨论。按她的提法，文化翻译的行为是带来新理解的方式。我想提议，这个观点与我的述行性概念有很强的共鸣。民族——国家的歌唱和阿伦特关于我们如何行使权利的观点都体现了述行性的特点。

斯皮瓦克的观点是，我们无法根据一个单一的民族来想象国家，这样的国家被理解为文化单一、语言单一。她所引用的非洲的例子显示，国家的疆界不仅分离人口，也强迫没有语言或文化纽带的人口居住在一起。而且，这样的国家产生被剥夺公民权的人口，他们经常受到国家资助的资本主义的剥削，他们是脆弱不安的人。由于无法回到单一语言的民族——国家，不管"只说英语"政策的人如何主张，文化翻译的任务关键是要在差异中产生联盟。她所宣扬的不仅仅是多元文化主义，而且将翻译看作主体形成的条件的实践，甚至是扩散主体概念的方式。那么我们如何翻译看作是一种述行性的实践？难道用西班牙语唱美国国歌不是翻译在起作用吗？多语言国家的日常生活以及治理术的非国家性机构难道不以翻译为特征吗？

斯皮瓦克注意到，土生的穷人为了能够被政治和法律代表，就必须习得主导语言，这意味着那些没能进入单语主义的人没有机会在可辨识的编码内主张权利。所以阿伦特以理想的方式为我们确定那些无权的人可以行使的权利。但他们是否总能这么做呢？他们行使权利的行为是否产生了所行使的权利呢？在阿伦特看来，即使没有支持行使权利的经济或政治条件，行使权利的行为也是起作用的。斯皮瓦克教给我们的是：在属下的状态下，尤其在全球性的南方，主张权利的唯一方法是通过同化进入到那些司法结构中，这些司法结构不仅建立在抹除和剥削本土文化的基础上，而且继续在要求这种抹除和剥削。确实，在那些司法限定内请求权利的行为再次肯定了通过法律表现的权力，一种服务于全球性资本的国家权力再生产无国家的阶级。在这种语境下，翻译的实践（不是同化进单一的语言）是一种述行性地产生另一种"我们"的方式，一种通过永不生产语言统一的语言建立联系。这就是为什么斯皮瓦克告诉我们说翻译是一种不可能的体验（这与说没有翻译是两回事）。关键是协商言说的权利，确保无声音的人有权发声。但是，这种责任与提供或强加声音不同。一种不可能但却必要的束缚，同时也是不以同一为前提的集体模式。这样，我们就回到这个问题：主张没有的权利意味着什么？它意味着翻译到主导的语言中，这并不是认可其力量，而是要揭露和抵抗它日常的暴力，通过主张还没有的权利来发现语言。就像那些为了建立居住权而搬入大楼的占地运动那样，有时它不是先有权再去行动的问题；有时它是行动的问题，在行动中主张要求的权利。

　　那么这个例子如何让我们回到述行性和危脆的问题？我们看到，争取公共空间，主张公民权的各种模式需要翻译和表达的述行模式。但让我们记住：述行性不仅指明晰的言语行为，还指规范的再生产。确实，社会世界的再生产同时也是在时空中控制身体可理解性的规范的再生产。我的"可理解性"包含社会空间和时间的可读性，因此隐含与他者（与边缘化、贱斥和排斥的可能性）的关系，这种关系受社会规范的规定和协调。一再地塑造和重塑这些规范，有时它们进入到重新塑造的危机中。它们是权力和历史的向量。有些人进入到"可理解性"的条件有限，而其他人代表其象征性的图像，因此在日常生活内的性别规范的再生产总是以某种方式与权力形式进行协商，这些形式决定谁的生命更可活，谁的生命不可活。

　　性别述行的理论假定规范在我们有机会行动以前就作用于我们，当我们行动时，我们重复作用于我们身上的规范，也许是以新的、出人意料的方式，但仍与先于我们和超于我们的规范相联系。换句话说，规范作用于我们身上，这种"被作用于"演化为我们自己的行动。有时我们错误地宣称我们是我们的行动基础，但这只是因为我们没能记述我们被塑造的过程和方式。比如，我们不知道，性别的规范要把我们变成什么样，但我们还是在规范内朝着规范行动。当一个孩童被"性别化"，也就是当这个小孩接受来自成人世界的谜一般的要求或欲望，这个孩童主要的无助感是对性别含义严重的迷失感,以及困惑于性别的欲望应属于谁。如果"我"想要的仅产生在与从我身上想得到的东西相关联,那么"我自己的"欲望这一说法其实是错误的。我在我的欲望中协商从我这儿需求的东西。

如果我们接受这个观点,那么性别的述行性就不必假设一个已经在行动的主体或一个不断重复的身体。它确立社会规范对身体和心理造成的复杂的交汇,一种义务与欲望之间复杂的互动而建立起来的重复的过程,是一种是我的又不是我的欲望。

当我们行动,并在政治上行动,有一套规范已经在以我们并不总是清楚地意识到的方式作用于我们。如果颠覆或抵抗成为可能,这不是因为我是一个主权式的主体,而是因为规范的某些历史性汇聚作用在我的具现的人性上,开启了行动的可能性。即使我们有时计划行动,思索采取什么路线,决心实现某种意图,最终也不可能将追求颠覆性策略只看作是一种完全的审慎和意图性的一套行为。当然,我们可以,也确实试图分清可能反对主导的性别规范的各种策略,而且那些策略对任何激进的性别和性政治而言都是非常重要的。但如果我们认为,我们可以在一个审慎的决定的基础上重塑性别或重构我们的性,我们无疑是错误的。即使当我们决定改变性别,或生产性别,也是在很强的欲望基础上做出这样的决定的。我们并没有选择那些欲望。当然,性别和性是不同的问题,但我认为两者并不能完全分离。性的某些形式与对性别的幻想相联系,某些充满生气的性别需要某种性的实践。性别规范与规范的性之间有很强的广泛的非连续性。但是,从与性别和性的关系来看,我们中的任何人都没有从无创造我们自己的选择。我们形成于先于我们的行动。尽管我们可以激进地重塑我们的性别,或者甚至想重新加工我们的性(尽管经常失败),我们受到规范的控制,即使我们与之斗争。

在我看来,性别是出自强烈感情的行为,一种和他人、为他人激活身体的方式,尽管性在任何意义上不能简化为性别,但它被我们谁都不能选择的能指所制造和调动。你可能决定要什么样的性关系;确实,你可能决定谁进入你以及你进入谁,但即使是在那时,你并不是在决定情感。你决定的是:你该如何面对已经为你决定好的东西,它们先于你的审慎思考,并永远不能完全掌控。在你决定何时在哪里屈从时,你已经受到限制。述行性是一个作用于我们身上但我们不总能理解的过程,它以带来政治后果的方式行动。述行性与"谁"会被生产成一个可承认的主体密切相关,这个主体可以活,其生命值得庇护,当其生命完结时,也值得哀悼。脆弱不安的生命则没有资格受到承认、不可读或者不可哀悼。这样,危脆是一个可以包括女人、酷儿、跨性者、穷人和无国家之人在内的大词语。值得铭记的是,根据艾滋病危机酷儿理论提出的一个主要问题是:我们如何与这样的概念并存,即某人的爱不算作爱,某人的丧失不算作丧失?一个人如何过不被承认的生活?如果你爱什么、如何爱已经什么都不是或是一种非存在,那么你如何可能解释这种什么都不是的丧失,它如何得到公众的哀悼?当整个人口的丧失或消失不被提起,或者当法律本身禁止调查犯这种暴行的人,那么类似的情况就发生了。对酷儿运动而言,艾滋病的情况尤为如此,对在非洲大陆以及在地球上无法接触新药或支付新药的所有人而言,情况仍在延续。这只不过是哀悼的差异性分布的几个例子,当它并没有导致那些在社会上已经丧失或死亡的人的毁灭时,它将他们打成绳结,不给他们任何松开的希望。

最后,述行性如何与危脆联系在一起可以用下面这个更重要的问题进行总结:不可言说的人如何言说并声称自己的主张?在权力的场域之内这是一种什么样的破坏?这样的人应如何说出自己的需求?

附录二

脆弱不安的生命，脆弱与共居的伦理[1]

朱迪斯·巴特勒

在这里我想谈谈具有全球性特点的伦理责任问题，它既出现于遥远之地，也出现于我们周围的关系中。首先我关注的两个问题十分不同。第一个问题是：我们中的任何人是否有能力或意愿在伦理上回应发生在远处的苦难，是什么让这种伦理遭遇成为可能以及它什么时候产生。第二个问题是：当我们起身反抗另一个人或群体，发现我们总是参与到我们从未选择的事务中，我们必须回应我们不太理解甚至是不想理解的语言的诱惑，这时伦理责任的含义是什么？例如，这种我们称为"起身反抗"的情况发生在几种对立的状态的边界，也发生在地理位置临近的各种时刻中，它是不情愿的人们强居一地的结果，是强制性移民或某一民族国家重划疆界的结果。当然，对远近的假定在我们已知的大多数伦理学的著述中可以找到。社区成员不介意该群体的地方的、暂时的、有时是民族主义的特征而在伦理上维系于所居住群体，并受到特定的群体规范的束缚。他们将近距离评估为遭遇和认识他者的条件，因此倾向于将伦理关系限定在那些我们所认识的看得到脸，叫得出名字的人身上。我们经常假定，邻近促成了某些直接的需求，如尊重身体完整、非暴力、要求领土或财产权利的原则。但对我而言，当地球的一边因为地球另一边的行为和事件而进行道义上的声讨，情形就不同了。这种道义上的愤怒并不依赖于一种共享的语言或扎根于同一地方而产生的共同生活。在这样的例子中，我们看到和展现的是跨越时空的团结的纽带。

---

[1] 该文最初发表在《思辨哲学期刊》(*The Journal of Speculative Philosophy*)2012年第26卷第2期，第134—151页，题目为"Precarious Life, Vulnerability and the Ethics of Cohabitation"，后来收录在巴特勒的著作《集会的述行理论注解》(*Notes Toward a Performative Theory of Assembly*)第3章中，题目为"Precarious Life and the Ethics of Cohabitation"。

有些时候,尽管我们本意并非如此,我们还是受到远方苦难形象的震撼,这些形象促使我们关注并诉诸行动,表达我们的抗议之声,通过具体的政治途径来表达对这种暴力的抵抗。这样,我们可能说,我们并不仅仅接受来自媒体的信息,据此作为个体的我们决定是否采取行动。我们并不仅仅消费或瘫痪在海量的形象中。有时,强加于我们之上的形象起到引发伦理的作用,但并不总是这样。此刻我想让大家注意这种情形,因为我想强调我们事先并没有期待或准备,但却强加于我们之上的东西,这意味着我们此刻受到超越我们意志的东西的冒犯。这种东西来自外在,它不仅是一种强加,也是一种伦理要求。我想暗示:这些是未经我们同意的伦理责任,它们也不是我们故意进入的契约或协议的结果。

简单来说,我的出发点是要说明:记录战争苦难的著述和图片是能够唤起伦理的特定形式,能够促使我们协商距离远近的问题。它们形成一种潜在的伦理困境:所发生的一切是否因为远离我,我就可以不负责任?所发生的一切是否因为就在我周围,让我不能忍受必须承担责任?要是我本人并没有遭此劫难,我是否应在其他意义上对此负责呢?我们应如何思考这些问题?尽管这里我提供的不仅仅是照片或图片,我想说明:我们在关于战争的照片中所感受到的伦理情感带出关于伦理责任这一更大的问题。毕竟,我们并不总是选择去看关于战争、暴力和死亡的图片,我们可以强烈地拒绝它们。谁把这个图片放到我面前?他们想让我感受到什么?他们想要对我做什么?实际上,我们可以将此理解为图片的结构性多疑症,它与无限的言说方式相连接。但即便是对多疑之人也要以某种方式与之交谈。此刻是否有一股列维纳斯式的暗流,让我们不得不聆听我们从未选择聆听的声音,去看我们从未选择去看的图片?

这样的形象可能出现在电视屏幕上,或者当我们走过街边的书报摊时,我们匆匆路过这些图片(或者这些图片闪过我们)。我们可以刻意点击某一网站,以获取这方面的新闻,但这并不意味着我们实际上准备好要看什么,也并不意味着我们选择暴露于冲击我们的视觉和听觉的形象之上。我们知道被感性的图片所压倒意味着什么,但我们是否在伦理上被压倒,如果没有,会不会是问题呢?苏珊·桑塔格认为战争图片使我们惊愕,让我们无所适从,她积极思考我们是否仍应依靠图片来唤起一种政治思考,并抵抗国家暴力和战争的非正义特点。但是我们能否对图片感到震惊,却能够行动,我们能否将此理解为一种伦理责任作用于我们的情感之上的结果呢?实际上,情感这个词是列维纳斯为先于自我的回应之地保留的一个词,这种回应是，也不是我的反应。说它是我的回应是因为它为自我提供了栖息地，是自我之源，但是，我们想讨论的是一种隐含驱赶自我的回应。将这一点考虑在内，我回到我刚才的问题：我们是否必须有一种被压倒的感觉才能有获取行动的动机呢？我们仅在因受到震撼而去行动，我们因受外界、别处和他人的生活的影响而受到震撼，因感受过量而采取行动。根据这样一种伦理责任的观点，接受不仅是行动的前提，也是其构成性特征之一。媒体将设置给我们的任何一种展示模式命名为来自外界的某种版本的现实；它通过一系列的排斥发挥作用，这些排斥使其信息和强加给我们的东西成为可能，通过排斥，我们知道什么被编辑在外，什么在边框之外，什么被展示。当我们发现自己处于某种回应行动之中，我们通常对我们并没有选择看（那些被排除在我们视力之外以及在视力范围内）的东西而进行回应。这有点跳跃，但我想说，在图片的力量中未被选择的东西恰恰表现一种伦理义务，在我们并没有同意的情况下强加给我们。因此如果我们对这一点保持开放，尽管我们有足够的理由不会完全接受它，同意不是一个足够的基础，能清楚地说明形成我们责任的全球性义务。实际上，责任可能暗含在不被同意的巨大领域之中。

然而，我的第二点是辩驳这个观点，即伦理责任仅出现在疆界范围内、分享共同的语言、有共同的人民这样的稳定的群体环境中。那些远离或邻近的人们的义务要跨越语言和国家的疆界，并且仅能通过视觉或者语言翻译，包括时空的错位才能成为可能。这种理解混淆了界定我们全球性义务的任何一种群体社会的基础。因此我的建议是同意和群体社会都不会界定我所寻求的责任范围。我想我们都有这样一种体验：媒体将近处的苦难距离化，让近处的东西好像在远处一样。我的论点是：目前全球范围出现的伦理需求依靠于这种对远近的有限但却必要的逆转。确实，我想提议：某种纽带正是通过这种逆转和僵局而形成的。这种逆转实际上困在身体的位置问题之中，因为无论我们因媒体的宣传而被带入什么样特殊的境地，我们显然并没有不能自拔。如果我们在街上被拍成电影，身体与街道在某种程度上被传播，获得全球性的维度，但这种报道和传播只有在这样的假定下才是可理解的，即身体位置的时空维度不能被运输，它留在那里，有一种顽固的在那里的感觉。下面我还会回到身体的问题，因为我没有其他的选择，其实我们都没有其他的选择。

现在，我想初步说明：如果我仅和那些与我亲近的人联系在一起，那么我的伦理就总是狭隘的、社区的、排他的。如果我仅和抽象意义上的"人"联系在一起，那么我就会躲避在我的情况和他人的情况进行文化翻译的尝试。如果我仅和那些在远方蒙难的人联系在一起，而从不和我周围的人联系在一起，那么我会逃避我的情况，以便能确保产生允许我持有伦理情感，甚至是让我自己感受到伦理的距离。但是伦理关系是通过中介获得的（mediated），在这里我故意使用这个词，以便唤起数码时代大家对黑格尔的阅读。这意味着地点问题受到混淆，以至于发生在"那里"的事情在某种意义上也发生在"这里"，如果发生在"那里"的事情依靠于注册于几个"别处"的事件，那么，这个事件的伦理要求总是发生在某种程度上可以翻转的"这里"和"那里"；但那种逆转有局限性，因为身体无法通过媒体的中介，从地点中解脱出来。在某种意义上，事件显然是地方性的，因为那里的人们的身体处于事件中。但是如果那些身体不出现在别处，就不会有全球性的回应，也就没有伦理承认和连接的全球形式，因此事件的某些现实就会丧失。这并不仅仅是不相关联的一处人通过媒体关注另一处人，这说明，不管是多么暂时性的，这样的反应确定了全球性关联的一种形式。简言之，在未加准备的情况下被媒体图片震撼并不导致无法行动，而是导致这样一种局势：1）受到感动，因此通过作用于我们而采取行动。2）以不同的方式同时在那里和这里，接受和协商我们称之为"全球性的"的伦理关系的多种地点性和跨越时间感。

那么我们能否回到伦理哲学的某些版本，以便重新系统说明在这些时代表达一种伦理需求意味着什么？这种伦理需求既没有简化为同意也没有简化为发生在稳定的群体纽带之外的既定的协议。我将简要讨论伊曼纽尔·列维纳斯和汉娜·阿伦特对伦理和远近距离令人苦恼的关系的讨论。我选择这两位思想家不是偶然的，他们一位的思想部分地形成于犹太知识传统之中（列维纳斯），另一位（阿伦特）形成于犹太人所处的历史环境中。在另外一个与今天的话题相关的课题中，我试图阐述一种共居的理论，它追随我现在所描述的伦理责任的描述。这两位思想家在这个任务上既给予了令人启迪的观点，其思想也存在一定问题。我希望在演讲末尾转向巴勒斯坦/以色列问题，以便让问题更具体化。对此我的主要看法是提出共居的犹太人的观点，它要求脱离群居，甚至是犹太人的群居。当以色列国家试图主张代表犹太性时，这种主张是一种批判性的变通。希望这最后的观点不是我今天演讲的核心，尽管它是我最近著作的核心。

列维纳斯：

列维纳斯的伦理哲学中有两个不和谐的维度。一方面，邻近的范畴对他的伦理关系的观点有很重要的作用。他人在不考虑我们意愿的情况下作用于我们的方式构成引发伦理的场合。这说明在我们有任何清晰的选择以前,我们就已经受到伦理的诱导。受到他人的侵犯假定一种身体上的接近,如果是"面孔"作用于我们,那么在某种程度上我们同时受到那张"面孔"的影响和要求。另一方面,我们的伦理责任扩展到那些在物理意义上并不邻近的人们,也扩展到并不属于一个可辨识的群体成员的身上。实际上,对列维纳斯而言,那些作用于我们的人很明显是他者,正是通过他们的同一我们与他们相联系。

当然,列维纳斯在他者(对我提出伦理要求)的他异性问题上持矛盾的观点:他清楚地肯定民族主义的形式,尤其是以色列民族主义,坚持认为只有在犹太-基督教的传统之内伦理关系才是可能的。但是此刻,让我们对列维纳斯做一次对立式的阅读,或者为了他所开创的政治可能性来阅读他,即便他的本意并非要开创某些政治可能性。列维纳斯的立场让我们得出下列结论:一方人口联系另一方人口的伦理价值绝不是因为两方人口拥有类似的民族、文化、宗教和种族的归属感。有趣的是,列维纳斯坚信,我们与那些我们不熟悉的人,甚至是那些我们没有选择、可能永远不会选择的人相联系,而且这些义务,严格来讲,是前契约的。但是,他在一次访谈中曾说,巴勒斯坦人没有面孔,他只是想把伦理责任扩展到与犹太-基督教传统和古典希腊源头相联系的那些人身上。[1] 在某种意义上,他给我们的是他所背叛的原则。他的失败直接反驳了他对伦理需求的主张,即要求在伦理上回应那些超越我们的群体,但我们却与他们有归属感的那些人,不管我们选择什么,不管我们属于哪种契约,也不管有什么样的文化归属的既定形式。

当然,这引发的问题是:如何与那些不出现在伦理范围内的人产生伦理关系呢?他们因不在伦理范围内而不被看作是人,或者不被视为我们可以或必须产生伦理关系的人。能否采用伦理哲学来反对它有时支持的排他性假设?换句话说,我们能否利用列维纳斯反对他自己,来帮助我们阐述一种全球伦理,它能超越列维

---

[1] 参见列维纳斯关于巴勒斯坦人没有面孔的讨论(因此他们人性的脆弱可以是没有义务不杀戮的基础)。具体见伊曼纽尔·列维纳斯,《伦理与政治》,《列维纳斯读本》,Sean Hand 编,Oxford:Blackwell,1989,第289页。还请参见列维纳斯关于"亚洲游牧部落"威胁犹太-基督教文化的伦理基础的讨论,见伊曼纽尔·列维纳斯,《今天的犹太思想》,《艰难的自由:犹太教论文集》,Sean Hand 翻译,Baltimore:John Hopkins University Press,1990年,第165页。这一点《阐述自我》有更详细的讨论,参见《阐述自我》,New York:Fordham University Press,1995年,第90—96页。

纳斯设立为条件和界限的宗教和文化群体？

让我们把他的论点作为一个例子，即伦理关系是不对称的。在他的著作中，他者对于我有优先权。这具体指的是什么？难道他者对于我没有同样的责任吗？我为什么应对他人负有责任而他人对我却没有相应的责任？列维纳斯认为，互惠不是伦理的基础，因为伦理不是讨价还价：我对他人的伦理关系不能依他人与我的伦理关系而定，因为那样就会让伦理关系不那么绝对和有约束力；那也会让我建立自我保存，并将这种自我保存视为比与他者的关系更为重要的明显不同的东西。列维纳斯认为，伦理不会产生于自我主义之中，自我主义是伦理本身溃败的结果。

在这里我要与列维纳斯保持距离，因为尽管我同意反驳自我保存的首要性来确保伦理的思考，我想强调他者，所有其他人的生命与我的生命之间的某种紧密连接，这种联系是无法沦为民族归属感或社区的联系的。在我看来（这不仅仅是我一个人的观点），他者的生命，虽不是我们自己的，却与我们的生活密切相关，因为"我们的"生活恰恰来源于这种社会性，它依赖于他者的世界，在社会的世界中构成。这样，肯定有不同于我的他者，他对我的伦理要求是不能简化为我这一面的自我计算的。但不管多么不同，我们都相互联系在一起，过着超越人类形式的生活过程。一个人的生活也是其他人的生活，即便这一生活有所不同，这说明一个人的界限是一种分界和邻近的场地，一种空间和时间的接近，甚至是联系感的模式。而且，身体的联系和活生生的体验是暴露于他者，暴露于诱惑、情感、伤害的条件，这种暴露的方式既能支撑我们，也能毁灭我们。在这一意义上，身体的暴露指向其脆弱不安的特点。同时，列维纳斯认为，这种脆弱不安和身体的存在为他者的生命负责，这说明，无论一个人多么害怕自己的生活，为他人保存生命是首要的。要是以色列的军队这样想就好了！实际上，这是在有一种危脆感的同时而产生的十分不易的责任的一种形式。危脆使伦理成为必需，也使伦理产生困难。

危脆和脆弱有什么联系？当然很难在被他者毁灭而感到脆弱的时候还能为他者担负责任，列维纳斯的读者一直反对他的观点，即我们，我们所有人在某种意义上要对那些迫害我们的人负责任。他并不是说我们带来对我们的迫害，根本不是这样。而是说，"迫害"是列维纳斯给我们的一个奇怪、窘迫的名字，用来指在违反我们意愿的情况下强加给我的伦理要求。我们，不顾自己，开放于这种强加中，尽管它使我们的意愿无效，它显示给我们：他者对我们所做出的要求是我们的情感、我们接受和回应的一部分。换句话说，别人号召我们，这只能成为可能，因为我们对事先无法预料的要求是脆弱的,我们也无法进行充足的准备。列维纳斯认为,没有理解伦理现实的其他途径;伦理义务不仅依赖于我们对他者要求的脆弱感,而且让我们成为受到伦理关系定义的生物。

这种伦理关系不是一种我拥有或实践的美德;它在个人的自我感之前。我们不是作为分离的个体而尊重这种伦理关系。我已经受到你的约束,这是成为自我的含义,我以无法完全预料和掌控的方式接受你。显然,这也是我受到伤害的条件,以这种方式我的回应和我的伤害与他者相互联系。换句话说,你可以惊吓和威胁我,但我对你的义务仍然稳固。

这种关系先于个体化,当我进行伦理的行动,我消解为一个受约束的人。我分裂了。我发现我是与我试图保存的你发生联系的那一部分,没有这种联系,这个"我"就没有意义,并且在这种伦理中失去支撑。这种伦理总是在自我的本体之前。说明这一点的另一方式是"我"在与"你"的伦理关系中消解,这说明有一种特定的剥夺模式,它使伦理关系成为可能。如果我太过坚实或坚硬地拥有我自己,我就无法存在于一种伦理关系中。伦理关系意味着割让某种自我的角度,为了产生基本的言说模式:你号召我,我回答。但如果我回答,这只是因为我已经是可以回答的,就是说,这种敏感性和脆弱性在基本层面上组成了我,在那里先于任何回应号召的深思熟虑的决定。换句话说,在实际回答以前,这个人已经能够接受号召了。在这个意义上,伦理责任以伦理回应为前提。

阿伦特:

很多学者在思考伊曼纽尔·列维纳斯时会把对阿伦特的分析分开对待:列维纳斯是伦理哲学家,他利用宗教传统,强调被动和接受的伦理重要性;阿伦特是社会和政治哲学家,坚定不移地关注世俗,一次又一次地强调行动的政治价值。为什么把列维纳斯和阿伦特放在一起讨论?列维纳斯和阿伦特都思考个人主义的古典的自由主义概念,即个人有所知地进入到某种契约中,他们的义务来自慎重地、自愿进入该协议之后。这种观点假设我们仅对那些经协商修改的关系负责。阿伦特反对这种观点。实际上,正是这种讨论的实质性内容使她反对艾希曼。他认为他可以选择哪些人可以活,可以死,在这个意义上他认为可以选择和谁共同生活在这个地球上。根据阿伦特,他没能理解的是:没有人有这种可以选择和谁共存于这个地球上的特权。在某种程度上我们可以选择如何活着,在哪儿活着,在地点上我们可以选择和谁生活。但如果我们要决定和谁共存于地球之上,我们就是在决定哪一部分人可以活,哪一部分可能要死去。如果封锁我们的这种选择,就意味着我们处于与那些已经存在的人们共同生活的义务,任何谁可以活谁要死去的选择总是一种种族屠杀的实践。尽管种族大屠杀已经发生,而且仍在发生,对此我们无可辩驳,但要是认为在任何伦理意义上的自由曾与进行种族大屠杀的自由相兼容,那就大错特错了。对阿伦特而言,地球上共居的无法选择的特征,是我们作为伦理的人和政治的人存在的条件。因此行使种族大屠杀的特权不仅毁灭人的政治条件,而且毁灭了自由本身,它不是个人行动,而是多人的行动。由于我们不能选择反对这种多元性,我们没有自由,也没有选择。这说明自由有一种无法选择的条件,在自由的时候,我们确定未被选择的东西。如果自由试图超越作为条件的那一部分不自由,那么我们就毁掉多元,我们就会危及我们作为人的地位,成为政治的动物。这是阿伦特认为艾希曼应该受到死刑的审判的原因,关于这一点两年前我在现象学与存在主义哲学协会会议的演讲中曾提到过。阿伦特认为,艾希曼没有认识到他自己的生命与他所毁灭的生命是紧密联系的,因而他已经毁掉了他自己。在所有的生命受到同等重视的社会和政治框架之外,个体的生命没有意义,没有现实。

在《艾希曼在耶路撒冷》(1963年)中,阿伦特认为,艾希曼和他的上级没能认识到地球人口的异质性是社会和政治生活本身不可逆转的条件。[1] 因此,阿伦特对艾希曼的指控证明一种坚定的信念,即我们中的任何人都不能行使这种特权,赋予我们的是那些在地球上与我们共居的人,他们先于我们的选择,也先于我们经过慎重考虑和意愿而进入的任何社会或政治契约。在艾希曼的例子中,试图选择和谁共同存在于地球之上的努力是明显的毁灭一部分人口——犹太人、吉卜赛人、同性恋、共产主义者、残疾人士、病人,等等——的尝试,因此他所坚持的自由的实践是种族大屠杀。这种选择不仅是对阿伦特所认为的政治生活的前提是共同存在观点的攻击,而且它让我们坚信这一主张:我们必须设想这样的机构和政策,它们能够积极保存和肯定开放的、多元的共居的非选择特征。我们不仅与我们未选择的人生活,这些人与我们并没有直接的社会归属感,而且我们有义务保存他们的生命,保持全球人口开放的多元性。

尽管阿伦特毫无疑问质疑我的观点,我想她提供给我们的是:共居的伦理观是政治特定形式的指导方针。在这个意义上,具体的政治规范和政策源自这些共居

---

[1] 汉娜·阿伦特,《艾希曼在耶路撒冷》,New York: Schocken Books,1963年,第277—278页。

模式的非选择特征。共居于地球上的必要性是一种原则,在她的哲学中,这种原则必须指导邻里、社区或国家的行动和政策。居住在某一群体的决定可以得到辩护,只要这个群体没有暗示那些居住在群体之外的人们不值得活着。换句话说,每一群体归属感的基础只有在以下前提之下才是合理合法的,即这个群体遵从对种族大屠杀的反对。我这样理解,每一位属于某一社区的居民也属于这个地球,这是阿伦特从海德格尔那里吸收而来的概念,这说明,我们不仅对地球的每一位其他居民有一种责任,我们还应对地球本身的可持续性发展负有责任。正是通过这最后一点,我想为阿伦特的人类中心主义提供一种生态学意义上的补充。

在《艾希曼在耶路撒冷》中,阿伦特不仅为犹太人代言,而且为每一个可能被另一族群驱赶的少数族裔说话。自我隐含着他者,"代言"普世化了这种基础性禁令,即便它没有推翻它试图保护的生命的多元性。阿伦特拒绝将犹太人同其他被纳粹压迫的民族分离,这是因为她以多元性的名义争辩,这种多元性在任何以及所有文化形式中与人类生活同存共延。同时,她对艾希曼的判断恰恰来自流散的犹太人的历史局势,阿伦特本人是纳粹德国的难民,她反对当所犯的罪行是反全人类时,以色列法庭仅仅代表一个特定的民族。在以色列的法庭审判艾希曼意味着只有种族大屠杀中的犹太人受害者被代表了,在她看来,当许多其他族群也遭到艾希曼及其同伙的毁灭、流离失所时,这是不公平的。

这种非选择性的共居的概念不仅暗示地球人口不可逆转的多元或异质性特点,一种捍卫这种多元性的义务,而且暗示一种对平等居住于地球上的权利的承诺,这也就暗示了对平等的承诺。阿伦特基于20世纪40年代晚期犹太人的主权原则和赞同一个联邦的巴勒斯坦而反对作为国家的以色列,在这一讨论中,上述两个维度在她的论辩中有具体的历史形式。在她看来,她所寻求的多元性的政治概念隐含在美国大革命中,这使她拒绝单独接受公民的国家、种族或宗教基础。而且,她反对任何国家建立在驱逐居住者、产生新的难民阶层之上,尤其是当这样的国家引起难民质疑其建立的合法性之时。

阿伦特的规范性的观点如下:没有任何一部分人口可以独享地球,没有任何一个群体、民族—国家、宗教团体、宗族、党派、种族可以这样做。这说明,非意愿性的邻近和非选择的共同存在是我们政治存在的前提,是她批判民族主义的基础,是生活在地球上的义务,这个前提可以让我们生活在建立平等、保存异质性的政体之中。实际上,非意愿性的邻近和非选择的共同存在也是我们执行不毁灭任何地球人口的义务的基础,从而将种族大屠杀视为反人性的罪行,并按照让所有的生命变得可活和平等的意愿来倾注体制的建设。这样,从非选择的共同存在,阿伦特得出普遍性和平等的概念,在不把某些人口看作在社会上已经死去,在不把他们看作是多余的,或内在本质上不值得活因而不值得哀悼的前提下,让我们致力于建设寻求改善人类生活的机构。

阿伦特在 20 世纪 40 年代到 60 年代发展的关于共居,同盟的权威、平等和普遍性的观点,与主张犹太人主权的民族主义形式、将犹太人和非犹太公民区分对待、主张使用武力根除巴勒斯坦人以及为国家建立大多数为犹太人口的那些人形成鲜明的对比。有人经常教我们:在纳粹种族大屠杀期间和之后,以色列成为犹太人在历史上和伦理上的必需,任何质疑犹太国家建国原则的人对犹太人的困境显示了非同寻常的冷漠;但是当时有些犹太思想家和政治行动家,包括阿伦特,如马丁·布伯、汉斯·寇恩(Hans Kohn)、犹大·马格努斯(Judah Magnus)都认为,纳粹种族大屠杀最重要的教训之一就是反对不合理的国家暴力,反对任何国家的形成是通过给某一种族或宗教优先的选举权或公民权,他们认为应在国际上阻止民族—国家剥夺那些不符合那个国家纯种需求的人口的权利的做法。

对那些从拘留和剥夺的历史经验中推理出正义的原则的人而言,政治目的就是跨越语言和宗教,向那些我们从未选择的人扩展平等,不管他们来自什么样的文化背景。对于他们,我们有发现如何和他们生活的义务。因为不管"我们"是谁,我们也是那些未被选择的人,我们的诞生也没有经过地球上任何其他人的同意,我们从一开始,就属于更广阔的人口的一部分,也是可持续发展的地球的一部分。这个条件悖论性地超越通过殖民主义和驱逐而形成的贪婪可怜的纽带,产生了社会和政治新形式的激进可能性。在这个意义上,我们都是未被选择的,而且我们一起处于未被选择的状态。有趣的是,阿伦特自己是犹太人和难民,但她不把自己看作是"选民",而认为她的义务属于非选民,她愿意建立混合的社区,因为他们有权存在,去过可活的生活。

变通的犹太性,脆弱不安的生命:

我已经提供给你们两种来源于犹太性的不同角度。列维纳斯本人公开表示他是犹太思想家和复国主义者,他从对十诫的理解推演出责任的著述,说明它们如何作用于我们,让我们成为伦理的人。阿伦特当然宗教性没那么强,但她从"二战"期间犹太难民的角度来思考种族大屠杀和无国的状态,思考政治生活的多元条件。

当然,不太容易在这场斗争中权衡列维纳斯和阿伦特。赞同列维纳斯这一面时,可以看到阿伦特的部分立场有明显的种族主义倾向(例如,她反对阿拉伯犹太人,认为合适的犹太性应是欧洲的,并将犹太性严格限制在这个范围内),但她的一些著作仍是今天反对和抵抗种族大屠杀、再生产无国家人口,思考全球性义务的源泉,对争取多元性的开放式概念也是十分重要的。

阿伦特的欧洲—美洲框架显然有局限性,但如果我们试图理解危脆和共居实践(把身体降级到私人领域的需求)之间的关系,就会想到另一个局限性。危脆只有在我们能够识别身体的依赖性、冷暖吃住的需求,遭受伤害和毁灭的脆弱,让我们生活和兴盛的社会信任形式以及热衷政治问题的热情等才具有意义。如果阿伦特认为这些事情得降级到私人领域,那么列维纳斯理解了脆弱的重要性,但却没能真正将脆弱与身体政治联系起来。尽管列维纳斯似乎事先设想了一个可以侵犯的身体,但他并没有在伦理哲学里给其一个明显的位置。尽管阿伦特对身体问题进行了理论化,尤其对处于某一地点的身体、作为政治行动一部分的进入"表象空间"的言说的身体进行了理论化,但她不太愿意肯定为克服食物分配不平等而进行的政治,也不愿肯定争取住房权利和打击生殖领域不平等现象的政治。

在我看来,某些伦理要求出现于身体生活,也许所有的伦理要求都以身体的生活为前提,它被理解为可伤害的,不是严格意义上具有人性的特点。毕竟,值得保存和捍卫的生命,免受杀戮(列维纳斯)和屠杀(阿伦特),依赖于并与非人的生命相关,这是德里达所说的人类动物,它成为思考政治一个不同的出发点。如果我们试图具体地了解致力于保存他者的生命意味着什么,我们总是面临生命的身体条件,因此我们不仅要承诺关心他者的身体,还要承诺关心让生命变得适合生活的环境条件。

在阿伦特《人类的状况》所描述的所谓的私人领域中,我们发现需求的问题,生命物质条件的再生产、短暂、生殖和死亡等问题,这一切都与脆弱不安的生命有关。产生通过种族屠杀政策或系统的忽视来毁灭全部人口的可能性,这不仅是因为有人相信他们可以决定和谁居住在地球上,还因为这种思维以否认政治无法化简的事实为前提:在政治和社会相互依存的所有模式中产生的危脆条件导致被他者毁灭的脆弱。对此,我们可以提出一个扩展了的存在主义式的观点,即,每个人都是岌岌可危的,这是因为作为身体的人,我们的社会存在需要与他人相互支持以获得住处和给养,因此我们有处于无国、无家、因不公正的政治条件而受穷的风险。我提出这样的主张的同时还认为:我们的危脆在很大程度上依赖于经济和社会关系的组织以及有无可持续的基础设施和社会、政治机构。因此一旦存在主义的主张有了具体形式,它就不再是存在主义的了。由于必须使用具体形式来表述,它从未是存在主义的。在这一意义上,危脆与针对身体需求的组织和保护而产生的政治维度不可分离。危脆暴露我们的社会性,揭示我们的脆弱和相互依存的必要性。

不管是否清楚地言明,每种管理人口的政治努力都会涉及危脆的策略性分布,都通过危脆的不平等分布:根据主导的规范,某些生命是可以哀悼的,值得保护,而有些生命是不可哀悼的,或者偶尔是可哀悼的,这样就不那么值得保护和供给。我的意图不是要为人本主义平反昭雪,而是争取一种基于危脆的伦理义务的概念。没有人能够逃脱社会生活岌岌可危的维度,我们可以说,它是我们非基础的连接点。在没有理解总体化的危脆让我们有义务反对种族大屠杀并在平等的条件下发展生活的情况下,我们无法理解共同存在。不管通过什么样的手段,也许我们生活的这个特征是反对大屠杀、保护权利的基础。毕竟,尽管我们的相互依存让我们不仅成为思考的人,还成为社会的、具现的、脆弱的、情感的人。没有相互依存、相互发展的前提,我们的理性思考不会走得很远。

我们可能认为相互依存是一个令人高兴、充满希望的概念,但它经常是恐怖战争和国家暴力形式的条件。实际上,我并不确信我们能否在政治的层面思考依赖的不可管理性,它能导向什么样的恐惧、惊慌、厌恶、暴力和统治。确实,我在这里试图肯定相互依存,但我也想强调要在平等的基础上培养可持续发展的相互依存,并为此寻求社会和政治形式是多么艰难。当我们中的任何人受到他人苦难的影响,我们并不仅仅设身处地,或者让他们占据我们的位置;也许这是某种交叉错位来临的时刻,我通过与我完全不同的生活懂得我生命的含义。这种情况发生的时候,也许我们甚至不知道那些让我们感到震撼的人的名字,或者我们试图用我们从未学过的语言说出他们的名字。在最乐观的情形下,远处的苦难通过媒体的再现促使我们放弃我们狭隘的社群纽带,有时在违背我们意愿的情况下,回应感觉到的不公正。这种展示可以拉近他者的命运,或者让它看上去遥不可及,但是,今天通过媒体产生的伦理需求的种类依赖于这种邻近和远距离的逆转。实际上,我想说明:某些联系是通过这种逆转而形成的,不管它有多么不完整。我们可能发现理解相互依存的方式,这种依存体现了相互联系的共居特点。因为如果我在这里和那里,我就并不完全在那里,而且即使我在这里,我总是并不只在这里。可不可以这样理解这种逆转:它虽受身体时空的限制,但他者并不完全是他者,我也并不完全作为我在这里,而是一种连接、错位的节点,一部分是逆转的,而一部分则不是?

据我们所知,存在敌对的联系、可怜的纽带、联系的令人愤怒和可悲的形式。在这些例子中,与他人生活在邻近的土地上或冲突的、受殖民的土地上,在这种共居中产生的是进攻和敌视。属于被殖民的共居的非选择模式肯定不同于建立在平等基础上的民主多元性的概念。但两者都有令人难受的情感和邻近。[1]

即便是在敌对的和共居的非选择模式中,也会有某种伦理义务。首先,由于我们没有选择和谁共存于地球上,我们必须尊重保存我们并不爱戴、也许永远不会爱戴、我们不认识、没有选择的生命的义务。第二,这些义务源自政治生活的社会条件,而不是来自我们所做的任何协议或来自任何审慎的选择。但是,这些可存活的生命的社会条件恰恰是必须争取到的东西。我们不能依赖于此,将其作为保证美好生活的前提。相反,它们提供我们必须斗争的理想,通过暴力问题进入一种通道。由于我们一定要实现这些条件,我们彼此相互联系,以热情或恐惧的联盟,经常身不由己,却最终为了我们自己,为了不断打造的"我们"。第三,正如阿伦特告诉我们的那样,这些条件暗示平等,但也暴露于危脆(源于列维纳斯的观点),这使我们理解强加于我们的全球性义务,以便发现把危脆最小化,建立经济政治平等的政治和经济形式。那些以平等和最小化危脆为特征的共居的形式成为任何反抗征服和剥削的斗争的目标,也成为为了实现这些目标而超越距离集合在一起的联盟实践的目标。我们在危脆中反对危脆。因而我们不是出于对人性广博的爱或为了和平的纯粹愿望才努力生活在一起的。我们生活在一起是因为我们别无选择,尽管我们有时抱怨这种无法选择的条件,我们仍有义务争取肯定这种非选择的社会世界的终极价值,这不是一种经过选择的肯定,这种斗争恰恰是通过实践致力于生命平等价值的自由而认识自身的。我们可以对他人的苦难关注或冷漠,他们对我们也可如此。只有当我们理解:发生在那里的事情也可以发生在这里,"这里"已经是别的什么地方,我们才能有机会把握有难度的、变化的全球联系,让我们知道伦理的传播和束缚。

---

1 Meron Benvenisti, "The Binationalism Vogue," http://www.haaretz.com/print-edition/opinion/the-binationalism-vohue-I.275085.

附录三

脆弱、能动和多元性的新场景：
朱迪斯·巴特勒访谈[1]

维基·贝尔[2]

距离上一次为 *TCS* 采访朱迪斯·巴特勒已经整整十年了。这次就算她拒绝我的访谈请求，我也不会急于求成，毕竟我的请求只是她众多邀约（讲座、手稿、论文、评论、回应、批注等）中的一个，我只抱希冀，并不强求。当然，十年之期也还不算扰人，所以我很高兴朱迪斯同意在适当时机再度应我所求，只要求在正式见面前多几个月的静思时间。我们的见面地点在加州伯克利她的家中，二人对坐几小时，一边喝茶一边整理思绪。

码字为生的人不一定适应口头访谈；确实，进行学术访谈需要付出特别的努力，要尝试同时激发出受访主体所不习惯的即时性与简明性。朱迪斯·巴特勒正相反，她即席谈话的能力令人印象深刻，而且由于本访谈所提供的话题之广，令她如我所愿地论及了一大片领域，既关涉众多相关的哲学思想——从福柯、法农、阿伦特，到拉普朗什，也涉及当前一些她觉得大家应该关注的政治范畴。巴特勒的观点鲜明地传达了她自己在思考当下方面的坚持，她既尝试彻底理解当下，也借此问道哲学。与其他的学术坚守相比，这方面更是巴特勒作品的特色，也是她所作的反思。然而在其至今的学术生涯中，也存在一些坚持不懈的关注点。我们为本访谈所拟定的标题术语——脆弱、能动和多元性——只是对其中一些关注点的尝试性总结，并且正如标题所示，这些术语需要在一个变化（甚至是"突破性"）的新场景中

---

[1] 该文发表于《理论，文化与社会》（*Theory, Culture & Society*）2010年第27卷第1期，第130—152页，林玉珍译。

[2] 维基·贝尔是伦敦大学金斯密斯学院的社会学教授。其最新专著为《文化与述行》（Berg, 2007），发表过多篇关于人文理论的论文，其中几篇与朱迪思·巴特勒作品有关。电子邮箱：v.bell@gold.ac.uk

加以挖掘。巴以问题的可能性、当代信仰与世俗主义、"生机论"的理论重谈,这些方面都提出了挑战性思考。尽管涵盖了很多领域,但本访谈算不上绝对全面,绝非对巴特勒所有作品的总结,亦非对其思维方式的总结。它其实只是个暂停,是在连续路途上的一处歇息,是反思所选之路的一个机会,更为重要的是探究我们能为面前的道路想多远。

维基·贝尔(以下简称 VB):福柯一直是您作品的灵感源泉,它构成了《性别麻烦》的中心论点,但不论是在那本书中还是更清楚地在您最近的作品,特别是《阐述自我》中,您都将他划归心理分析领域,尤其您说到了当理性形式"被自然化、被视之当然、被视作基本或必需之际,如果这些理性形式成为我们的行事与生存之本,那么我们的生存本身依赖于对其历史性的否定,否认我们所付的代价"(2005:121)。既然福柯的理论与心理分析有共通之处,两者便能结合起来讨论。您认为主体在建构自身的那一刻牺牲或者丢失了一些东西,但在您重构福柯的谱系冲动时,是否牺牲了一些福柯的东西,即福柯对心理分析构建无意识的批判及其因此而架构的理据是否已被牺牲?为什么有必要给福柯的理论填补精神分析的论点?

朱迪斯·巴特勒(以下简称 JB):有时候福柯愿意使用"无意识"这个词,我认为他在某种意义上指的是"文化无意识",这是一项人们以为跟心理分析术语相关的意外之举,那么这一情形下他究竟在做什么呢?在《主体的阐释》一书的某处,他预示了自己的心理分析趋向,因为他强调在主体刻意说出的话语中,可能有另一个话语的不经意运作。他同时参照了移情心理中的称呼场景:某人对他人说话,但某人的话语在某种程度上是"他者"的言语,所以有时人们确实需要仔细研读福柯才能知道他要探究的是什么。一方面我们了解福柯,另一方面我们知道心理分析,两者结合却造成某种对立。确切地说,要使对立得以解决,他就开始讨论弗洛伊德,或者无意识——也许就是要在读者自以为了解了福柯的时候迷惑他们。由于不知其目的何在,我们只能看到他有效地二度阐释了对立的观点,说明它们如何相互蕴含,或者说它们何以能"重新操作"。

在题为"讲真话的代价或者价格"的访谈中,他明确说到在进入一个特定的话语领域或理性领域时,我们不是完全进入、完全被构架的,也没有什么方法可以完全辨认出该理性领域中的主体。我们必须付出代价,失去一些曾属于自己的东西后才能进入。时至今日,福柯并未指明我们失去或放弃了"什么",但我假设一旦进入某一理性领域(或者说具备所谓属于"我们自己的"理性),那么就有另一个理性方式被打了折扣。所以我们进入一个理性领域所付出的代价之一就是丧失了以其他理性方式运作的能力——这些理性方式不够正规或者说适用于其他竞争领域。如果我们认为主体必须付出（如丧失或者放弃）某些东西才能进入某一话语领域，并获得智慧、理性和知识，那么不可理解、未言说和不认识的东西是什么呢？这里有一个"现在时"（本雅明称之为"现在时间[Jetztzeit]"）能让这些运作扎根其中，它成为我们探究限制或代价的先决条件。我们不能预先假设存在一个纯粹不能了解或者言说的领域，没有任何东西在本质上是不能理解或言说的。福柯真正在阐释的是可理解领域中的某些例外造成了不可理解领域的存在——该领域不仅通过排除而形成，而且通过事涉力量和重述、坚持与脆弱的过程得以维持在兹。

有一些标准的心理分析框架会如此回应，"啊不是的，不可理解的是本我"，或者说"不可理解的即是无意识"，或者认为不可理解是在意识领域之外运作、创建智慧模式并偶能中断这些模式的主要过程领域。对本我、自我、超我这些概念区分的无批判接受预设了不可理解领域的自主存在，会觉得"啊，这是心理的已建设部分"。但对福柯而言，这并不是心理的先设部分，我同意这个看法。我觉得我们无法追索到一个连续的、结构性的无意识，该结构以同样的方式适用于所有主体，或者将无意识视作不可理解之物的贮藏地，但如果心理分析的观点蕴含了该结构不仅已经构建，而且还维持下来的意味，那就可能跟福柯有了关联。所以如果我们追索到一个规律，能以同样的方式适用于所有可能的社会和话语领域，哪怕我们与福柯意见相左，也可能和他一样怀疑无意识领域的产生方式。如果无意识被视为一个"神秘领域"（引自拉普朗什），其构建和维持取决于理性和智慧领域的限定和构建方式（我们将后两种运作视为权力运用），那么我们就在进行心理和话语分析，这些正是思考心理过程的基本要素。这样，对无意识，乃至对心理，自主存在的假设就值得商榷了。

这一疑惑产生的部分原因与无意识的定义有关。有些人认为，说到"无意识"就意味着"无意识的内容"，而且他们当中有人会进一步假设说这样的"内容"具备一个有形的容器。同样，也有结构主义者和功能主义者认定无意识具备一定的"变异性"，所以有些内容——或者，确切说来，就是某能指——在一定的历史条件下可能必然属于无意识，却可能在其他情况下根本不是无意识。如果无意识跟外在形态相关，或者如果我们在尝试并谈及无意识这个问题时被引去思考空间形象，那是因为它运作的一个方面看上去像一块地域或领土，是围绕问题界限而产生并维持的东西。这就说明了为什么要将元心理看作心理运作本身的一部分,而不是想当然地把它看作一个让内容存在的结构或地方,这一点很重要。作为一个未被接受的、不可理解或者谜题般的领域,它不断地得到产生和维持,但这并不是说它能有效地产生和维持!现在我要说的就是:它也有心理形式。如果我们生活在一个总是发生某种分离的世界,并以心理形式得以存在,那么我们就可以开始按形容词的方式使用"无意识"这样的术语,将其用作过程,甚至用作一种可重述的行为,该行为的功效和出错属于它自己的时序逻辑。为了了解它的运作机制,我们必须问些问题,比如,不可接受的人如何存活?不可理解的东西如何存在?还有同样的,那些未能存活、不可活的东西如何留下了自己的印迹,或者如何以幻觉、怪物或者不可理解模式的样子具备了形象和症状?如果人们按理性生活,那么哪种"生命"会在外部萦绕理性模式,还有那些活不成的模式如何在主体轨道的"内部"或"外部"形态间摇摆?在我看来,如果没有这一系列的视角,我们不可能真正理解主体形成的整个过程。

说完这个,我就谈谈与此相关的另一小点吧。对于我们这些首批阅读福柯的人来说,在关于文化建构的探讨中,我们希望能够说主体是通过话语建构的,或者说令主体得以生成的话语环境是存在的(进行一场人类学辩论,这就是福柯在美国进行学术研究的方式;但在不以这些为本专业术语的领域内,这不是他进行学术追求的方式)。这似乎无可厚非:我还是会坚持把它看作是福柯设想的一种基本要素。我还要按他的做法添加两点。首先,存在遭受去生产的所谓主体,即一种想要将某东西描述为主体的尴尬尝试,该东西从未进入能明确产生主体的过程。注意:这不是说他们不属于这个产生过程——它们被反复地排除出可获认可的主体的领域,这种排除对于可承认主体的产生至关重要。因此存在一种排除标准,能够说明有些主体已经产生,另一些还未被完全生成或者只有部分合理,还有一些根本未及产生。于是就产生了第二点,即"要作为主体而产生,我们要付出什么代价?"这个代价问题与思维的排他性有关。我感觉这是个典型的心理分析式的问题:我们不需要做出很标准的心理分析式的回应,但至少这让我们看到有些形式的遭遇(或丧失现实感)、不可理解、不可同化性等可能不在场,但却随时间流逝而得以产生、加强和管理,并得以实践(或设置能被实践的东西)。其实,它能以非生命形式成为整个生命过程。

所以心理分析并不总是与重构过程有关。被重构的是什么呢?童年吗?生命中的前因,还是把我们形成的重大创伤?不管是什么,它都可能被理解成"解构性"过程,可供我们寻找被排除的东西,寻找那种"排除"所蕴含的喻义,寻找是什么维持并危及了成就或毁灭一个主体的重大特殊历史时刻。这可能是谱系冲动的一部分。比如说,你想到法农就会问,"成为一个人要付出什么代价?"好吧,如果黑人不算人,那么要成为人的代价就要抹杀他的种族性。或者换句话说,强调黑人男性的肤色就是抹杀其人之属性。对法农而言,问题正是如何交涉并曝光那个陷阱,但先不要假设这个陷阱不论在结构上还是功能上都是不变的。在正在进行的所有实践中,这个实践,或者更确切地说,关于什么能实践的界限是如何显现出来的?好吧,它是在愤怒层面、沉默层面、无法言说(即无法利用授予人类主体智慧的已成形语言)层面得到实践的,对不对?法农重新借助心理分析来解决这个特别的谜题,我觉得这很重要;我们会问,**"假如**法农能成为人,他为此付出了什么代价?"这样问题马上就变成了关于人类的话语建构问题,它先预设了白人男性属性、去种族性或者抹杀种族性,将具备种族标志的主体先与人(而非男人)联系起来。我个人的观点是法农必须另行改造具现概念,就像他在文章末尾处明确地对身体发出恳求,要求身体让自己成为人,此处"人"被设定为正在探讨的身体。通过将身体设置为可能获知的方式,正被讨论的动物跨越了传统的人/兽族群之别。

当然,这种获知方式并非无所不能;它并不试图克服未知;它只是寻求问题。也许正是问题的形式将福柯和心理分析联系起来,具有一种对主体形成进行社会批判的方法,该方法将有用的不同模式都考虑进来。

VB: 在我看来,法农的传记讲述了一个登记在主体层面的政治过程的故事:即当某主体——忠实的殖民主体——的构建遭遇解体时,"后殖民"过程经历错位。在经历了北非的贫穷和法国军队的种族歧视之后,到战争结束时,20岁的法农对自己曾为之辩护的"老式理想"(Macey,2000:104)失去了信心,他回到了地位与法国关系略有不同的马提尼克,毫无疑问他清楚地意识到在殖民者的解放运动中要求被殖民者提供帮助,那有多荒唐。所以在这个意义上,用您的话来说,他被"生成"了法国殖民主体,并且愿意——"共谋"——成为法国士兵主体,只是经历过战争的他已经能够理解主体只能出现在那个时刻,出现在种族主义的形成过程中,而此过程中他并非纯士兵主体、纯法国主体。

JB: 也许我们必须考虑一下这其中蕴含的矛盾心理——这是霍米·巴巴在提醒我们注意"不太"一词的双重含义时所明确做过的事。我觉得法农真正想要理解的是在具体社会状况下所产生的心理遭际——创伤。如果我们开始觉得对社会状况的分析不包含心理遭际，或者反过来说，对心理遭际的分析悬置了对社会状况的批评性分析，那我们就失误了。遭际是社会状况压抑的后果和形态，所以不考虑遭际就不可能真正探讨状况。不在状况中探讨遭际（比如在中东或者南非的冲突-解决场景中，双方的对话不得明确诉诸权力），就会产生危险的困惑与心理压抑。

在法农的镜像舞台上，"我是"中的"我"这一概念被反射回来，但它以"剥去我的表面"的方式反射到我身上。这种对拉康理论的重新构建要求我们同时考虑"被反射"和"被剥夺"；它让我们质疑"误认"的运作方式。类似的事情也发生在法农身上，他声称自己进入电影剧场，等待黑人的登场，他在等自己，他也知道自己会在这个或者那个时刻抵达。他出现在屏幕上，赞同询唤的术语，"我到这了"，对不对？如果给此话一个释义，我想应该是法农在说，"我其实在外面，以一种违背我意愿的、陌生于我本人的方式被框缚着，但我同样把它看作我自己，因为在当前种族主义状况下，那个陌生形象所构筑的术语为我保留了'地域性'和'可辨性'"。可见当法农在电影剧场里等待着自己的形象反射时，或者说在他领会了街头顽童话语"看，一个黑鬼"中的种族主义讥讽时，这个场景重构了拉康/阿尔都塞的交集。事实上，他在这一时刻得到了"认可"，而获得认可的代价很高。这一时刻他是社会性的存在，而存在的代价就是不存在。在这一情况下以这一方式被认可或"反射"就是要被缩减到不存在、不可活的地步。当然，在他写作时，在他叙述这一场景时，还有另外一个问题涉及此时此地讨论的"我"是谁，因为这个在写作中出现的"我"似乎与场景还有一定的距离，他看着街头的种族主义辱骂，看着自己在剧场里等着"自己"的到来。是这一"我"的某种分裂与重复使得种族主义社会状况具体地造就或者分解了主体吗？这个不可能不可辨的"我"利用了另一个话语条件来曝光和批判那个把"我"置于不存在层面的话语条件。此处语言与生存有关，然而没人能在纯语言环境中生存，对解放与自由的创作使得法农能相应地将自己描绘成既能也确实已经创作并反驳建构其自身条件的人物。

VB：在《阐述自我》一书中，您吸收了拉普朗什的论点，认为婴儿是被创始的，"我"是在大量"性化的成人世界的普及化的引诱"(2005：97)过程中浮现的。您是如何阅读拉普朗什的？他理论的哪个方面吸引了您？对于那些不熟悉拉普朗什的读者而言，他有没有不同于传统心理分析作品的特别之处，从而引发您的重点关注？

JB: 我觉得印象深刻的是这位分析家在他 80 多岁的时候还讨论说我们不能把家庭想当然地视作由父亲和母亲构成,还有他说在我们探讨婴儿的时候,在探讨婴儿所记录的第一印象的时候,我们是用他所称的"成人世界"的运行机制讨论儿童。关于父与母的神圣规范何在?

不论我们多么温柔地对待孩子,对他的操控总是一定程度地违背了他的意愿,因为我们称之为"意愿"的东西他可能还没形成。尽管在保护儿童不受伤害的规则中,存在一些关键契约,但面对一大群照顾有加的大人,没有哪个婴儿会成为契约对象。就算是最关切最疼爱的操控也都是来自多方的影响;而这种影响没有单一的社会形式。

对于心理分析家而言,说恋母情结化不取决于有父有母、不取决于核心家庭,或者说恋母情结化本身被高估成了形式结构,这是不可思议的。有些美国女性主义者,如杰西卡·本杰明,对前恋母情结期做了大量思考,并把焦点从恋母转移到其他形式关系上。拉普朗什在此也有显著贡献。对他而言,重要的是要考虑婴儿早期是如何被外在社会的能指制服的;这些能指不可擦除,势力强劲,其中就有成人性欲的影响。拉普朗什以一定方式重新引介了诱惑理论,从基本概念上改变了该理论,认为传输给(影响到)孩子的东西未必是为孩子好的欲望,也未必是试图将孩子带入明显的乱伦性关系(虽然形式可能如此)。事实上,拉普朗什所关注的是成人性欲的矛盾性和持续存在性,这种性别不仅存在于小孩子的周边,而且还作用于该小孩,甚至"进入"该小孩,"促进"小孩"自身"欲望的形成。其他一系列欲望也以这一方式内化,通过这一转变促成和构建了人们自身的欲望;这些其他欲望的"影响"不但使人们自身的欲望成为可能,而且令其永久成谜。用弗洛伊德的术语来说,就是拉普朗什不但新鲜重组了诱惑理论,减轻了恋母情结及异性恋家庭假设的作用,而且重新关注了婴儿期的无助现象,视其为重新考虑性别形成的初始出发点。

因为婴儿期无助,所以发生了一些新的现象。比如说,婴儿期无助与何事相关? 好吧,婴儿的无助与这门语言的一切相关,所有这些带有成人性欲和成人欲望的能指围绕着婴儿且贯穿整个婴儿期。尽管婴儿被语言以内外运作的方式征募进性的世界,但婴儿还不能理解这个性的语言世界。这个重要的框架不但并未去除婴儿的性,也并未将乱伦欲望归罪为性的基础。它从一开始就允许存在一种婴儿活在性欲世界的含义,却并未提前假设它会采用何种形式。这一框架同时标注了其中牵涉的一种强烈的不对称性,并暗示有某种伦理倾向指向那种不对称性。如果不精准地就心理压抑进行交流,没有哪个成人可以净化性欲的环境,但如果侵犯的性的环境在起作用,那么问题来了,"它是怎么存在那儿的?""它怎么应该在那儿呢?"这会导向更为具体的问题:该如何照顾孩子、该怎样理解孩子的身体、是否赋予了它们自主权、该怎样对此进行讨论,甚至涉及触碰的伦理问题。事实上,婴儿都被交到自己无法选择的触碰当中——此类事情的发生通俗点说就是:在孩子说"不"时还将他们抱离沐浴活动。这样无法选择的触碰在某种意义上说就是生存(甚至可说是我们最终称之为"自主")的先决条件。在这一点上我没有看到其他方式。我们都需要被选出、抱起和喂养,一直以来这就是一切:强迫性的身体接触。没有这些,就没有生存。事实上,没有这些就没有爱,没有爱的能力。这是非常特别的事实。纯粹按照契约关系去养育一个孩子是没法想象的!

如果强迫性身体接触是生存的必要条件,那么更重要的就是要好好考虑一下哪种影响对生存和繁荣更有必要,哪种不需要。这些伦理问题既紧迫又必要,所以无法也不能将所有会产生影响的方式考虑在内,因为其中精确传输的部分内容还是对成人世界的无知无识。当然啦,伦理也可能也会在这个无知之海中发生。

VB:我知道您最近一直在思考阿伦特关于责任的观点,并在重读《艾希曼在耶路撒冷》(1984[1963])一书。在谈论阿伦特的论文中,您谈到了阿伦特如何在评论她的写作中定位自己:她"宣判"了艾希曼。她文本中的那个特殊时刻和您自己的(文本)"判断"方式有何关联?同样,你也在阿伦特身上找到了这种对主体社会性中某种多样化的强调,即阿伦特的"二合一性"。您说二合一性"恰恰是责任的前提"。阿伦特后来也谈及了类似的事情。在她所谓对海德格尔的"辩护"(她为他80岁诞辰所写的论文)中,她描述说,他在试图进入人类事件的公共世界时犯了错。她认为海德格尔在思想上的退隐,完全恰当地回避了他与公共世界的"碰撞",因为思考需要"从这个世界基本隐退"(1978:299)。与艾希曼不同,阿伦特的立场似乎是海德格尔意识到了自己的失误,通过退至适宜静思的"静谧之地"并在此思考以保存判断能力(Bradshaw,1989:70)。与此同时,在《人道主义信函》中,海德格尔自己的立场是:思考不能被刻写在"技术平面"上——即不能被当作行为或制作方式——而是应该被当作对存在进行思考的追求,它"远离所有的生物,但相比其他生物,它跟人的距离最近"(1993:234)。对于撰写了《思想和道德考虑》一文以及《理性生命》(1978)一书的阿伦特来说,思考可以防止世上的无德之行,因此它必须"隶属于每一个人,而不能成为一部分人的特权"(转引自 Bradshaw,1989:73)。我们应当如何理解这一系列观点？您的想法如何引领您的哲学观点及其与判断的关系？

JB:在最近探讨"阐述自我"这一问题的作品中,我确实想要谈谈不以判断力为中心的关联性的伦理模式。我记得德勒兹曾经呼吁过一种没有判断力的伦理。我担心判断力在当今政治领域中的过度决定权导致了高度道德观的形成,高度道德观是对所有思考表示质疑,从而令人们重新思考自己的道德观,或者重新思考已有的某种固定的评判标准,所以我肯定以自己的方式发出了对判断力的质疑。这并不意味着在我最近的作品中,特别是在战争问题上,没有强烈的规范性期望,但是努力实现某种规范性的目标和判断某一伦理哲学的中心特征不完全是一回事。当然这有可能恰恰就是我与阿伦特不同的地方,尽管她写到的关于判断力的某些方面还是完美得让人吃惊。

我发现有两个原因让我对阿伦特感兴趣。对于她有关判断力的观点,我喜欢她用审美判断的方式讨论政治问题,不是康德的定言命令,更不是他用不同方式展现出来的道德判断,而是审美判断。正如博尼·汉尼格(Bonnie Honig)所指出的那样,那种判断具备一种述行的特征;但也是在不借助已有规则条例的情况下寻求对新的历史环境做出回应——这并不是说,它是完全自发产生的,可悲的是阿伦特有时也以与完美浪漫主义相悖的方式谈到了想象的自发生成性。这里面非常有用的一个观点是:在没有借以进行判断的坚实的先例的情况下,我们有时能够也必须进行精准的判断;这意味着我们的判断不能被理解为对先在规则的运用(这些规则只要被运用,就被看作足以适用于所有周边环境)。在某种程度上,阿伦特借助历史环境重构了判断理论,比如她对艾希曼的评判工作。这一点让我很感兴趣。

阿伦特提出了主体的本体论:要承担责任,我们必须成为什么样的人？在她看来,要承担责任,我们必须在某种意义上分裂自己。当然,这可能违背了"决—定"一词的词源本意,该词意味着通过决定来修补裂口和缝隙,而决定对责任至关重要。这有可能是阿伦特要为该观点提供一个新的解释,一个将责任建立在社会多元性概念上的解释。比个人决定(它似乎将个人主义的自由存在与英雄行径一同视作伦理模式)更为重要的是社会性的共居及因此而成的标准。那些一再挖苦"分裂主体"的人永远无法为伦理提供理论基础,而阿伦特则颠覆了"若要承担责任,必须主体分裂"这一公式。

VB：就是二合一性式思考上的那种分裂吗？

JB：是的。这种她赋予思考的二合一性与她更普遍地赋予社会政治世界的多元性有关。我认为她现在和过去一样，对这一特殊问题都持双重想法。有时候她的想法更像海德格尔，试图把思考区分为要么是由自己产生的行为，要么是相互产生的行为，然后把动作逆称为与他人——一般多于两人——合作产生的事情，因而落入了多元性和政治领域。但有些时刻，属于单一或二价的前政治领域的思考却隐含了属于政治领域的多元性。我对连接这两者的交叉关系很感兴趣。我认为由于一致性的关系，阿伦特不可能持海德格尔的立场。尽管她尽力试图维护海德格尔，赞誉他的思考观，偏离他的政治观，但她似乎还是与其有别。在很多情况下，她都把思考描述为暗含着一种政治职责的意味（专制下的职责需要思考），并且暗含着我们所属的一种多元性（人们思考时起码是社会的人）。面对海德格尔哲学，阿伦特自己的矛盾心态就显露出来，这与她在区分思考与行动时不时持有的方式一致。如你所言，有时她确实宣称思考会阻止世上的某种道德行为，确实她也认为每个人都要为此负责。在这件事上，她非常严格，对她而言，似乎就只有两种思考的可能性。她一点也不认可以下想法：根据是否或如何受限受制，人们发现自己总是处于一种普里莫·莱维（Primo Levi）所说的"灰色状态"，在此状态中人们如果被胁迫，在可能的情况下就会尝试行动，以缓解苦痛或拒绝共犯，但同时也要尝试活着。在这样的情形下，她持有一种道义纯理念，不仅针对真正的思考内容，而且谈及道义上正确的行动是什么。我不太确信有多少人能够达到她的这一标准，也不太确信她是否认为这与理解极度受胁迫下采取道义决定的情形有关。

当然，海德格尔也发表过极其重要的声明，他说思考绝不能被刻记在技术层面上。我在哲学系就读时所接受的教育便是这一理念，而且我也一直对此深信不疑，虽然它可能也还值得商榷！我想如果思考成为一个纯粹从技术模式理解的工具，那就太可怕了。对阿伦特而言，判断不是技艺，它是一种诗艺，或者确切地说，一种实践智慧；所以有些实践或行动方式是不遵从工具范式的。因此如果我们要考虑阿伦特对海德格尔的真实驳斥何在，那对我来说她似乎在说，"看啊，我们不是生活在一手持思考，一手持技艺的世界；我们手持思考，它能够引领实践、实际、实践智慧和诗艺，所有这些都是与技艺不同的行动模式"。所以，我更愿意认为她的驳斥要比她事实上可能做出的驳斥更为激烈。

也许值得关注的是她在《艾希曼在耶路撒冷》中所说的关于判断的观点，她在书中模拟了对艾希曼的死刑。我不太肯定她能否对宣判死刑进行辩护,尽管她寻求了解决方法,但她的阐释却不够明晰。她认为艾希曼的错误是:他自认为可以决定与一部分已知人群而非另一部分人共居,他认为他能决定与哪些人共存于地球上。这不只是他决定与谁保持近距离的问题,而是谁会作为这个地球的居民活着或死去。她反驳说对于谁将与我们共居于地球上,我们没得选择,共居条件先于契约,先于意愿,也先于决定。现在与我们居住在一起的人,他们的生命是我们由于同在这一基本事实而有义务去保护的。如果标准从非自愿的共居事实而产生,那么阿伦特在此就对自由契约理论做出了批判。我们从未有过选择,我们从未进入契约。有些人我们从未选择过,他们就偶然地存在那儿了,对于他们,我们具有不杀生的义务。我觉得此处有一点回应莱维的观点,他们两人都认为,义务出自非意愿的亲近和共居,而非出自契约。我希望未来有时间探讨两者间的联系。

VB:她会将某些义务保留在政治领域内,我发觉这一点很有启示;相反的是,她对社会的看法会寻求对社团自由的保护,这些社团与平等义务(甚或伦理义务)无关。正如她在某个时候曾经解释说,尽管她并不愿意,但"如果我选择只与犹太人度假,那么我应该有这么做的自由",因为社会并不像公众或者政治那样要求同样的义务,所以在一定意义上,这就是她认为此时此地发生在艾希曼身上的事,即他也同样希望消除区别(这些区别与德国国家社会主义观点密不可分),完全移除"社会性"。但要做此立论,她做出的区分对我们有多重要?她的区分总是太复杂了,常把她自己引偏了。比如,在她关于小石城的论文中,她令自己陷入了这种反直觉的立场,因为她如此坚定地坚持自己的区分;但它们在这一情况下站不住脚,方案的坍塌不能简单地通过说"嗯,学校是个特别的机构,是个例外"就能得以解决。

JB:我觉得你说得对。人们必须思考这些例外。大家都激烈争论阿伦特是否是一个共产主义者或者普世主义者,而我明白为什么紧张局面不可避免。我喜欢多元性理论的地方在于艾希曼中的所有东西都让你想到,"嗯,她会说:'作为犹太人,我宣判你'",但她不能这么说,也不会这么说。她指责以色列国替犹太人代言,同时她在想,"嗯好吧,他们有权关注这场审判,犹太人没能审判过压榨他们的人"。你可以听见她的犹豫摇摆,但是当她出言反对艾希曼时,她是以多元化的名义发出的,不是作为犹太人发出的,而是以不可避免的必须维护的多元化名义发出的。那么她以多元性的名义做了什么事呢?她宣判了他的死刑。当然,那是虚构的;但在那个时刻,她很有效地决定了和谁或者不和谁一起分享地球,并且区分了在何种情形下可以合法及不合法地做到这一点。所以我们必须问,她能持有多元性的观点吗?或者她是在说,那些属于并相互束缚了地球居民的生命权,它们的意外属于那些计划或者实施了种族灭绝的人吗?所以死刑是为那些试图毁灭一部分人群的个体所保留的。然后,如果质问谁具备作出死刑判决的合法立场,我们没法得到确切答案。

她的立场引发了许多例外。它无法令自己从具体案例中脱身,这些案例似乎缓解了规则的普世性。我同意有时候她最终在自己规定的定义和区分上跌了跟头,但其他时候似乎判断是最严格最灵活的实践方式。

VB: 但是——根据您在金史密斯大学的演讲——您在阿伦特身上发现了以色列的另一个可能图景,而您想要重新判定或者可能是提醒人们这一点?

JB: 嗯,我认为她以多元概念的名义控诉艾希曼,这与她将联邦视为非政府统治方式的想法有关。毕竟,她认为我们谁都没有权力决定和谁共居于这个世上:共居不是契约的后果,而是契约前的义务。在某种程度上,她非常简明地批判了统治方式,至少理论上如此;而且在近年来我们所见的施密特浪潮中,她显然提供了另一个选择。在 1945 至 1948 年间,她确实努力地支持过由马丁·布伯和犹大·马格努斯(Judah Magnus)提出的巴勒斯坦一国两族选择。

大家都应该记得一国两族也是犹太教分支的一部分,它是布伯"文化犹太复国主义"的部分内容,所以一国两族也是犹太复国主义的意义之一。现在它成了反犹太复国主义。我觉得它与阿伦特的多元主义、联邦、共居等概念是遥相呼应的。但她很清楚以统一的区域、国家或者国籍作为公民前提条件而建立的国邦在现代状况下总会导致一整套的难民或无国人士问题,因此民族国家就意味着难民问题的结构性再生。这就是她为什么对集中营持一种特别历史观的原因,她把集中营置于"一战"后的难民问题框架内,将其追溯至 20 世纪早期的强制性迁徙运动,然后又溯至更当代一些的巴勒斯坦内部及分裂后的印度内部。她总是在试图理解似乎总会造成难民问题产生的民族国家究竟是怎么回事。她明白以色列是在犯罪,它应该知道自己试图坚持那种民族国家模式只能产生令犹太人本身受苦受难的无国家状态。因此为何要将这一模式强加至另一批人身上?

在某种程度上,正是集中营和犹太人受驱逐这些教训本身让她对民族国家的批判性观点有些明晰起来,并更直接地引领她质疑是否该将犹太人统治列为以色列建国的基础,这在人们说出下列话语时尤为重要:"哦,那好吧,是'二战'无情地造成了以色列在1948年建国,以求庇护。"但它庇护了谁?代价谁出?早在1946年阿伦特就问出了这些问题,并且说道,"等一下。我们吸取的教训是错误的。这是另一种犹太复国主义,共居其实还有另一种含义"。这就是她为什么极力支持联邦性的一国两族提议的原因,而且该提议在1947年还曾短暂获胜过。现在这个计划可能无法运作了,也可能同样陷入了最终无法操作且无人接受的殖民设想的泥潭里。但我觉得这是值得尝试的努力,而且如果得以实施,可能会成就一段不同的历史。

VB:我在考虑多元性、共居等概念是否能衔接您在《英国社会学杂志》论文中提及的性别政治和世俗等论题?在您关于性别政治、折磨和世俗时光的《英国社会学杂志》论文中,您在思索女性主义和追求性别自由的斗争是否已经成为文明的标志,其成效的方式就跟最近(特别是在这场所谓的反恐战争中)伊斯兰被简单刻画的方式一样。在那篇文章的末尾,您借用本雅明第13篇论文《关于历史哲学的论题》,认为当今必须被理解成"富于多重时间性的艰难片段"(2008:20)。在文化多元或话语权自由的背景下,您如此表述,聚焦多重时间性,那它如何修正了多元文化的话语概念?来自这些阵营的反驳又犯了哪些错误?

JB:是的,好吧。我的《英国社会学杂志》论文中的观点一直都跟其美国主编托马斯·弗里德曼的一样,他宣称伊斯兰还没有达成现代性,或者说伊斯兰还处在文化发展的孩童时代,或者说伊斯兰呈现出一种时代交错性,以令人生畏的方式重现于当今。我们可能认为没有一个标准的当今,所以当前呈现出来的一切都被出现于此时的人们以各种各样经历并构建当今的叙事、手段以及方式承接下来。但我的观点并不是简单地全盘接受这样的多样性和多元性,而是要思考这些断片的场景。弗里德曼想要我们把伊斯兰理解为略带时代交错性地打断了当今,并引发当今世界内部的问题。但是假如那个打断行为实际上就是当今——即被本雅明称为"现在时间"(Jetztzeit)——的经历,那该如何呢?如果勾勒现在的事物正是受到质疑的情形,那该如何呢?(按照那些令我们重新思索、重寻思维方式的文化交流与转换的模式,这些情形的参照框架受到了质疑。)

这就要回到阿伦特的判断概念。它必须应对新的历史情形,不能总是依赖过去的先例。所以先例不再起作用,或者假设单独统一的历史不能将我们带至同一个现在的时候,那会发生什么事?我们恰恰处在以这样的冲突和肯定有的断裂为生活方式的背景下。文化多元性已经不足以描述这一场景，它假设了多个不同的时空与文化，我们要做的就是用认可并参与不同领域的框架模式加以应对。这一模式并不会让我们真正理解这几个本该各自分离的领域之间的交流模式，理解它们之间如何相互干扰，甚至理解它们如何通过交流与干扰相互重构与重塑。我感兴趣的正是这个特殊的历史过程：究竟它的发生发展地何在？也许群体权利让我们无法思及自由的个人主义，但它确实帮助我们理解这些交流、干扰和重构的发生地，这些可能是当代政治文化中最需要应对的部分。它让我们想到信仰和批判的问题——如果你愿意，我们可以谈谈这方面的内容。

VB：是的，我愿意。说到信仰和批判的可能性问题：存不存在对某种信仰的依附，它们在数量上与对其他历史赋予的话语/领域/身份的依附有所不同？我是指罗克珊娜·犹本（Roxanna Euben）（2002）的观点。她觉得自杀式炸弹或许可被视为一种阿伦特式在世上实施行动的行为，而不是一种盲目跟从的信仰——这一观点让信仰世俗化了。同样，我也想到了塔拉勒·阿萨德（Talal Asad）关于世俗主义的作品。他把世俗主义主要界定为对人的信仰，甚至是最基本信仰，进行论辩的能力，把信仰视为世俗"成熟"的标志，有了这个标志，那些依照信仰基准行事的人可被视为"狂热地"坚守自己的信仰。我同情这些干预，那些模糊的区别把信仰在世上展现出来，世俗主义有了一个信仰的框架，并与宗教信仰有了密切关系。但我想知道强烈的信仰——不论任何宗教，就算是曾经的世俗宗教都行——自身是否愿意在定义上就被视为世俗，抑或将其教旨视为历史。所以我的问题是关于批判政治的。您以及我本身的作品都旨在确切地激励人们理解其情形、其信仰及其自身意义的历史特定性。但是批判的作用总是问出主体问题并把它们暴露出来吗？这是个我不知道该如何开始回答的问题，但我认为作为老师，我们需要考虑一下。

JB：教条主义很乐意在宗教和世俗主义上纠结，这才是问题所在！我认为教条主义可能存在世俗和宗教形式，但我不肯定信仰是否总会转化为教条。比如说，《旧约》中的雅各与天使纠结在一起；让人不知道该不该相信。那我们该怎样把"纠结"理解成宗教实践呢？我们可以指向质疑未解决事物的基督教传统，或者指向其他不同宗教的地方，在这里怀疑、质疑、对该如何和是否该相信的挣扎以及如何将信仰转化为行动，这些都是宗教反思、宗教观测和宗教实践的一部分，所以我觉得此处我们必须认真。

我对作为心理状态的信仰不太感兴趣，不管是作为认知活动的悬念还是对理性的违背,后者正是理性维护者所一直担心的事。在他们看来,"如果我有信仰,就不需要思考了",他们一直在询问某个信仰的命题内容,把信仰看成一种认知特性,"我相信上帝",或者一种认知违规。在教育的框架内,更有趣的是一方面以主体形成的方式思考宗教,另一方面是将宗教看作一种行为模式。所以和萨巴·艾哈迈德(Saba Mahmood)(2004 年)一样,我可能会把这个问题重新放回一定的福柯式框架内考虑。如果我说我"属于"某一个信仰,或者我有几个信仰,我实际上可能是在说我是谁,或者是什么让我的生活有意义,归属的方式成就了我是谁——这是我用于运作并依之得以形成的矩阵——这对我的理解方式至关重要,而且有可能矩阵本身也在演化或者经历了各种挑战。有可能我实际上谈得更多的是我作为主体的形成过程,而不是我信念结构的认知内容,而且就算我们真的是在谈信仰或者信念(这两者必须区分开来),我也总是几乎都在谈行为模式。宣称持某种信仰的言语行为也是某种实践。很少宗教人士仅只通过以下两种方式之一来维持自己的信仰:要么通过将信仰诉诸为悬置的认知行为,要么通过维持一整套信念,这套信念被理解成依从某一特种内容指点的认知特性。大部分情况下,宗教问题都是关于如何生活、如何自处的,这些问题在一定的语词范围内形成、维持和生存,这些语词形成了一种存在观。

VB: 在某种方式上,阐释传统要求我们从学生身上求得一些亲密的事物。对我来说,找寻自身主体如何构成的问题——我从教授《性别麻烦》时知道的——就是一个值得探讨的亲密问题。大学应该自傲,因为它正是最有资格问这些问题的地方。但也许该怀疑的地方正是——就像你在评论自己的《圣经》教学经验时所说的那样——人们第一次显示出信仰踪迹的情形。在当今的大学中,人们很难再生出那种投入和安全感,尽管我的绝大部分都渴望维护那一点,而且我要说有时候还成功了。但这是关于大学的一个升级想法。在一个取得学位越来越成为一种技能训练的时代,试图展现这样一种激进的对自我的质疑似乎是不合宜的。我的意思是,我身上的每个部分都希望事情在那里发生,另一方面,我只是不肯定。毕竟我们不都是苏格拉底。

JB: 有时候大学可以起到一种世俗教堂的功能,在这里进行掌控的是如下设想,"我们这个地方、只有在我们这个地方才能真正行批判之事"。从什么时候起批判成了揭露真相之事呢?我觉得某人是否属于某一特定的信仰并不重要,那样的信仰无疑也是一个学术课题，而且也可以被那样对待。如果我们在研究伊斯兰，那我们就必须研究那一教义的连续性修订，也就是说，我们必须考虑作为宗教构成和传承本身之一部分的"批评"实践究竟是什么。就宗教实践和理论而言，有各个流派相互竞争，地域版本和评判皆各不相同。值得研究的东西很多——这并不意味着你必须问出是真还是假的问题，也许你必须找出它所宣扬的真理得以设立和质疑的条件——但那是另一个问题了。你可以问许多的问题，却不管它是对是错，是真是假。如果觉得你问出这些问题就必须放弃自己的忠心，那将是个错误。

大学这个地方可以让我们考虑宗教信念的形成，或者宗教主体的形成，或者某种行为及阅读习惯的历史，或者宗教运作的方式。而且，依照环境的不同，那会产生各种误解或干扰、冲突、对立，要求转化和修正我们的理解，比如说，理解世俗主义或者宗教是什么。当然如果要告诉一个学生他或她恐怕不能相信 X，因为 X 是错的，这恐怕是侵权。如果我们想要不侵权，那恐怕就会把我们置入一种容忍模式，其中每个人都带着各自的观点待在各自的角落里，我们对某种实际对话的可能性感到失望，或者对能令交流产生的文化转化方式感到失望。有些时髦的疑惑是世俗精英主义的一部分，其中的设想是那些不为世俗观点接受的信仰必须被毁灭；尽管我很肯定这无疑会引发不安和焦虑，但这不应该也不可能是评判。

VB: 您最近的作品似乎在发展您在《脆弱不安的生命》中强调过的脆弱概念，并形成了一个情感上的社会性的概念。在最近（在伦敦大学伯贝克学院）的讲座中，您通过讨论弗洛伊德而探讨了分离的丧失是社会性不可分割的一部分——我们会放松自我的界限，从而认识到我们主要都是通过他人支撑的……"如果我的存活取决于你，那么我的界限就是一种关系功能。"您将这一点和克莱因及先于负疚问题的幸存问题联系起来。在您看来，这些探讨就像《脆弱不安的生命》中的探讨那样，与战争问题紧密相连——其特殊渠道是情感反应。您能谈谈这些方面的关联究竟是什么吗？

JB: 这也许跟我们一直正在探讨的东西——共居和多元性问题——在某种方式上是一脉相承的。自从 2001 年以来，政府话语已经通过确保无脆弱性而寻求赢得公共意见，这让我思索起来，"无脆弱性究竟有什么通俗而令人激动的东西？此处确保的究竟是什么？"对我来说似乎所确保的东西隐约就是作为第一世界大国的美国有权维护边界的不可渗透性，保护不受侵犯，并且让我们的统治保证我们不受侵袭的伤害;同时其他人的国别构成与我们的不同,他们并不与我们明显结盟,因而被当作可被擦除和工具化的目标,当然不能享有和我们一样的无脆弱性优先权。所以这让我想到了脆弱性的不同区分,并自然而然地想到了哀恸的不同区分——谁的生命值得悲叹,谁的不值得?从一开始,谁的命就被假设是值得悲叹的,并且如果生命丧失,他的命会被哀悼;还有谁的命从一开始就被认作已经丧失了,因而是不值得悲悼的。我一直在试图思索在美国,发出一个与脆弱的不同区分这一观点相左的呼声,这样做的政治意味是什么。比如,我觉得阿布格莱布监狱的虐囚事件真的在这个国家制造了恐慌情绪,因为大家为了要保卫自己不受假想敌的伤害而忧心忡忡,这个假想敌我们实际并不理解,我们担忧自己可能犯下战争罪,我们也确实犯过。我认为这种特定的反思有助于改变有关美国可以尝试战争的公众观点。

那意味着什么呢?意味着如果我们义愤填膺,如果我们能够忧虑发生在阿布格莱布监狱的事,那我们就将脆弱性忧虑扩展到了国家包围的人群之外。那说明在当代全球环境中,存在无可辩驳的互赖性,所以任何国家都可以是侵略者,也可以是被侵略者,并且没有办法可以保证不受侵袭的伤害。事实上,美国人寻求保证不受侵袭伤害的军事手段本身就强化了各处人群(包括其国民自身)的危险境地。我所关涉的是一种反战观。此处所说并非特别新的观点,甚至可以预见,但对我而言,脆弱性概念不是作为一种弱点而产生,而是一种对统治本身造成的伤害,它引领那个幽灵政府去把别人都当作绝对会受伤害的人,把他们持续维持在危险境地中,所以结合脆弱性的微分分布,要问问该如何理解这种"分裂的"(或是其他任何说法的)意识形态。

克莱因认为愧疚作为一种现象是一种压抑毁灭性冲动的努力,或者努力想要把破裂的关系修补好,而压抑或者修补的理由则与保证生存状况有关,因为我们所有人都觉得有把那些我们最为依赖之人毁灭的冲动。现在,你当然会发现在孩子的生命中,在日常家庭的内部,或者在所维系的人际关系之间,毁灭的想法让人们自身的生存陷入险境。对我而言,这种束缚困境有更为宽广的政治凸显。我必须杀了这个他人我才能活着,而如果杀了这个他人我自己的性命就有危险——这就是克莱因和黑格尔的结合。如果不意识到生存是一种相互的功能,这个困境就无法解脱。奥巴马呼吁的部分内容就是尝试重新进入国际社会,但是我不认为共居,甚或是说阿伦特的多元概念可能会与国际主义相同，因为国际主义取决于民族国家而共居却可能与非公民主体的人群有关，他们可能正是因民族国家而产生的难民。

VB： 在《谁在歌唱民族国家？》中，您明确应对了民族国家问题，将自己，与阿甘本区分开来（按我看来，他要求社会对那些生活在边缘的人的不同经验加以关注，甚至是那些处在公民-统治双向体之外的人），但您的关注点更多落在加州"非法居民"的歌声上，那些人本该在民族国家之外，述行着他们本不该有的身份——您想要在这种"述行悖论"中看出一种政治可能性。像公民一样行动并不能让人成为具备合法意义的公民，但它却是一种对"保护和保证"（Butler and Spivak,2007：65）的求索；它要求获得那种自由的合法拥有权，而那种自由他已经在最低程度上体验了。阿甘本所倚赖的福柯的生命政治观点此处有谈及吗？比如说，它会允许人们关注城邦再生的休止状态，一种种族歧视现象，它将依地理方位聚居某地的人们区分开来，这一点如果从抗拒的时刻算起，人们可能是"看不到"的，而我们过去正如此。

JB： 福柯呼吁关注国家催生种族主义，或者在人口中制造种族分裂，或者把人口按照种族标准进行划分的方式，他当然是对的。比如美国的监狱系统就是福柯论点的显著证明，不是吗？监狱系统主要与囚禁黑人有关。通过关押，事实上有几百万黑人被解除了公民权。安吉拉·戴维斯（Angela Davis）已经指出，在某种方式上，美国当代监狱系统是奴隶制的后续传统——它是剥夺投票权的新机制。我们讨论的是按照种族基础区分和管理人口，事实上也同样产生了种族意义，所以我们现在把黑人和国家犯罪用强烈的种族关联联系起来。事实是根据不同的种族目标我们会有不同的人口分布，这样就产生了无安全保护的人口——监狱人群——他们被暴露在强大的暴力面前，处在更危险的境地中，而且大部分都被认为是不值得哀悼的。我现在所做之事的一部分就是明确人口被区分的方式：有一些是按照种族路线来的，有一些是按照民族和宗教路线来的。他们完全可能按照阶层和性别路线，甚至是按性欲或疾患路线来区分。

我和阿甘本的问题并不在于他寻找的源头是福柯对生命权力的探讨。我认为福柯对生命权力的探讨至关重要，他从阿伦特那里借用的赤裸生命的概念并不完全与生命权力匹配。赤裸生命的概念是一个生命被暴露在权力之下，所以被弱化成了一种前政治存在,是一种处于政体之外的形而上的原初生命。它不是真正地在外,而可能是以非公民生命的感觉存在于政体之外——比如说在监狱中的某些人,还有非法、无国籍或难民身份的人,但那些生命渗透在权力之中。这就是我们为什么不能使用政体来界定政治领域的一个原因。正是在这点上我们需要与阿甘本进行更激进的福柯式辩驳。太难了!处于政体之外,因而渗透于权力当中。这不是"赤裸的"生命——这是"受陷的"生命。权力被剥夺就已经是在"权力掌控"之中了。不论是在监狱还是在其他羁押或夺权机构中,我们不可能既被夺权又在某种权力机制中未被夺权,而且也不可能在权力机器之外维持被夺权状态,不管它是监狱还是某种别的什么关押或剥夺权利的机构。

VB: 最后能不能敦促您谈谈您最近重新探讨的生命力问题的作品?这部作品强调创造力的运动,而您曾经更感兴趣于探索生成过程的局限性。这之间的差异在于将差异理解为(如在话语中)构成性的引用,还是理解为创造动力本身。在后一种情形中,虚拟的——同时也是历史的——概念将(真正)可能的事件限制为其他状态。伊丽莎白·格罗斯(Elizabeth Grosz)走的是后一条路,她重读了伯格森与达尔文;而您同时与德勒兹及那些关于内在区分的讨论保持一定的距离。我想知道您与那条道路(也许最明显的就是与德勒兹)保持了多远的距离,因为您并不强调正面性、创造性和多样性。尽管像我之前跟您说的那样,我非常着迷于您的小斯宾诺莎时刻,即您引用斯宾诺莎的时刻——您说"存在欲望是一种可以无限盘剥的欲望",我想知道是不是有这样的时刻。这也让我们重新探讨起对婴儿的心理分析。

另一场相关的辩论围绕事物的自我行为展开,或者像卡伦·巴拉德(Karen Barad)所说,物质性是"具备自身能动性和生产性的"。长话短说吧,您看过我写的关于您及生存问题的小短文,文中我提到您聚焦于人类交互行为及伦理方面的问题,但您是否认为自己是这场交互行为辩论会中的一方?这场辩论将物质成分(包括人类)看作相互参与的成分本身。

JB: 德勒兹有些时候我还是很喜欢的,比如他问的问题"身体能做什么?",我就教过。这里面真有些我很喜欢的东西,特别是在想到脆弱性的时候,因为他试图说明能对一个身体实施的行为越多,它就越有行动能力。这是一个非常有趣的公式;它重新考虑了被动和主动、渗透与创造等明显源自斯宾诺莎的观点。我觉得像葆拉·迈拉迪(Paola Marrati)这些致力于德勒兹研究的人已经说出了他作品中的这个维度。我早期关于意义重组的很多作品都与德勒兹和伯格森遥相呼应——认为总有可能成为他者,成为不曾预料到的情形。当然这对我曾经尝试解释和质疑的性别暂时性问题相当重要:即既非男亦非女到底意味着什么,可以既工作生活在这两种范畴当中或其间,又仍在其外或其间酝酿着新的范畴组或空间组?这个问题让我觉得完全就是个福柯/德勒兹猜想,问题重重。所以有些人会以那种方式认为我是德勒兹派——人们不是生为女性,而是成为女性,因此女性这一范畴以及所有性别范畴都是生成的模式。我是说,这些东西我都说过,而我不总是仅仅看看僵局或局限,所以我觉得在我所做的事里有那样一个模式——确切地说,是对时间持续关注。而且我对某些抗拒模式的反向生产性非常感兴趣,那最终没有任何黑格尔成分(或者说,不具备黑格尔"目的")。比方说,在关塔那摩的诗歌中发生了一些新东西,在那些非公民吟诵这些曲调的时候发生了一些新的事情——但在这两种情形中,新东西都从征引当中浮现。

另一方面,我无法从丰富性设想进行操作(不论丰富还是缺乏基础,对我来说都没用)。我觉得完全去除生命中的负面性是美妙的幻觉,所以我完全能理解为何有些人会想要这么做;但是我发现它也有疯狂的一面:否认有困难和损失。所以如果我成了德勒兹立场的忧郁矫正品,那并不是因为我不接受德勒兹立场的部分内容,而只是我担心德勒兹立场里的某些版本如此急于去除否定面,以至于有些可疑之事将会发生。有没有一种德勒兹式的哀悼理论呢?有了的话,这理论看起来会怎样?如果哀悼是理论的前言,那意味着什么?理论会呈现出怎样一种状态呢?这恰恰就是弗洛伊德所说的否认损失的"疯狂阶段"——当然,这是必要的,因为它把活着的人与死去的人区分开来,而在这区分的过程中生命得到了确认,然后更重要、更及时的是考虑生命的概念总是与短暂无常联系在一起,这却不一定是完全负面的事情,人们可能争辩说生命的危险性是我们保护生命之义务出现的基石和基础。我还同时想到,也许把生命的短暂或危险放在脑海里使得我们能够更刻意更不同地看待生命,这是一种谦虚的设想,所以这对我而言就转化成了一种更伦理的立场。我知道自己没有关于生命的完整理论,而且我不肯定生命会容许完整理论的存在;我特别在意不要被任何一种支持生命的话语所占用——否则可就糟透了。

安·福斯托-斯特林(Anne Fausto-Sterling)通过使用互动模型完美地重思了

生理性别与社会性别之分,她提出了物质性说明文化陈述或与之相反的方式,而利兹·格罗斯(Liz Grosz)也用重要的方式探讨了这个问题。我看过卡伦·布拉德(2007年)和查莉丝·汤普森(Charis Thompson)(2005年)关于生殖科技的作品,两人都在物质环境中重置了能动性的作用。我对不寄居在人类主体上的能动模式越来越感兴趣,而且我觉得在机构场景的各处分布着机构式的能动模式。在讨论能动性的时候,我们实际上需要将它从主体概念中剥离出来,允许它与许多种成分(社会、物质、人性)共同构成起作用的复杂舞蹈场景。我想到了一些事情,它们发生在雷娜·拉普(Rayna Rapp)(2000年)对产前检查诊疗的分析中,她在书中探究了这个领域内的所有行动元。查莉丝·汤普森也做了非常相似的事。她的舞艺本体论观点源自一个类似哈蕾娜的立场:在能动性场景中,人性与非人性因素存在毫无变化的互动。

VB:非常感谢!

附录四

承认与批判：朱迪斯·巴特勒访谈[1]

拉斯马斯·魏利希[2]

拉斯马斯·魏利希（以下简称 RW）：感谢您抽空接受访谈。几年来，承认概念受到了大量关注，特别是在哲学和社会学领域中。其中一个原因肯定是查尔斯·泰勒、南希·弗雷泽和阿克塞尔·霍奈特等人的作品。您是否也觉得有必要对此理论问题进行一些实证性的诊断性分析？

朱迪斯·巴特勒（以下简称 JB）：在我看来，承认在这些当代论断发表之前就已经是一个重要的学术课题了，刚才您提到的所有学者肯定都同意我这观点。德国人路德维希·西普写过一部重要的学术论著，几年前迈克尔·托伊尼森也写了一部同样重要的著作。大多数《精神现象学》（黑格尔[1807]1977）研究者都花了很多时间考虑承认问题，这些人包括杰伊·伯恩斯坦、杰西卡·本杰明，还有珀琛·

---

[1] 该文发表于 2012 年《斯堪的纳维亚社会理论期刊》(*Scandinavian Journal of Social Theory*)13 卷第 1 期，第 139—144 页。在本访谈中，巴特勒广泛介绍了一大批与承认概念问题有关的思想家，内容不只涵盖当今主流思想家（阿克塞尔·霍奈特、南希·弗雷泽和查尔斯·泰勒）的作品。巴特勒特别指出，对于那些被放逐于政治代表结构和语词之外的人而言，"承认"成了问题所在。在巴特勒看来，承认模式决定了谁会被认定为值得承认的主体，她把这种模式称作"承认性的差额分布"。承认场景是由现有的标准和权力决定的，主体不是独立于承认的客体而进行运作的。另外，她还指出，如果没有大量的承认形式，我们的生活将岌岌可危。巴特勒又将承认模式与批判行为联系起来，因为决定谁可识别谁不可识别的承认模式必须经过批判性思考。根据巴特勒的观点，批判任务与距离有关，即与经验型排他性方案的自然化版本保持距离——也就是说，要与承认场景建立一段反思性差距。批判成为一种挑战排斥"现实"的方法。

[2] 拉斯马斯·魏利希是丹麦罗斯基勒大学社会与全球化系副教授。其主要学术兴趣在于批评理论和社会学理论。近期的出版物包括著作《批判的更新：阿克塞尔·霍奈特讲座》(2009，与 M. 巴萨那合著)（法兰克福：坎普斯出版社）；论文《人类学权威批评：批判社会学程序纲要》，《批判社会学》35.4(2009)：509-519；《自我实现之选：识别探究的当代行军装备》，《社会学学报》52.4(2009)：350-364。

马克尔的近作。此外,启示了众多拉康及后拉康立场的重要概念"误认"也主要取决于对承认的探讨。我相信德国境内的伊娃·范·雷德克也应该包括在内。所以,也许您的分析框架要再扩展一些,把这些重要趋势和历史人物都包括进来。

RW: 我同意。对承认的研究工作不应仅限于泰勒、弗雷泽和霍奈特的作品。迈克尔·沃尔泽也要包括进来,因为在他的知名专著《正义的领域》中就有一章关于承认的重要内容,在瑞纳·福斯特的《正义的语境》一书中,也有对这一概念的重要观点,但我的问题还是倾向于社会学的,或者如您愿意,倾向于实证的。让我重述一下一开始的问题吧。您有没有注意到在西方世界有一些发展趋势导致了这个理论兴趣的产生?比如说,我在想在著作领域中有没有越来越多的个人化、区别化或者专业化内容,这些反过来创造了新的承认斗争形式。

JB: 也许您还需要加入佳亚特里·斯皮瓦克的论文《属下也能说话吗?》(1988),还有保罗·吉尔罗伊的作品,他的《黑色大西洋》(1993)利用黑格尔的资源探讨了文化产出的流散模式。我打赌对于那些被放逐于政治代表结构和语词之外的人而言,"承认"成了问题所在。对于那些只能进入政治代表现有结构的人来说,这一问题尤其急迫,他们承担的主体立场其实擦除了他们的重大文化历史与中介地位。这当然是斯皮瓦克发表的观点,它总体指向了在属下研究中黑格尔传统的局限(比方说她与古哈的差异)。有些人与"承认"仅有的接触是短暂的媒体曝光和刑事犯罪,我们可以看到对他们中的穷人或无证人士而言,承认是个伤脑筋的问题。在您提出问题时,似乎没有把这些考虑进去,但您可能把它们看成一场社会学论辩,事实上它也确实是。

RW: 在关于斯宾诺莎的讲座中,以及后来在关于阿多诺的德语讲座中,您自己探讨过承认问题。是什么促使您参与了这些理论探讨?

JB: 我不觉得自己参与到了一系列当代问题的探讨中,因为我最初的工作是研究黑格尔在法国的接受。在这当中,"承认"概念非常重要,而我的工作从一开始就是关注欲望和承认的关系。事实上,人们在伽达默尔论黑格尔的五部专著中可以发现这一点。不论如何,其中都有值得我研究的几个方面。其中之一是人们是否能完全将承认问题与黑格尔书中所论的生死之争分离开来。换句话说,如果承认意味着超越生死之争的转化,甚至似乎提供了另一种形式的争斗,那我们能否总结说在那种争斗中没有任何东西留存于承认之争中?我想要反驳说,还是有一些承认模式在某种意义上决定了谁应当被认作值得识别的主体。我们可以把这称为承认性的差额分布。如此一来,我们会发现权力和不平等问题对于任何承认"场景"的陈述都很关键。另外,如果完全没有了承认,也就是说,如果生命无法承认、生命拒绝承认,并且在法律面前没有立足点,或者生命被剥夺了法律权力和保护权,那么生命其实就面临着缺乏承认的危险。在这个意义上说,生死之搏其实是内在于承认之争的。确实,如果没有足够多的承认形式,那我们的生命就一直会有危险。

RW:您将承认概念与批判概念联系起来了,您能详细谈谈这对并置的概念吗?

JB:简单说说吧。我觉得我们必须理解这一点:对能决定谁可被承认谁不可被承认的承认模式需要进行批评性思考。也就是说,我们必须问自己:规范和分配承认性的方案究竟是通过哪方面的权力运作起作用的?还有我们将如何批判性地评价那些不平等的形式以及作为其后果的被管控的"非人"?批评包含两个方面:首先,要与偶然的、排他性方案的自然化版本保持距离;其次,批判也是一种介入,暴露这些模式对不同人群可能产生生与死的差异性前景的含义。

RW:根据来自福柯的灵感,您论及了个人/主体如何陈述自身。您能够为读者提供一些具体的社会学案例吗?

JB:我想读者他们自己也有很多案例,在有人觉得受了他们行为的伤害时,他们也被人要求提供一个对自身过往的陈述,或者别人在希望更理解他们的时候也要求他们讲述自身的过去。在努力提供这样一个陈述的时候,我们必须找寻那些能够让我们相互承认的文化规约。当然,生活在一个已经有这些规约在运作的世上,我们不带特别强烈感觉地进入了这些规约——或者这些规约进入了我们。接下来就发出了这样的质询:当我在运用那些让人类主体可识别的规约时,我展现的是我自己吗?或者说我是否在通过那些规约用某种方式令自己身份互换,甚至歪曲了在现有标准内可能无法表述的东西?现有标准规定了谁可识别谁不可识别。我话语里的哪个部分是遵奉的,哪个部分是表述自己身份的?有没有可能这两个方面必定是混淆的呢?

RW:职业批评家经历了站出来、自担风险并因而令自身地位冒险的过程,或者经历了自己论点可能被接受或拒绝的事。您觉得那样的风险是一种特别的普遍特征吗？容我加问一句，您觉得进行批判的能力是一种特别的人性特征吗？之所以这么问，一方面是因为我对以下观点产生了一点质疑，该观点赋予承认概念一种人性特征意义上的人类学性质，另一方面，您也强调了批判概念——而我却要说，该概念是一种能与人类本性相关的标准理想。您已经将批判描述成了一种特别的美德。

JB：这里的问题是"人"这个概念很难确定，所以我得问问你脑海里的人是哪个版本的。要发展一个与承认问题相关的批判概念，其原因恰恰在于"人"之概念既相互竞争，又各不相同，所以我们必须问问"人"如何在某一特定的权力领域起作用。也许没有人的概念我们就做不了事——我已经准备好接受这个现实了，但那根本无法解决在这些时代里谁进入了人这个领域，谁是非人、怪物或超人的问题。如果我们要反对不平等和非人性问题，我们就必须批判性地思考这些问题。

RW：在《性别麻烦》(Butler 1999)一书的前言中，您在1999年就探讨了规范性问题，您在那时将它看作规训的一种形式。自那以后，您的想法有什么变更吗？

JB：是的，我觉得《消解性别》(Butler 2004b)和《脆弱不安的生命》(Butler 2004a)这两本书中重谈了规范性问题，但我认为在德国哲学中我们找到了规范性的特别含义，德国哲学不太容易译成他国语言（所以无法像它说的那样有普遍意义）。最近我试图通过研究列维纳斯和阿伦特对此加以论证，在德国这总是被称为"规范性"论证，但也许在美国和法国，它通常被理解为伦理哲学内的论点。

RW：我想要从社会学角度问问您：您如何看待批判在当今社会中的地位？我意识到这是个很开放的问题，但似乎这些年来，许多知识分子一方面丧失了自己的传统地位，名声不再；另一方面很清楚，在我们探讨像"维基揭秘"这样的现象时，批评的基础设施变得越来越开放。

JB：我觉得在我们的批判实践和审查问题之间存在一定的联系。（我确实觉得批判是一种实践或者练习，而不是一种人之"本质"的表述）如果某些问题未被问出，那么"现实"想法本身就在被审查权力所限定，所以我觉得批判是一种通过某种权力运作来挑战排斥"现实"的方法。我还觉得批判与刻意的民主和无政府主义两个方面有关，前者是指考虑对政治价值观和行为采取开放的、不审查的态度，后者是指思想和行为的运作不受国家或机构权力的事先限制。我觉得批判不会被削弱到反对审查或者施行刻意民主及无政府主义的地步，可是我想要反驳的是，不论在历史上还是就哲学而言，它都与这些领域相关联（甚至将它们相互关联起来）。

RW：现在我想要从道德-哲学角度问问您，在您看来，不考虑职衔、地位、性别和宗教等方面，每个人在真正能够实施批判而又不用担心被批驳之前，需要提前设定的前提是什么？

JB：您这个问题将批判削弱为一种权利了，而且想象这种权利能够被个人所实施。所以，如果这是一种社会实践，而且如果它将个人主义意识形态当作自己的目标之一，那就不可能直接回答您这个问题了。

RW：也许您能发现我是在试图让您在事实与可能之间进行跨界。我希望您不会把这当作一种束缚。

JB：不，我很高兴去思考可能的东西，而且正是因为受到"目睹更公正世界出现"的启发，我才写作了关于共居和非暴力的问题。

RW：另一个将批判与承认联系起来的方式明显就是现在批判理论中可以被称为"理论的承认转向"的潮流。您觉得在批判理论与这一转向相关的发展中有什么直接的危险吗，批判理论还有什么其他的理论发展需要重点关注呢？

JB：我恐怕还不太明白这个是什么，也许是因为我不太以这种方式赶"潮流"吧。

RW：好吧，我再解释一下。举例说吧，正像范式性词语"承认理论转向"的使用所表现的那样，我有时候也会害怕批判理论本身已经脱离了日常形式的承认之争。也就是说，它缺乏对迫近之事的敏感度，而且为了证实自己的标准论断，它在建设超验原则上面花费了太多精力。造成的后果就是有时候甚至社会学学生，至少我自己的学生，很难把抽象的理论研发和自己的实证工作联系起来，而这些实证研究工作有可能对公众领域产生正面效应。

JB：我感觉在每个实证描述上都有理论研究在运作，无疑它们都是从界定描述领域开始的，所以，如果并非铁板一块的批判理论看起来和日常事务或实证工作有距离，那大家就基本没有正确理解理论的运作方式和表现领域。我们甚至可以从"日常"思想出发，因为它本身就是个理论概念，而且只在一定的话语内拥有具体指向和常识意义。如果饥荒成为日常，战争成为日常，我们所谈的"日常"就有所不同了。也许您自己曾界定过属于批判理论本身的文学就只优选了全球的一部分或者某一种文学产物。为什么塔拉勒·阿萨德和斯图尔特·霍尔不是批判理论的一部分呢?如果你改变了研究的档案库,就可能发现那些反对批判理论的怨言事实上也改变了。

RW:我相信您反对南希·弗雷泽的观点与阿克塞尔·霍奈特是一脉相承的。您的著作本身是置于批判理论范畴内的,但又与霍奈特和弗雷泽截然不同。这种与您立场的不同是如何表现的呢?

JB:我的一本英语书里面包含了阿克塞尔·霍奈特在加州大学伯克利分校的泰纳讲座,我在其中对霍奈特的作品进行了批评式回应。书名叫作《物化》(Butler 2008),我在书里解释了我与他的不同。我认为霍奈特想要探讨道德特质,这一点很重要。那些道德特质在我们用暴怒和愤慨应对不公时会牵涉到。弗雷泽认为我们不仅需要道德理论,也需要社会理论,确切地说是需要社会运动,当然也是对的。

RW:感谢您接受我们采访!

后记

《为人之政治:朱迪斯·巴特勒思想研究》是我的第二部专著。本书的第一章在我的第一部专著《朱迪斯·巴特勒的后结构女性主义与伦理思想》(外语教学与研究出版社,2016年)部分内容的基础上进行修改和完善,在此特别声明。

本书得以完成,首先要由衷感谢我的博士生导师王宁教授和博士后导师胡全生教授。王宁教授不仅一直是我学术道路上的榜样和领路人,而且在我研究朱迪斯·巴特勒思想的过程中不断鼎力帮助我和支持我。其中最想从两个方面感谢恩师:一是2010年12月我曾参加王宁教授举办的研讨班,其中他邀请了《明尼苏达评论》主编、弗吉尼亚理工大学的Janell Watson教授主讲朱迪斯·巴特勒和温迪·布朗的思想,我受益匪浅。本书的书名"为人之政治"即是受Janell Watson教授的启发加以命名;二是2018年8月16日王宁教授在上海举办了"朱迪斯·巴特勒与中国:走向全球人文建构"国际学术研讨会,王宁教授不仅邀请朱迪斯·巴特勒本人到会,我也受王老师邀请,做了题为"从述行到危脆:论朱迪斯·巴特勒的生命政治"的大会发言,有幸与朱迪斯·巴特勒本人及其他与会者共同进行学术研讨,并与巴特勒建立了学术联系。我的博士后导师胡全生教授对我也帮助颇多。胡全生教授渊博的学识、严谨的治学态度不仅指导我以优秀的等级顺利出站,而且对我关于巴特勒研究的出站报告日后如何形成有深度的专著给予了宝贵的建议。两位恩师无论是在学术研究、教书育人,还是在人生理念、道德修为上都是我终身学习的楷模。

其次,受国家社会科学基金青年项目的资助,我得以继续从事巴特勒思想的研究。受国家留学基金委全额资助,我在英国卡迪夫大学英语、传媒与哲学学院批判与文化理论中心访学期间,受到合作导师Chris Weedon教授和该中心主任Laurent Milesi教授的大力支持。其中Weedon教授不仅为我提供办公室和研究资料,而且为我答疑解惑,对该书的撰写提供了宝贵的建议,给予我很大的帮助,对此表示衷心感谢。

再次,最要感谢的是我的研究团队,因为没有他们的辛勤付出和智慧劳动,本书无法成形。团队成员上海理工大学外国语学院王影君副教授、上海交通大学外国语学院林玉珍副教授以及上海交通大学外国语学院研究生徐盼、李玮、王晨莹、耿林璐、李勇兵、闫欣婷组成读书小组,定期研讨巴特勒著作,令我受益良多。他们均为本课题的研究做出了各自的贡献。其中,王影君副教授用睿智犀利的笔锋撰写了本课题的一些阶段性成果;林玉珍副教授翻译了伦敦大学金斯密斯学院的社会学教授维基·贝尔对巴特勒的访谈"脆弱、能动和多元性的新场景:朱迪斯·巴特勒访谈";徐盼在英国剑桥大学攻读学位期间将巴特勒 2016 年 10 月 17 日在剑桥大学的演讲"翻译中的性别:论单语主义的局限性"英文稿第一时间发给我,并用巴特勒的性别理论完成了对伍尔夫《奥兰多》的文学批评实践;王晨莹则利用酷儿理论完成了对美国当代绘本女作家艾莉森·贝奇黛尔《欢乐之家》中的酷儿认同进行了分析;耿林璐曾赴以色列特拉维夫大学交流,她对巴特勒的反犹太复国主义思想尤为感兴趣,完成了本书第五章"和平的承诺:巴特勒的世俗离散主义"的大部分内容。其他成员李玮、李勇兵和闫欣婷除了参加研讨,还翻译了一些巴特勒的文献,撰写了文章综述,在此一并表示感谢。此外,还要感谢上海交通大学外国语学院对本专著提供的出版支持,感谢南京大学出版社的责任编辑郭艳娟细致的编辑工作。

最后,我之所以能全力以赴地投身于巴特勒的研究工作,要感谢我的家人。从我去他乡攻读博士学位、进入博士后流动站、入职上海交通大学、担任上海交通大学外国语学院英语系主任到任职为教授,每个阶段繁忙的学习和工作中都有家人的鼎力支持。我的父母、先生和女儿一如既往地支持我潜心进行学术研究,没有他们的支持,我无法再次探索朱迪斯·巴特勒这座宝藏。

2019 年 4 月于美国国家人文中心